图 8-1　建德红群农业科技有限公司温室内场景图

(a)　　　　　　　　　　　　　　　　　　(b)

图 8-14　监控系统安装效果

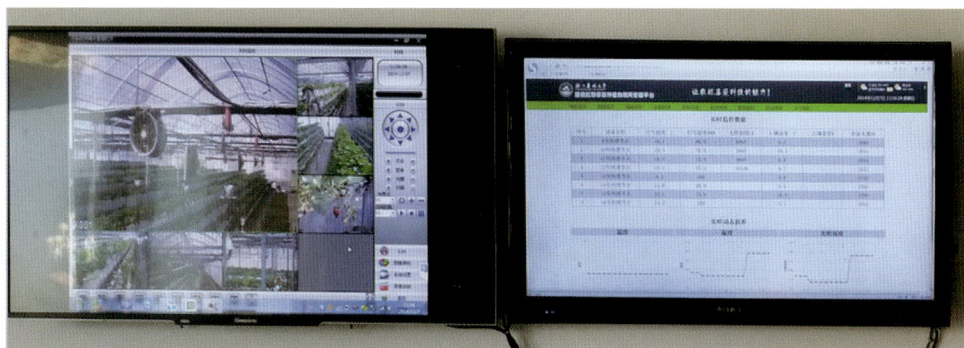

图 8-15　控制中心

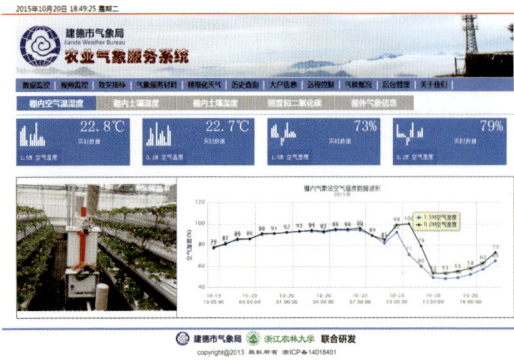

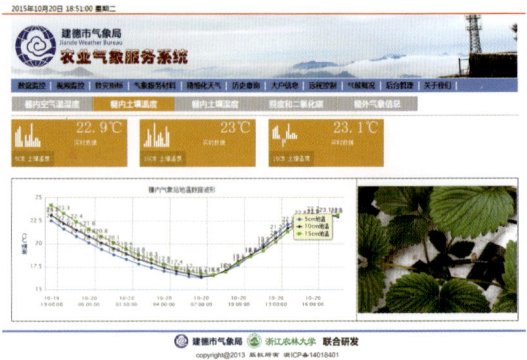

(a) 棚内空气温湿度　　　　　　　(b) 不同深度土壤温度

图 8-18　棚内环境实时数据

图 8-20　视频监控模块使用效果图

图 8-29　移动端管理平台

图 12-2　微型近红外光谱仪
　　　　SmartEye1700

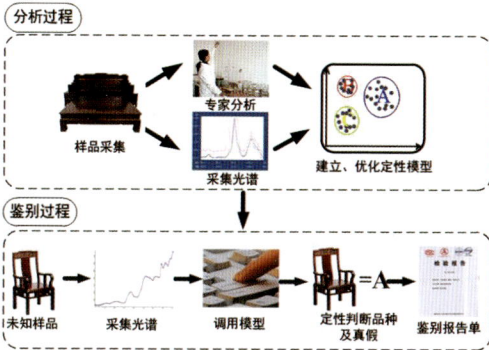

图 12-4 近红外光谱技术对木材的定性
分析过程

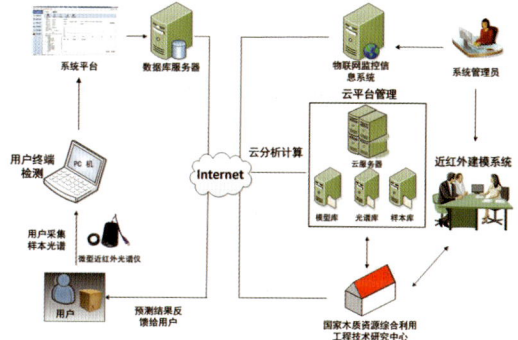

图 12-6 基于物联网技术的珍稀木材在线
鉴别系统

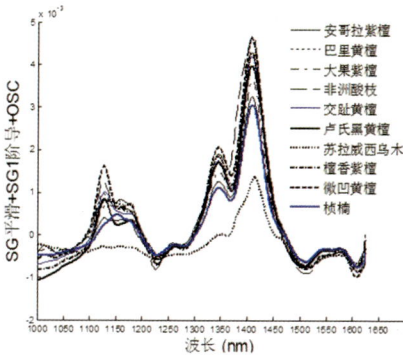

图 12-11 10 种家具所有样本的预
处理光谱

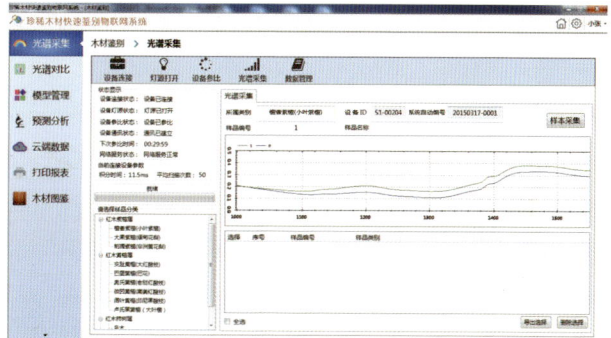

图 12-14(a) 光谱采集

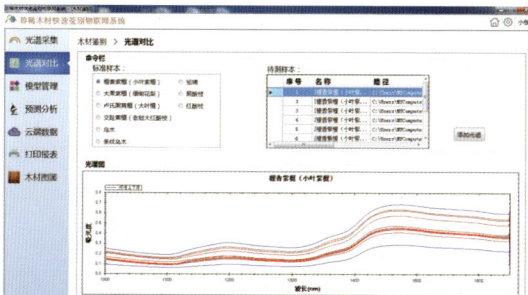

图 12-14(b) 光谱对比

图 12-14(g) 木材图鉴

图 12-14(h) 关于系统

图 12-15 铁皮石斛盆栽和铁皮枫斗

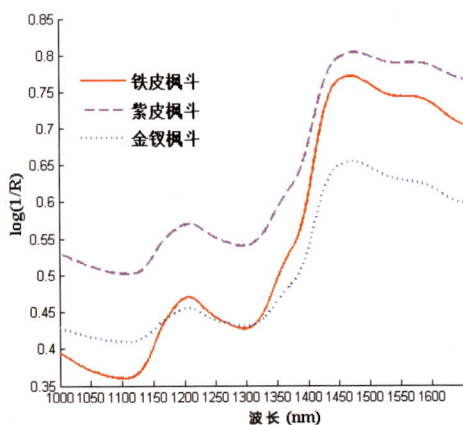

图 12-20 枫斗完整样的近红外漫反射光谱图

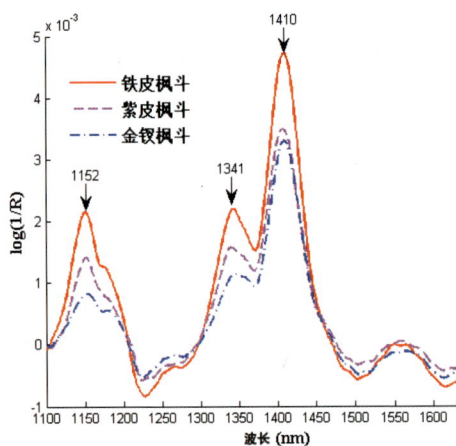

图 12-21 枫斗完整样的预处理后的光谱图

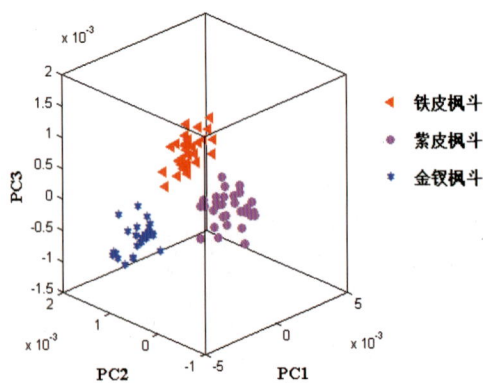

图 12-22 枫斗完整样的前3个主成分的得分

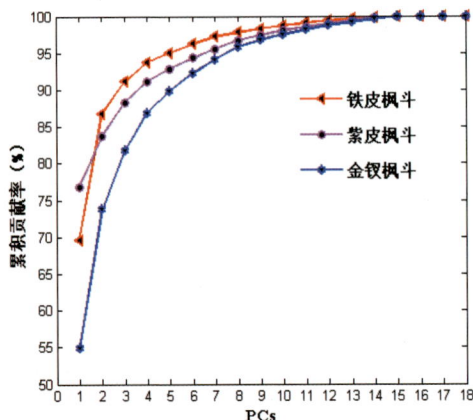

图 12-23 枫斗完整样模型最佳主成分数和累积贡献率

普通高等教育"十三五"规划教材
全国高等农林院校规划教材

现代农林业精细化管理

DELICACY MANAGEMENT OF MODERN AGRICULTURE & FORESTRY

寿国忠　主　编

中国林业出版社

内 容 摘 要

本书共 12 章内容，主要包括概述、全球定位系统及其应用、地理信息系统及其应用、遥感技术及其应用、现代农业信息检测技术、农业现场信息获取无线传感器网络技术、无线节点开发设计、温室大棚精细化管理示范案例、果园精细化管理技术应用示范、现代农林业精细化管理技术在大田中的应用、现代农林业精细化管理技术在山林中的应用和其他现代农林业精细化管理技术应用案例等内容。

本书具有实用性和系统性的特点，既可供高等院校农业机械化工程专业高年级本科生和硕士研究生使用，亦可供现代农业管理、科研、推广等相关人员参考。

图书在版编目(CIP)数据

现代农林业精细化管理/ 寿国忠主编. —北京：中国林业出版社，2016.1
普通高等教育"十三五"规划教材　全国高等农林院校规划教材
ISBN 978-7-5038-8350-7

Ⅰ.①现… Ⅱ.①寿… Ⅲ.①农业经营－经营管理－中国－高等学校－教材
②林业经营－经营管理－中国－高等学校－教材　Ⅳ.①F324②F326.2

中国版本图书馆 CIP 数据核字(2016)第 001288 号

中国林业出版社·教育出版分社

策划、责任编辑：肖基浒
电话：(010)83143555　　　　　传真：(010)83143561

出版发行　中国林业出版社(100009　北京市西城区德内大街刘海胡同 7 号)
　　　　　E-mail:jiaocaipublic@163.com　电话：(010)83143500
　　　　　http://lycb.forestry.gov.cn
经　销　新华书店
印　刷　北京市昌平百善印刷厂
版　次　2016 年 1 月第 1 版
印　次　2016 年 1 月第 1 次印刷
开　本　787mm×1092mm　1/16
印　张　14　彩插　0.25
字　数　356 千字
定　价　38.00 元

《现代农林业精细化管理》
编写人员

主　编：寿国忠（浙江农林大学）

副主编：顾玉琦（浙江农林大学）

　　　　王佩欣（浙江农林大学）

参　编：赵大旭（浙江农林大学）

　　　　寿国梁（北京六合万通公司）

　　　　陈智锋（浙江理工大学）

　　　　陈　浩（浙江农林大学）

　　　　蔡　羡（浙江农林大学）

　　　　张雯雅（浙江农林大学）

　　　　刘瑞婷（浙江农林大学）

　　　　李云月（浙江农林大学）

　　　　刘　冬（浙江农林大学）

前　言

　　本书是农业信息化专业和农业机械化专业等的教材，可作为相关专业的本科生和研究生学习精细农林业的入门书，也可作为开展现代农林业精细化管理案例学习的参考书。编写宗旨：指导学生系统学习现代农林业精细化管理的基础理论和进行相关的实践学习，并为深入开展科学研究打下基础。本书的案例大部分以浙江农林大学无线传感物联网研究室的研究课题为基础，体现了较强的社会实践性。

　　根据农机推广专业和农业信息化专业研究生课程的教学计划，本书作为一门专业课程，安排在研究生课程限选课程里，有利于该专业学生对现代农业的基础理论和实践的学习。本书的主要特色就是理论结合实践，不仅有现代农林业精细化管理的理论，而且有相当篇幅描写了实践内容。有利于读者在学习的时候，先学习理论知识，在此基础上，结合案例学习理论如何应用到实践中。

　　全书共分 12 章。由主编寿国忠主要负责统稿。各章具体编写分工为：顾玉琦编写第 1 章，赵大旭编写第 2 章，刘瑞婷编写第 3 章和第 12 章 12.2 节，张雯雅编写第 4 章和第 12 章 12.1 节，蔡羡编写第 5 章和第 6 章，王佩欣编写第 7 章，陈浩编写第 8 章和第 9 章，李云月编写第 10 章，刘冬编写第 11 章。寿国梁博士(国家千人计划专家)和陈智锋博士提供了许多相关技术与产品案例，并对本书提出了有益的修改意见，大幅度提升了本书的实用参考应用价值。

　　由于编著人员水平有限，错误和不当之处望读者批评指正。

编　者

2016 年 1 月

目　录

第 2 篇　现代农林业精细化管理应用案例

第1篇

现代农林业精细化管理基本理论

第 *1* 章

概 论

1.1 现代农林业精细化管理的基本概念

1.1.1 基本概念

关于现代农业的概念诸多专家已作过多种论述，主要从其形态、发展阶段、内容、特性等几个方面进行表述：

现代农业指的是在现代全球处于先进水平情况下的农业形态。

现代农业是工业发展到一定水平的必然产物，现代农业是相对传统农业而言的。

现代农业是把先进的物质、资本以及技术相结合，对传统农业进行改造，应用工业化的手段、先进的科学技术、社会化的服务体系和科学的经营管理理念来提升农业水平、促进农业发展、激发农业潜在活力。旨在提高农业综合素质、产品经济效益以及竞争力，最终实现农业又好又快发展。

现代农业应具有以下特性：第一，现代农业是以生物和信息技术为主导的技术高度密集的科技产业；第二，现代农业是实现了农工贸一体化的现代产业；第三，现代农业是在拓展中的多元化综合性的新型产业；第四，现代农业是环境友好、资源节约，能够实现可持续发展的绿色产业[1]。

精细化管理是指：以法律法规为准绳，运用现代管理思想实施迅速、精准的管控，以此达到不断提升工作效率与生产效益的目的。其工作思路是：改变以往传统粗放的理念和模式，用具体的量化标准取代以往经验化管理要求；将量化落实于管理中每个环节，以量化的数据作为分析判断的基础和考察评估的尺度，利用量化的数据规范管理者的行为并及时引导、调节、控制管理[2]。

1.1.2 现代农林业精细化管理的基本要求

现代农林业精细化管理是将对象实现程序化、信息化和数据化的一种管理手段，是通过把规则系统化来对农业进行管理的一种理念。我国当前各级政府、社会各个领域对农业项目建设管理的法律法规已基本形成体系，农业管理部门结合自身实际情况都能找准工作定位，但是这些还是不够的。因为具体到每个环节步骤需要进一步细化，这是现代农业的现实需要。

一小部分地方农业人员对精细化管理认识不足，思想较难转变，缺乏落实实施的主观性。管理精细化需要对当下管理进行剖析，参照精细化管理要求查找不足，从而产生精细管理的工作标准要求。在参照改进的过程中必然会出现新的问题和要求，这需要我们有较高的心理承受能力。精细化管理要求我们不断提高自身思想认识和管理水平的同时还必须有数据化、标准化的管理知识和能力[3]。

1.2　现代农林业精细化管理的技术思想

1.2.1　现代农林业精细化管理思想

现代农林业精细化管理体系的技术思想主要包括信息获取与数据采集、数据分析与可视化表达、作业决策分析和精细农田作业的控制实施等部分[4]，如图1-1所示。

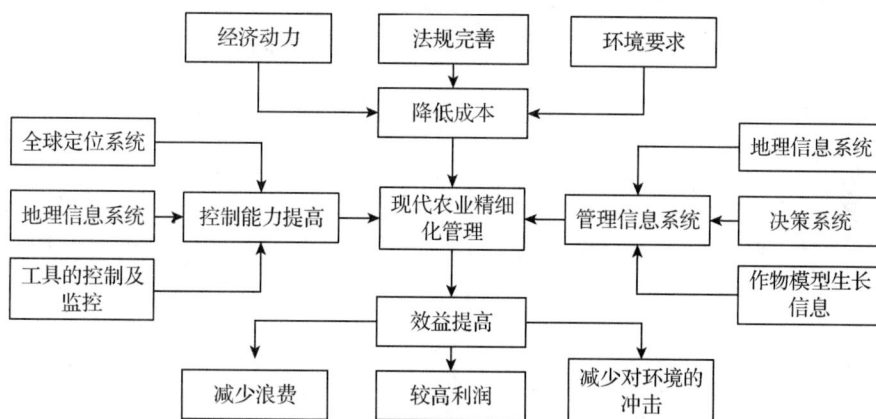

图1-1　现代农林业精细化管理思想的示意

1.2.1.1　数据采集

通过土壤采样、作物监测以及产量测量等方法获取数据，以便对作物生长环境的空间变异特性进行分析了解。

（1）产量数据采集

作物收获取数时记录每一作物小区产量，数据对应的位置信息和其他必要的特性信息。

（2）土壤数据采集

土壤信息一般包括含水率、土壤肥力、土壤有机质含量、土壤pH、土壤压实程度、耕作层深度等。土壤采样以及采样土壤特性数据时也需要记录位置信息。

（3）苗情、病虫草害数据采集

记录收集作物长势和病虫草害数据信息情况。

（4）其他数据采集

例如：地块边缘测量，农田近年来的轮作情况、平均产量、耕作和施肥、施药情况，作物品种、气候条件等有关数据。

1.2.1.2 数据分析

采集的数据一般以文本形式表示，需要利用一些数学方法进行处理，生成分布图。

（1）产量数据分布图

由于产量数据是通过连续采样获得的，一般需要对数据进行预处理，以消除采样测试误差。

（2）土壤数据分布图

由于土壤采样是非连续的采集，需要顾及采样点之间的数据，这种估计过程称为插值。

（3）苗情、病虫害分布图

该部分数据采样不是栅格采集，也不是连续采样，记录数据是在行走中人为定点采集的。

1.2.1.3 决策分析

决策支持系统（Decision Support Systems，DSS）为农业有针对性提供战略战术上的决策支持。DSS 是在管理信息系统和运筹学的基础上发展起来形成了计算机科学的一个分支。实现了由计算机自动组织和协调多模型的运行以及对数据库中数据的存取与处理，从而达到更高层次的辅助决策能力。决策支持系统包括：模型库、数据库、知识库、方法库及其管理系统，同时融合了良好的人机接口，使得模型运算、数据处理、专家知识以及在决策者参与下建立起的模型库、数据库与领域专家的有机联系。

1.2.1.4 控制实施

精细农业技术控制实施是为了科学管理田间小区，提高生产效率实现高产增收。支持精细农业技术的农业机械设备包括精细收获、精细播种、精细施肥、精细除草、精细灌溉机械等。

1.2.2 现代农业与传统农业的区别

传统农业的主要特点：生产技术长期不变，以分散的农户或小规模的家庭农场为主要生产单位的劳动密集型农业发展模式，属于自然经济或半自然经济的性质。这种明显的"二元经济"结构反映在工农业以及城乡之间的分割，还表现为农村中农业和非农产业的并存。

现代农业是开放高效的农业系统，依赖于大量的现代化的物质投入和工业装备。现代农业与传统农业的区别主要表现在：

①现代农业使得农业的内涵得到了提升和延展。农业的链条通过延伸更加完整，农业的领域通过拓宽，突破了传统农业主体从事初级农产品原料生产的局限性。

②传统农业有着地理位置偏远，远离城市的局限性。而现代农业是将各种生产资源的优势互补，生产要素重新合理分配，形成城乡经济社会一元化发展。

③传统农业长期服务落后、管理不协调。现代农业在满足市场经济体制要求下，是一个涵盖范围广，并逐步健全、完善管理和服务的体系。

④现代农业发挥资源优势和区位优势，合理利用资源积极推广应用先进科学技术手段，打破传统农业劳动密集效率低下的局限，形成农产品优势区域的产业布局优势。

1.3 现代农林业精细化管理的支撑技术

1.3.1 全球定位系统

全球定位系统（Global Positioning System，GPS），是一种在全球范围内实时进行定位、导航的系统。

精细农业普遍采用全球定位系统进行位置定位和数据采集。精细农业中播种灌溉施肥喷药等环节中，全球定位系统都可以发挥作用。

DGPS 主要作用是在定位和导航两方面：定位功能用于农田管理调查、土壤采样以及绘制农田边界和产量分布图等；导航功能用于机械田间作业和管理的导航，引导农业机械定位变量投入。安装 DGPS 在农具上，使操作人员得知农具的准确位置，再按计算机上GIS 指示作业并绘制产量图。美国明尼苏达州汉斯卡农场曾经利用 GPS 指导施肥，节省约1/3 化肥施用的同时提高了作物产量，每英亩农田收入从 588 美元增加到 739 美元，经济显著提高[5]。

1.3.2 地理信息系统与地图软件

地理信息系统（GIS）是组成精细管理空间信息数据库的关键。田间信息通过 GIS 系统表达和处理是实施精细农业的关键。比较其他系统，最大的区别在于地理信息系统存储和处理的信息是将地理位置等属性信息为信息检索而进行地理编码的。不同种类的系统，功能会因为价格的高低而有较大的差异，但一般都可以达到将数据以图形显示出来的目的。当前的各类 GIS 软件涵盖了简单的地图显示系统以及能分析与合并复杂的空间数据库功能的全面系统。当下最先进的系统能将不同来源的地理信息数据进行转换，能方便地把各处数据融合起来。

1.3.3 遥感技术

遥感技术指使用一定的仪器在远离被测物体，接收记录被测物的电磁波信息，通过对信息的接收、传播、处理加工再进一步分析，对被测物性质的变化进行探测和识别的理论与技术[6]。

精细农业中可以在农作物生长期通过高分辨率传感器全面监测，根据光谱分析来实现大面积快速获得数据。遥感技术在红外遥感、多波段遥感、微波遥感等信息的获取分析与开发上有很大的市场潜力，特别在近红外对作物测量氮素以及高分辨力光谱仪作物识别区分已经用于市场。普通用户通过制定地点和时间的遥感图像数据也可以在自己的平台上进行研究开发。

1.3.4 现代农业信息检测技术

信息检测与解析技术是精细化农业获取信息的关键和核心。目前国内外信息检测与解析技术应用的范围越来越广泛，在精细农业方面的应用也比较成熟，主要用于作物生长、土壤、农业小气候和农产品等信息的快速检测与解析。

植物的生长信息主要是作物的生理形态、营养和病虫草害等信息。土壤信息主要包括土壤含水量、养分以及其他理化信息。农业小气候信息主要包括温度、湿度、风速与风向、太阳辐射能、二氧化碳等。农产品信息主要包括农产品形态、色泽、品质指标、安全指标等。这些信息的快速获取与综合利用，对提高农作物的增产增收具有重要的意义。

农林业精细化管理中的检测与传感技术包括谷物自动测产技术、农产品无损检测技术和冷链物流。

谷物自动测产技术是指通过在收割机上安装产量监测系统以此获取作物产量信息的技术。作物产量集中反映了各种外界因素对产量的综合影响情况，是精细农业中需要获取的重要信息。依据实时获取的产量信息得到的作物产量数据分布图是精细化农业不可缺少的信息，将农田属性与产量信息相结合的"处方农业"可用于指导"精准农作"[7]。

农产品无损检测技术是利用光、电、声以及力学性质对农产品进行非破坏检测并按标准进行分级分选的技术。目前国内农产品品质检测主要为手工分拣，效率低下、检测品质难以得到保证，以至于在市场上竞争力大打折扣，所以开发研究农产品在线品质无损检测技术已经成为我国农业工程领域的重要研究方向[8,9]。

冷链物流也称低温物流，是一种主要针对易腐食品（包括原料及产品）的特殊物流形式，国外称其为易腐食品冷藏链。冷链物流是以冷冻工艺为基础，以人工制冷技术为手段，以生产流通为衔接，以达到保持食品质量完好与安全的一个系统工程[10]。

1.3.5 农业现场信息获取无线传感器网络技术

物联网英文名为："The Internet of Things"，所以又称物联网就是"物物相连的互联网"。首先，物联网是在互联网基础上的延伸和扩展的网络，核心和基础仍然是互联网；其次，信息交换和通信的对象延伸和扩展到了任何物品与物品之间。因其对于网络融合的革命性和创新性，也被称为信息产业的第三次浪潮。

无线传感器网络英文名为："Wireless Sensor Network"，简称"WSN"。无线传感器网络是有大量的传感器节点组成，以无线方式通信的自组织网络系统，感知、采集和处理区域内对象的信息，并发送给观察者。传感器、感知对象和观察者构成了无线传感器网络的三个要素。

农田温湿度信息采集系统需要采集设备能够很长时间对目标环境进行影响很小的工作。传感器网络节点安装一次可以全天候地采集作物环境数据。此外，传感器网络节点数量大且有通信和数据处理能力，可以将监测到的大量环境数据发送到数据中心进行分析处理，将结果直观地提供给终端用户，便于管理人员掌握农作物的生长环境状态，及时进行调整，使农作物长久生长在适宜的环境中，从而增加农作物的产量，提高农作物的质量。

田间信息获取系统主要包括 GPRS 数据传输和 ZigBee 无线传感器网络。GPRS 模块负责实现远程传输，ZigBee 无线传感器网络负责实现信息的采集及近距离无线传输。其中，ZigBee 网络由协调器、路由器和终端节点组成。协调器接收上位机发送的命令，解析后发送给对应的节点并接收各个节点发回的数据，传回给上位机控制平台。路由器用于延长系统工作距离以及数据包的转发。终端节点负责接收协调器发送来的采集命令，采集各种传感器数据，适当处理后发送给协调器。

1.4 国内外现代农林业精细化管理的发展

1.4.1 国外精细农业的发展

美国在 20 世纪 80 年代初提出了精细农业的概念，并在 90 年代初将精细农业用于实践中。为了实现精细农业，在种植之前会把土样送到土壤研究所通过仪器检测和电脑分析。从而获得栽种某种作物所需各类要素的数据，农场主以此为依据，再挑选能达到效益最大化的作物。美国的精细农业不断发展收效颇丰。到目前已有 60%～70% 的大农场采用精细农业技术，节约效应和规模效益明显。

在 2010 经济衰退大潮中，美国国内贸易逆差下滑近 5 000 亿美元。但当年美国的农业出口额为 1 158 亿美元，创下了历史新高，这些都应归功于精准农业的成功经营模式。

精细农业在减少使用不必要的杀虫剂和施肥这两方面，每年能为美国节省数百万美元，并且能明显降低农业规模化对环境的损害。

日本是农业机械化强国，农业生产基本全面实现机械化。所以即便日本农业经营模式与我国较为类似，但是生产效率要高出很多。在精细农业中追求的是以信息技术为基础，在保护环境的同时提高效益与生产性，将精准农业作为未来农业先导技术。它与欧美模式的精细农业有较大区别，注重实用和微观。目前，日本研究精细农业较有成就的主要有东京农工大学 S. SHIBUSAWA 研究室、京都大学 M. UMEDA 研究室和北陆农业试验 Y. SHIBATA 精准农业课题组，研发的精细农业设备有：油压式土壤采样装置、农田作物测绘系统、撒播水稻的出苗数检测系统、水稻植被率连续检测系统、作物叶色检测系统等。专家认为，发展日本精细农业在于准确理解精细农业的三要素(农田测绘技术、变量作业技术、决策保障体系)技术与农业五要素(作物、农田、技术、地区特点和农户主观愿望)之间的关系。通过很好的实施精准农业，日本的水稻产量达到了每公顷 6.52t，而全球水稻平均产量为 1.97t。日本农业人均产值方面高达 3.19 万美元，9 倍于中国农业人均产值。

国外精细农业的实践表明：精细农业在实际应用中表现优异，发展前景已在国际上具有广泛的共识。有关研究成果成为国际上大型学术刊物的常客，是近年国际农业学术界的重要议题。在欧美，定期举办大型国际精细农业研讨会和产品展示会。一些著名大学建立起精细农业研究中心，许多大学也纷纷开设精细农业的专业或辅修课程。

1.4.2 国内精细农业的发展

我国与西方发达国家在精细农业技术水平确实存在差距，且普及度相对较低。但是经过国内科研人员不断摸索，特别在制造业取得的长足进步，都促成了精细农业领域的快速发展。

近些年，我国结合对国外先进技术的引进、消化、吸收和再创新，开展了精细农业技术和产品开发以及试验示范。北京农林科学院、中国科学院等在全国各省份建立了示范基地，开展了有关精细农业技术的引进、开发和集成应用的试验示范，在节水、省肥和省药方面取得了一定成效。

1.4.2.1 我国精细农业技术的主要进展

（1）"3S"技术应用研究

"3S"技术已经被熟练地应用于我国精细农业的实践中，目前已经进入技术成熟阶段。"3S"技术在农业中利用 RS 作宏观控制，GPS 精确定位地面位置点到米级，GIS 收集处理并最后输出采集的地面信息，最后按区域内各要素数据精确设定最佳农事操作。传统农业中通常是以亩或亩以上面积为单元操作的，所以操作环境内变量因素大多不精准。"3S"技术可缩小操作单元至平方米，使传统的粗放生产变为精细农作，从而显著提高水、肥、药的利用效率，实现以最经济的投入获得最佳产出，以及减少对环境污染的目标。

（2）信息获取与数据采集技术研究

研究开发了适用于机载和掌上计算机操作平台的农田信息采集软件和无线移动数据采集系统；自主开发了基于 GPS 的机电液一体化土壤样品自动采集系统，实现土壤样品自动采集和信息记录。自主开发了 NDVI 测定仪，能有效探测作物长势和氮素含量等信息，在国内率先解决了作物长势和营养状况实时测量的技术难题。开发的多用途车载式土壤电导率实时测试仪，使土壤电导率测定与中耕作业同步进行，创新性地实现了作物生长期内土壤电导的测试。

（3）在精准变量作业系统方面

根据精准农业变量作业的需要，重点研究农业机械通用总线技术研究和电子控制单元技术，在作业导航、谷物测产等技术上取得重大进展。研制了农业机械通用总线技术的导航控制系统和智能控制终端，加快了我国农业装备通用化与标准化的发展。提供了一系列性能可靠、价格低廉的农用机械设备，较好地解决了变量作业机械与国产拖拉机系统配套问题，极大地降低了变量实施技术的应用成本。

（4）精细化作业机械开发

我国科研人员在国外产品基础上取长补短，开发了一批优良的精细农业作业机械。在精细农业专用 GPS 导航定位和机载计算机系统、激光平地机和收割机粮食产量分布信息采集系统等方面取得许多创新性成果。激光平地机通过平整土地，不仅可以改善灌溉条件达到节水的目的，还能够改善另一个重要的栽培条件——种床。中国农业大学已完成了面向50 马力轮式拖拉机激光平地机的开发，正在进行进一步的中试和推广；北京市农林科学院、中国农业科学院农业资源与农业区划研究所、吉林大学都进行了变量施肥机的研究，田间试验取得了良好效果；中国科学院、中国农业科学院等有关单位也都在进行在土壤水分测量的基础上实施变量灌溉的研究；华南农业大学开发的自走式拖拉机和自走式插秧机已经达到田间作业实用化的水平。

1.4.2.2 精细农业在国内的应用

"西北优势农业精细管理系统"是我国国家科技支撑计划的项目之一，主要针对西部地区优势农产品和环境特点，将无线传感器技术应用于精细农业生产中。经过精准播种和土壤营养管理，示范基地生产效率提高11%；随着技术推广范围不断扩大，越来越多农民获得了精准农业带来的效益。目前西北区域的2万余亩精细管理示范园，已经为当地累计增收 7 000 余万元。

奇瑞重工王金富总经理表示："精细农业代表了当下最先进、综合性、科技性最高的农业装备技术，公司将进军精细农业装备领域。"计划到 2020 年，实现精细农业装备销售收入达 1 000 亿元。建成世界一流的精准农业示范区，示范区内作物经济效益明显提升。我们不难看到精细农业的发展前景非常广阔，但在大范围推广开还需要解决成本高的问题。精细农业初期推广应该定位到一个较大县市或者一个省，在建成有这样的技术设备体系区域内逐步向下，最终直接服务于每个农户。

首先，我们要明确精细农业并不是将传统农业全盘否定，而是合理地将传统的耕作种植经验与现代信息技术相结合。其次，还要认识到精细农业需依照具体情况来开展具体实施模式，精细化程度也应当按照当地条件来进行规划设计。由于各国的农业条件各自都有特点，我国想要找到最适合的发展模式，只有根据我国国情因地制宜地研究规划，才能确保技术得以最好地推广和发展。这项技术的研究示范将改变我国农业技术传统观念，在发展农业的同时也必将起到推动支持相关制造业、服务业的发展。

由于精细农业追求的是环境友好发展模式，在资源合理调配的前提下实现综合效益最大化。所以说精细农业从根本上能够实现农业的可持续发展，是符合科学发展观这一原则的。相信通过政府的指导和支持以及农业工作者的不懈努力，下一个十年农业精细化必将迈上一个全新的台阶。

思考题

  1. 现代农林业精细化管理的基本概念是什么？

  2. 现代农林业精细化管理的支撑技术有哪些？

第 2 章
全球定位系统及其应用

2.1　卫星定位技术的发展

卫星定位技术是指人们使用人造地球卫星来确定测站点位置的技术。1957 年 10 月 4 日，苏联成功发射了世界上第一颗人造地球卫星，之后人们才开始广泛的利用卫星进行定位和导航的相关研究，世界各国也争相利用卫星定位技术为军事、经济和科学文化服务，人类空间科学技术研究及应用也随之进入了一个全新的时期。

2.1.1　早期的卫星定位技术

一开始，人造地球卫星只用来当作空间观测目标的工具。它先将卫星的瞬间位置用地面观测站进行摄影测量，测定测站点与卫星的方向，从而建立卫星三角网。同时也可利用激光技术测定观测站至卫星的距离，建立卫星测距三角网。通过这两种观测方法，都能实现地面点的定位，也能进行大陆同海岛的联测定位，解决了普通大地测量很难完成的远距离联测定位问题，这也是一般普通的定位技术远远比不上的。1966—1972 年间，美国国家大地测量局在英国和联邦德国测绘部门的协作下，用卫星三角测量方法建设了一个拥有 45 个测站点的全球三角网，获得了 ±5m 的点位精度。但由于卫星三角测量受天气和可见条件影响，观测与成果换算要消耗大量的时间，同时定位精度不甚理想，有可能得不到点位的地心坐标。所以卫星三角测量技术很快被卫星多普勒定位技术所代替。

2.1.2　卫星多普勒定位系统

1958 年 12 月，美国海军武器实验室和詹斯·霍普金斯（Johns Hopkins）大学物理实验室开始研制卫星导航系统，为了给美国海军"北极星"核潜艇提供全球性导航，这被称为美国海军导航卫星系统（Navy Navigation Satellite System，NNSS）。在这一系统中，由于卫星轨道面通过地极，所以又被称为子午卫星导航系统。1959 年 9 月美国发射了第一颗实验性卫星，到 1961 年 11 月，前后共发射了 9 颗试验性导航卫星。经过几年实验研究，解决了卫星导航的许多技术问题。从 1963 年 12 月起，又陆续发射了由 6 颗卫星组成的子午卫星星座，1964 年该系统建成开始使用。该系统轨道接近圆形，卫星高度为 1 100km，轨道倾角约为 90°，周期约为 107min，在地球表面上的任何一个测站上，平均每隔 2h 便可观测到其中一颗卫星。

卫星多普勒定位系统即美国海军导航卫星系统，它由三部分组成：卫星星座、地面跟踪网和用户接收机。地面跟踪网由跟踪站、计算中心、注入站、海军天文台和控制中心五部分组成。它们的任务是测定各颗卫星的轨道参数，并定时将这些轨道参数和时间信号注入到相应的各颗卫星内，以便卫星按时向地面播发。接收机是用来接收卫星发射的信号、测量多普勒频移、解译卫星的轨道参数，以测定接收机所在位置的设备。由于接收机都是采用多普勒效应原理进行接收和定位的，所以也称为多普勒接收机。

1967 年 7 月 29 日，美国政府宣布解密子午卫星的部分导航电文而提供民用，由于卫星多普勒定位具有经济、快速、精度较高、不受天气和时间限制等优点，只要能见到子午卫星，便可在地球表面的任何地方进行单点和联测定位，从而获得测站的三维地心坐标。因此，卫星多普勒定位迅速从美国传播到欧亚及美洲的许多国家。20 世纪 70 年代中期，我国开始引进卫星多普勒接收机。西沙群岛的大地测量基准联测，是我国应用卫星多普勒定位技术的先例。自 80 年代初期以来，我国开展了几次较大规模的卫星多普勒定位实践：国家测绘局和总参测绘局联合测设的全国卫星多普勒大地网；由原武汉测绘科技大学与青海石油管理局、新疆石油管理局、原石油部地球物理勘探局合作测设西北地区卫星多普勒定位网；即使在远离我国 17 000km 的南极乔治岛上，也用卫星多普勒定位技术精确测得我国长城站的地理位置为南纬 62°12′59.811″±0.015″，西经 50°57′52.665″±0.119″，高程为 43.58m±0.67m，长城站至北京的距离为 17 501 949.51m。

在美国子午卫星系统建立的同时，苏联于 1965 年开始也建立了一个卫星导航定位系统，叫做 CICADA。它与 NNSS 系统相似，也是第一代卫星定位导航系统。该系统由 12 颗卫星组成 CICADA 星座，轨道高度为 1 000km，卫星的运行周期为 105min。

虽然子午卫星系统将导航和定位技术推向了一个崭新的发展阶段，但仍然存在着一些明显的缺陷。由于该系统卫星数目较少（6 颗工作卫星），运行高度较低（平均约为 1 000km），从地面站观测到卫星的时间间隔也较长（平均约 1.5 h），无法进行全球性的实时连续导航定位服务。为了满足军事及民用部门对连续实时三维导航和定位的需求，第二代卫星导航系统——GPS 便应运而生了。子午卫星系统也于 1996 年 12 月 31 日停止发射导航及时间信息。

2.2 GPS 系统构成

全球定位系统是一种在全球范围内实时进行定位、导航的系统。GPS 可以提供车辆定位、防盗、反劫、行驶路线监控及呼叫指挥等功能。要实现以上所有功能必须具备 GPS 终端、传输网络和监控平台三个要素。这三个要素在 GPS 系统中具体代表三个部分：空间星座部分，卫星监控部分，用户部分。

2.2.1 空间星座部分

GPS 空间部分是由 24 颗 GPS 工作卫星所组成，21 颗工作卫星和 3 颗在轨备用卫星共同组成了 GPS 卫星星座。这 24 颗卫星分布在 6 个倾角为 55°的轨道上绕地球运行，各个轨道平面之间相距 60°，轨道平均高度 20 200km。卫星的运行周期，即绕地球一周的时间约为 12 恒星时（11h 58min）。这样，对于地面观测者来说，每天将提前 4 分钟见到同一颗 GPS 卫星。位于地平线以上的卫星颗数随着时间和地点的不同而不同，最少可见到 4 颗，最多可以见到 11 颗。满足了在用 GPS 信号导航定位时，为了解算测站的三维坐标，必须观测 4 颗 GPS 卫星的基本要求。每颗 GPS 工作卫星都发出用于导航定位的信号。GPS 用户正是利用这些信号来进行导航定位工作的。

GPS 卫星的编号是：按发射先后次序编号(01 – 24)；按 PRN(卫星信号所采用的伪随机噪声码)的不同编号；国际编号(第一部分为该星发射年代，第二部分表示该年中发射卫星的序号，字母 A 表示发射的有效负荷)；轨道位置顺序编号等。在导航定位测量中，一般采用 PRN 编号(图 2-1)。

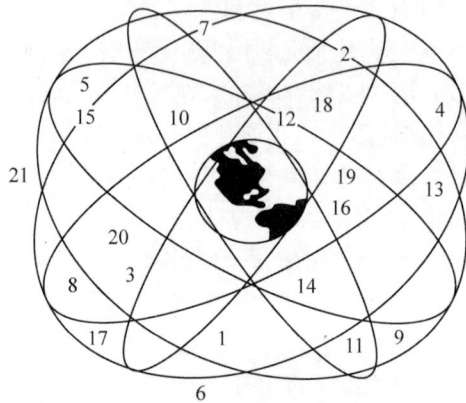

图 2-1　GPS 卫星空间分布分布示意

GPS 卫星空间星座的分布保障了在地球上任何地点、任何时刻至少有 4 颗卫星被同时观测，加之卫星信号的传播和接收不受天气的影响，因此，GPS 是一种全球性、全天候的连续实时定位系统。

在 GPS 系统中，CPS 卫星星座的功能如下：

①用 L 波段的两个无线载波(19cm 和 24cm 波)向广大用户连续不断地发送导航定位信号。包括提供精密时间标准、粗略导航定位伪距 C/A 码、精密测距 P 码和反映卫星当前空间位置和卫星工作状态的导航电文。

②在卫星飞越注入站上空时，接收由地面注入站用 S 波段(10cm 波段)发送到卫星的导航电文和其它有关信息，并适时发送给广大用户。

③接收地面主控站通过注入站发送到卫星的调度命令，适时地调整卫星的姿态，改正卫星运行轨道偏差，启用备用卫星。

GPS 卫星的主体呈圆柱形，直径约为 1.5m，重约 774kg，两侧设有两块双叶太阳能板，能自动对日定向，以保证卫星正常供电。

每颗卫星配置有 4 台高精度原子钟(2 台铷钟和 2 台铯钟)，这是卫星的核心设备。它将发射标准频率信号，为 GPS 定位提供高精度的时间标准。

2.2.2　卫星监控部分

GPS 的控制部分由分布在全球的若干个跟踪站所组成的监控系统所构成，根据其作用的不同，这些跟踪站又可分为主控站、监控站和注入站。

(1)主控站

主控站有 1 个，设在美国本土科罗拉多斯平士(Colorado Springs)的联合空间执行中心

CSOC。它的作用是:

①根据各监控站对 GPS 的观测数据,计算出卫星的星历、卫星钟的改正参数和大气层的修正参数等,并把这些数据传送到注入站,通过注入站注入到卫星中去。

②提供全球定位系统的时间基准。各测站和 GPS 卫星的原子钟,均应与主控站的原子钟同步,或测出其间的钟差,并把这些钟差信息编入导航电文,送到注入站。

③对卫星进行控制,向卫星发布指令,当工作卫星出现故障时,调度备用卫星,替代失效的卫星工作;另外,主控站也具有监控站的功能。

④调整偏离轨道的卫星,使之沿预定的轨道运行。

(2)监控站

现有 5 个地面站均具有监测站的功能,除了主控站外,其它四个分别位于夏威夷(Hawaii)、阿松森群岛(Ascension)、迭戈加西亚岛(Diego Garcia)、卡瓦加兰(Kwajalein),监控站的作用是接收卫星信号,监测卫星的工作状态;监测站是在主控站直接控制下的数据自动采集中心。站内设有双频 GPS 接收机、高精度原子钟、计算机各一台和若干台环境数据传感器。接收机对 GPS 卫星进行连续观测,以采集数据和监测卫星的工作状况。原子钟提供时间标准,而环境传感器收集有关当地的气象数据。所有观测资料由计算机进行初步处理,并储存和传送到主控站,用以确定卫星的轨道。

(3)注入站

注入站的作用是将主控站计算出的卫星星历和卫星钟的改正数等信息注入到卫星中去。注入站现有 3 个,分别设在印度洋的迭戈加西亚(Diego Garcia)、南大西洋阿松森岛(Ascension)和南太平洋的卡瓦加兰(Kwajalein)。注入站的主要设备包括一台直径为 3.6m 的天线,一台 C 波段发射机和一台计算机。其主要任务是在主控站的控制下将主控站推算和编制的卫星星历、钟差、导航电文和其他控制指令等,注入到相应卫星的存储系统,并检测注入星系的正确性。整个 GPS 的地面监控部分,除主控站外均无人值守。各站间用现代化的通讯网络联系起来,在原子钟和计算机的驱动和精确控制下,各项工作实现了高度的自动化和标准化。

2.2.3 用户部分

GPS 的用户部分由 GPS 接收机、数据处理软件及相应的用户设备如计算机及其终端设备、气象仪器等组成。而 GPS 接收机硬件,一般包括主机、天线、控制器和电源,主要功能是接收 GPS 卫星发射的信号,能够捕获到按一定卫星高度截止角所选择的待测卫星的信号,并跟踪这些卫星的运行,获得必要的导航和定位信息及观测量;对所接收到的 GPS 信号进行变换、放大和处理,以便测量出 GPS 信号从卫星到接收机天线的传播时间,解译出 GPS 卫星所发送的导航电文,实时地计算出测站的三维位置,甚至三维速度和时间。并经简单数据处理而实现实时导航和定位;GPS 软件部分是指各种后处理软件包,其主要作用是对观测数据进行精加工,以便获得精密定位结果。以上这三个部分共同组成了一个完整的 GPS 系统。

静态定位中,GPS 接收机在捕获和跟踪 GPS 卫星的过程中固定不变,接收机高精12度地测量 GPS 信号的传播时间,利用 GPS 卫星在轨的已知位置,解算出接收机天线所在位置的三维坐标。而动态定位则是用 GPS 接收机测定一个运动物体的运行轨迹。GPS 接收机所位于的运动物体叫做载体(如航行中的船舰,空中的飞机,行走的车辆等)。载体上的 GPS 接收机天线在跟踪 GPS 卫星的过程中相对地球而运动,接收机用 GPS 信号实时地测得运动载体的状态参数(瞬间三维位置和三维速度)。

CPS 接收机的结构分为天线单元和接收单元两大部分。对于测地型接收机来说,两个单元一般分成两个独立的部件,观测时将天线单元安置在测站上,接收单元置于测站附近的适当地方,用电缆线将两者连接成一个整机。也有的将天线单元和接收单元制作成一个整体,观测时将其安置在测站点上。

根据 GPS 用户的不同要求,所需的接收设备各异。随着 GPS 定位技术的迅速发展和应用领域的日益扩大,许多国家都在积极研制、开发适用于不同要求的 GPS 接收机及相应的数据处理软件。

近几年,国内引进了许多种类型的 GPS 测地型接收机。各种类型的 GPS 测地型接收机用于精密相对定位时,其双频接收机精度可达 $5mm + 2 \times 10^{-6} \cdot D$,接收机在一定距离内精度可达 $10mm + 2 \times 10^{-6} \cdot D$。用于差分定位其精度可达亚米级。目前,各种类型的 GPS 接收机体积越来越小,重量越来越轻,便于野外观测。GPS 和 GLONASS 兼容的全球导航定位系统接收机已经问世。

2.3　GPS 基本原理和方法

2.3.1　GPS 基本原理

GPS 导航系统的基本原理是:将已知位置的卫星到用户接收机之间的距离进行测量,然后将多颗卫星的数据进行综合,就能知道接收机的具体位置。要达到这一目的,卫星的位置就能根据星载时钟所记录的时间在卫星星历中查出。通过计算,用户与卫星之间的距离就能得到,纪录卫星信号将经历时间到用户,再将其乘以光速得到(由于大气层电离层的干扰,其实这一距离并不是用户与卫星之间的真实距离,而是伪距(PR))。当 GPS 卫星正常工作时,会不停地用 1 和 0 二进制码元组成的伪随机码(简称伪码)发射导航电文。GPS 系统使用的伪码两种,分别是民用的 C/A 码和军用的 P(Y)码。C/A 码频率 1.023MHz,重复周期 1ms,码间距 1μs,相当于 300m;P 码频率 10.23MHz,重复周期 266.4d,码间距 0.1μs,相当于 30m。而 Y 码形成建立在 P 码的基础上,保密性更好。

导航电文包括卫星星历、工作状况、时钟改正、电离层时延修正、大气折射修正等信息。它是从卫星信号中解调制出来,以 50b/s 调制在载频上发射的。导航电文每个主帧中包括 5 个子帧每帧长 6s。前三帧各 10 个字码;间隔 30s 重复一次,每小时更新一次。后两帧共 15 000b。导航电文中的内容主要包括遥测码、转换码、第 1、2、3 数据块,其中最重要的是星历数据。当用户接受到导航电文时,通过提取出卫星时间并与自己的时钟比较就能知道卫星与用户的距离,再通过导航电文中的卫星星历数据推算出卫星发射电文时所处位置,用户在 WGS-84 大地坐标系中的位置速度等信息就能知道。

GPS 导航系统卫星部分不停地发射导航电文。但是,因为用户接受机使用的时钟与卫星星载时钟不可能一直同步,所以除了用户的三维坐标 X、Y、Z 外,还要引进一个 Δt,即卫星与接收机之间的时间差作为未知数,然后用 4 个方程将这几个未知数解出来。所以

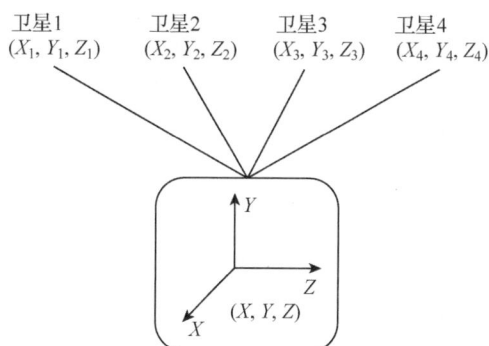

$$[(X_1 - X)^2 + (Y_1 - Y)^2 + (Z_1 - Z)^2]^{1/2} + c(V_{t1} - V_{t0}) = d_1$$
$$[(X_2 - X)^2 + (Y_2 - Y)^2 + (Z_2 - Z)^2]^{1/2} + c(V_{t2} - V_{t0}) = d_2$$
$$[(X_3 - X)^2 + (Y_3 - Y)^2 + (Z_3 - Z)^2]^{1/2} + c(V_{t3} - V_{t0}) = d_3$$
$$[(X_4 - X)^2 + (Y_4 - Y)^2 + (Z_4 - Z)^2]^{1/2} + c(V_{t4} - V_{t0}) = d_4$$

图 2-2 坐标点计算方法和公式

如果想知道接收机所处的位置，最少要能接收到 4 个卫星的信号(图 2-2)。

GPS 接收机可接收到精确至纳秒级的时间信息；用来预报未来几个月内卫星所处概略位置的预报星历；要计算定位时需要卫星坐标的广播星历，精度为几米至几十米(各个卫星之间有差别，随时会产生变化)；还有 GPS 系统信息，如卫星状态等。

GPS 接收机对码的量测便可获得卫星到接收机的距离，因为存在接收机与卫星钟的误差及大气传播误差，所以称为伪距。对 0A 码测得的伪距称为 UA 码伪距，精度约为 20m，对 P 码测得的伪距称为 P 码伪距，精度约为 2m。

GPS 接收机对收到的卫星信号，利用不同方式进行解码，将调制在载波上的信息去除后，就能恢复载波了。严格意义上讲，载波相位应被称为载波拍频相位，它是收到的受多普勒频移影响的卫星信号载波相位与接收机本机振荡产生信号相位之差。一般在接收机钟确定的历元时刻量测，保持对卫星信号的跟踪，便能记录下相位的变化值，但因为开始观测时的接收机和卫星振荡器的相位初值是未知的，起始历元的相位整数也是未知的，即整周模糊度，只能在数据处理中作为参数解算。相位观测值的精度达到毫米级，但前提是解出整周模糊度，所以只有在相对定位、而且有一段连续观测值这种情况下才能使用相位观测值，而要达到优于米级的定位精度也只能采用相位观测值。

GPS 定位又能分为单点定位和相对定位(差分定位)两种定位方式。单点定位就是根据一台接收机的观测数据来确定接收机位置的方式，它只能采用伪距观测量，可用于车船等的概略导航定位。相对定位(差分定位)是依据两台以上接收机的观测数据来确定观测点之间的相对位置的方法，它既可采用伪距观测量也能采用相位观测量，大地测量或工程测量都应该使用相位观测值来相对定位。

在 GPS 观测量中包含了卫星和接收机的钟差、大气传播延迟、多路径效应等误差，在定位计算时还要受到卫星广播星历误差的影响，在进行相对定位时大部分公共误差被抵消或削弱，因此定位精度将大大提高。双频接收机能根据两个频率的观测量抵消大气中电离层误差的主要部分，在精度要求高，接收机间距离较远时(大气有明显差别)，应选用双频接收机[13]。

2.3.2 GPS 使用方法

GPS 比较费电池，多数 GPS 使用四节碱性电池一直开机可用 20~30h，说明书上的时间并不精确，长时间使用时要注意携带备用电池。大部分 GPS 装有永久的备用电池，能在没有电池时保证内存中的各种数据不丢失。由于 GPS 在静止时没带方向指示功能，所以同时带上一个小巧的指北针是有用的。标记路标时，GPS 先标记一个默认的路标名，比如 LMK001 之类，难于记忆，虽然能改成相对好记的一些名字，但一是存在输入不便的问题，用上下箭头选字母很费劲，二是英文名字虽短，比如 6 或 9 个字母，仍然不好记，要是能同时附带一个小的录音机/采访机随时记录，就更方便些。

(1)有地图使用

GPS 与地理详图一起使用的话会有最好的效果，但是国内大比例尺地图十分难得，GPS 使用效果受到一定限制。"万一"你有目的地附近的精确地图，就能预先规划线路，先做地图规划，制订行程计划，从而根据线路的复杂情况和里程数，建立一条或多条线路(ROUTE)，读出路线特征点的坐标，输入 GPS 建立线路的各条"腿"(Legs)，并把一些单独的标志点设为路标(Landmark/Waypoint)输入 GPS。GPS 手工输入数据，是一项相当烦琐的事情，设想每个路标都要输入名字、坐标等 20 多个字母数字，每个字母数字要按十几次箭头才能完成，这是何等的工作量，这也就是为什么有人花很多钱来买接线和软件，用计算机来上载/下载数据的原因。在旅行时带上地图，更方便地找到目标的方向，同时确定自己的位置，才能顺利地配合地图朝目标前进。同时也要记录各规划点的实际坐标，最好再针对每条规划线路建立另一条实际线路，这样能在原路返回时使用，又可以在回来后作为实际路线资料保存，供后人使用。

(2)无图使用这是更为常见的使用方式。

①使用路点定点：常用于确定岩壁坐标、探洞时确定洞口坐标或其他象线路起点、转折、宿营点的坐标。用法简单，标记一个坐标就行了。找点：所要找的地点坐标必须已经以路标(Landmark/Waypoint)的形式存在于 GPS 的内存中，可以是你自己以前标记的点或者从以前去过的朋友那里得到的数据，手工/计算机上载成的路标数据。按 GOTO 键，从列表中选择你的目的路标，然后转到"导向"页面，上面会显示你离目标的距离、速度、目标方向角等数据，按方向角即可。

②使用路线输入路线：若能找到以前去过的朋友记录的路线信息，把它们输入 GPS 形成线路，或者(常见于原路返回)把以前记录的路标编辑成一条线路。路线导向：把某条路线激活，按照和"找点"相同的方式，"导向"页会引导你走向路线的第一个点，一旦到达，目标点会自动更换为下一路点，"导向"页引导你走向路线的第二个点…… 若你偏离了路线，越过了某些中间点，一旦你再回到路线上来，"导向目标"会跳过你所绕过的那些点，定为线路上你当前位置对应的下一个点。

③回溯法搜路线：GPS 每秒更新一次坐标信息，可以记载自己的运动轨迹。一般 GPS 能记录 1 024 个以上足迹点，在一个专用页面上，以可调比例尺显示移动轨迹。很多 GPS 有一种叫做"回溯"(Trace back)的功能，使用此功能时，它会把足迹线转化为一条"路线"(ROUTE)，路点的选择是由 GPS 内部程序完成的一般是选用足迹线上大的转折点。足迹

点的采样有自动和定时两种方式自动采样由 GPS 自动决定足迹点的采样方式，一般是只记录方向转折点，长距离直线行走时不记点；定时采样可以规定采样时间间隔，例如 30s、1min、5min 或其他时间，每隔这么长时间记一个足迹点。在足迹线页面上可以清楚地看到自己足迹的水平投影。你可以开始记录、停止记录、设置方式或清空足迹线。"足迹"线上的点都没有名字，不能单独引用，查看其坐标，主要用来画路线图和"回溯"功能。

2.4 GPS 系统的特点及其应用

2.4.1 GPS 系统的特点

（1）定位精度高

应用实践已经证明，GPS 相对定位精度在 50km 以内可达 10~6，100~500km 可达 10~7，1 000km 可达 10~9。在 300~1 500m 工程精密定位中，1h 以上观测的解其平面位置误差小于 1mm，与 ME-5000 电磁波测距仪测定的边长比较，其边长较差最大为 0.5mm，较差中误差为 0.3mm。

（2）观测时间短

随着 GPS 系统的不断完善，软件的不断更新，目前，20km 以内相对静态定位，仅需 15~20min；快速静态相对定位测量时，当每个流动站与基准站相距在 15km 以内时，流动站观测时间只需 1~2min，然后可随时定位，每站观测只需几秒钟。

（3）测站间无须通视

GPS 测量不要求测站之间互相通视，只需测站上空开阔即可，因此可节省大量的招标费用。由于无须点间通视，点位位置可根据需要，可稀可密，使选点工作甚为灵活，也可省去经典大地网中的传算点、过渡点的测量工作。

（4）可提供三维坐标

经典大地测量将平面与高程采用不同方法分别施测。GPS 可同时精确测定测站点的三维坐标。目前 GPS 水准可满足四等水准测量的精度。

（5）操作简便

随着 GPS 接收机不断改进，自动化程度越来越高，有的已达"傻瓜化"的程度；接收机的体积越来越小，重量越来越轻，极大地减轻测量工作者的工作紧张程度和劳动强度。使野外工作变得轻松愉快。

（6）全天候作业

目前 GPS 观测可在一天 24h 内的任何时间进行，不受阴天黑夜、起雾刮风、下雨下雪等气候的影响。

（7）功能多、应用广

GPS 系统不仅可用于测量、导航，还可用于测速、测时。测速的精度可达 0.1m/s，测时的精度可达几十毫微秒。其应用领域不断扩大。GPS 系统的应用前景当初，设计 GPS 系统的主要目的是用于导航、收集情报等军事目的。但是，后来的应用开发表明，GPS 系统不仅能够达到上述目的，而且用 GPS 卫星发来的导航定位信号能够进行厘米级甚至毫米级精度的静态相对定位，米级至亚米级精度的动态定位，亚米级至厘米级精度的速度测量和毫微秒级精度的时间测量。因此，GPS 系统展现了极其广阔的应用前景[14]。

2.4.2　GPS 在各领域的应用

2.4.2.1　GPS 在智能交通系统中的应用

(1)车辆 GPS 定位管理系统

GPS 定位管理系统工作原理：车载 GPS 自主进行定位，利用无线通信系统将定位信息发往监控中心，监控中心结合地理信息系统对车辆进行调度管理和跟踪。目前，已研制成功并投入使用的有车辆全球定位报警系统，警用 GPS 指挥系统等。在城市公共汽车调度管理，风景旅游区车船报警与调度，海关公安海防等部门，应用此系统可以对车船进行调度与监控其中监控中心的主要功能有：数据跟踪功能，图上跟踪功能，模拟显示功能，决策指挥功能。车载 GPS 部分的主要功能有：定位信息发送功能，数据显示功能，调度命令的接收功能，报警功能车辆 GPS 定位属于单点动态导航定位。其定位精度约为 100m 量级。

(2)为了提高定位精度，可采用差分 GPS 技术

工作原理：每一辆车都有 GPS 接收机和通信电台，监控中心设在基准站位置，坐标精确已知。基准点上安置 GPS 接收机，同时安装通信电台、计算机、电子地图、大屏幕显示器等设备。工作时，各车辆上的 GPS 接收机将其位置、时间和车辆编号等信息一同发送到监控中心。监控中心将车辆位置与基准站 GPS 定位结果进行差分求出差分改正数，对车辆位置进行改正，计算出精确坐标，经过坐标转换后，显示在大屏幕上。

这种集中差分技术可以简化车辆上的设备。车载部分只接收 GPS 信号，不必考虑差分信号接收机，而监控中心集中进行差分处理，显示、记录和存储。数据通信可采用原有的车辆通信设备，只要增加通信转换接口即可。

由于差分 GPS 设备能够实时地提供精确地位置、速度、航向等信息，车载 GPS 差分设备还可以对车辆上的各种传感器进行校准工作[15]。

2.4.2.2　GPS 在农业中的应用

(1)精确灌溉技术的实现

农业精确灌溉技术借助"3S"技术——遥感(RS)、地理信息系统(GIS)和全球定位系统(GPS)这一完整体系，对农业生产资源、生产状况、气候和生物性灾害、土壤墒情等进行有效地监测预报，指导人们根据各种变异情况适时、适地和适量地采取相应的灌溉方法和操作手段。全球定位系统(GPS)与智能化的灌溉机械设备(如移动式灌溉设备车)配套，可对农田实际小区内土壤墒情、苗情、病虫害的信息采集，通过电子传感上的 GPS 系统确定小区位置信息，这样可在记录农田单位面积的各种农田信息，从而实施精确灌溉作业，以节省水资源，并提高灌溉效益。

(2)"精确农业"得于实现

借助于 GPS、GIS、RS 的"3S"技术，精确农业得于实现。在农业机械上安装了 GPS 设备可实现精确施肥、产量预测、农田面积测量、夜间精确作业成为现实。主要实现三方面的精确：定位精确——精确地确定灌溉、施肥、杀虫地点；定量精确——精确地确定水、肥、杀虫的施用量；定时精确——精确地确定农作物时间。

（3）用于农田信息采集与处方农作的空间定位

利用 GPS 技术可确定土壤取样的准确位置，使实验室的分析结果体现在土壤状态分布图中，依土壤特性如质地、养分、有机质含量和地貌条件计划所需投入量。当遇到田间条件有差异时，可进行实时作业调整，对农田进行产量监测和记录。

（4）用于农村规划、土地测量、资源管理、环境检测、作业调度中的定位服务

1992 年北京市植物保护站与中国科学院、北京航空航天大学、北京工业大学等 8 家科研院校协作，开展卫星导航飞机防治小麦蚜虫技术的研究，经过 3 年攻关，在指导大面积防治小麦蚜虫上获得成功。实践证明，卫星导航飞机防治小麦蚜虫无漏喷、重喷现象，农药雾滴均匀，符合生产中农艺方面的要求，灭蚜效果达到 90% 以上。这项研究在卫星导航技术应用于农业领域做了开创性的工作。

未来的精细农业将融入遥感（RS）技术的精华。遥感技术本身作为一种高效的信息采集手段，具有极高的空间时间分辨率，在农业资源调查和动态监测等方面发挥出了不可替代的作用，遥感信息具有周期性、动态性、信息丰富、获取效率高，可直接以数字方式记录传送等特点。它可对 GIS 提供最新数据资源，实施快速数据采集和更新，从而对 GPS 提供更精确、更丰富的数据信息。目前在中国农业大学已成立了集 GPS、GIS、RS 及 ES（人工智能决策系统）为一体的"精细农业研究中心"，GPS 在我国农业领域的综合运用和工程技术革新正在兴起[16]。

2.4.2.3　GPS 在货物运输中的应用

目前，GPS 技术备受人们关注，其中一个重要的原因是 GPS 的诸多功能在物流领域的运用已被证明是卓有成效的，尤其是在货物配送领域中。由于货物配送过程是实物的空间位置转移过程，所以在货物配送过程中，对可能涉及的货物的运输、仓储、装卸、送递等处理环节，对各个环节涉及的问题如运输路线的选择、仓库位置的选择、仓库的容量设置、合理装卸策略、运输车辆的调度和投递路线的选择都可以通过运用 GPS 的车辆跟踪、信息查询等功能进行有效的管理和决策分析，这无疑将有助于配送企业有效地利用现有资源，降低消耗，提高效率。具体来看，目前在货物配送中主要运用了下列功能：

（1）车辆跟踪功能

GPS 系统与 GIS（地理信息系统）技术、无线移动通信系统（GSM）及计算机车辆管理信息系统相结合，可以实现车辆跟踪功能。

利用 GPS 和 GIS 技术可以实时显示出车辆的实际位置，并任意放大、缩小、还原、换图；可以随目标移动，使目标始终保持在屏幕上；还可实现多窗口、多车辆、多屏幕同时跟踪，利用该功能可对重要车辆和货物进行跟踪运输。

目前，已开发出把 GPS、PIS、GSM 技术结合起来对车辆进行实时定位、跟踪、报警、通讯等的技术，能够满足掌握车辆基本信息、对车辆进行远程管理的需要，有效避免车辆的空载现象，同时客户也能通过互联网技术，了解自己货物在运输过程中的细节情况。

（2）货物配送路线规划功能

货物配送路线规划是 GPS 系统的一项重要辅助功能。它可以进行自动线路规划，即由驾驶员确定起点和终点，由计算机软件按照要求自动设计最佳行驶路线，包括最快的路线、最简单的路线、通过高速公路路段次数最少的路线等。如驾驶员未按照指定的路线行

使，将会以偏航报警的方式显示在计算机界面上。

（3）信息查询

为客户提供主要物标，如旅游景点、宾馆、医院等数据库，用户能够在电子地图上根据需要进行查询。查询资料可以文字、语言及图像的形式显示，并在电子地图上显示其位置。同时，监测中心可以利用监测控制台对区域内任意目标的所在位置进行查询，车辆信息将以数字形式在控制中心的电子地图上显示出来。

（4）话务指挥

指挥中心可以监测区域内车辆的运行状况，对被监控车辆进行合理调度。指挥中心也可随时与被跟踪目标通话，实行管理。

（5）紧急援助

通过定位和监控管理系统可以对遇有险情或发生事故的车辆进行紧急援助。监控台的电子地图可显示求助信息和报警目标，规划出最优援助方案，并以报警声、光提醒值班人员快速进行应急处理。

2.5 GPS 在精细农业装备中的应用

GPS 定位技术为实践精细农业提供了重要的支持。近年来，GPS 已经成为快速发展的产业，许多大公司正在精细农业技术领域大显身手，支持精细农业的农用 DGPS 产品也开发了出来，它专门用于农田测量、定位信息采集和与智能化农业机械配套测量工作。这种产品一般有 12 个可选的卫星信号接收通道，在动态条件下每秒会自动生成一个 3 维定位数据，动态定位精度达到米级或分米级，并具有与计算机和农机智能监控装置的通用标准接口。当前，国际上很多家大规模农机制造企业都生产了带有 GPS 定位系统与产量传感器的收割机，而且已经成功地将 GPS 应用到了对应的精细农业体系中，如美国 CaseIH 公司研制的 AFS、JohnDeree 公司研发的 Greenstar、英国 MasseyFerguson 公司制造的 Fieldstar。

GPS 的快速度、高精度、低成本、操作简单等特点，使它能快速准确地获得研究区域内农业资源的空间位置信息，也提供了很多其他普通方法难以获得的资源信息。

Blackmore 认为：现在国外很多农场主都在增加使用信息技术，许多农民使用精准农业的 GPS 接受器来采集生长季节里每块田地的各项数据，从而在多变的管理中下决定。Daberkow 等人了解到在美国有 10% 的小麦，25% 的黄豆，30% 的玉米地都使用了农田监视器。从 1993 年到目前，美国有 20% 的耕地、80% 的大农场都已实行精准农业操作。据美国 Purdue 大学的研究，在美国使用精准农业技术的农民，有 60% 实现了盈利，有 10% 亏损，有 30% 保本。1996 年，北美约 19% 的 $300hm^2$ 以上的规模化农场已经开始使用 GPS，并有 2 000 台联合收割机安装了产量传感器。

通过阅读文献可以发现：GPS 在精准农业中的主要作用在以下 3 个方面：

（1）智能化农业机械作业的动态定位

即根据管理信息系统发出的指令，实现田间播种、施肥、灌溉、排水、喷药和收获等操作的精确定位。

①GPS 与精确施肥：GPS 为控制施肥提供了空间定位和导航支持，基于 GPS 的变量施肥技术能依据不同地区、不同土壤类型、土壤中各种营养多少、作物种类和产量水平，将

微量元素与有机肥加以科学配比，做到有目的地科学施肥。

②GPS 与精准灌溉：在田间可以使用 GPS 土地参数采样器采集植物生长的环境参数，如土壤湿度、地温等，然后通过 GPS 中心控制基站用专家系统进行植物分析，达到调控植物生长环境，精确控制节水灌溉系统的目的。

③GPS 与精准喷药：使用 GPS 监测病虫草害是预测预报的新兴手段，通过 GPS 系统连接高质量视频摄像头拍摄分析图像，不仅能够采集原始数据，监测大田作物，得出田间病虫害分布大小位置，并可以经过逐次拍摄从而确认害虫的迁飞路线、种群数量和为害程度，以及病虫害发展方向及流行趋势。

如要对大面积农田集中进行喷药，就可选择装有差分 GPS(DGPS) 的飞机。DGPS(航空导航系统) 可以指引飞行员从机场直接前往作业区，在已设计的航线和高度飞行喷洒药物。若飞行员加满药物需要返回作业区，系统还能让飞机到达上次药物喷洒的准确地点停止，这样既确保无重复喷洒又无遗漏区域。

(2) 农业信息采集样点定位

即为了形成数字信息存储与共享，而在农田设置 GPS 定位需要的数据采集点、自动或人工数据采集点和环境监测点。

将 GPS、GIS 和精细农业、旱作节水农业相结合，开发精细农业和田间实时导航监控相结合的地理信息管理系统。实现田间多目标车辆监控；建立农业机械装备数据库和查询系统，可方便地进行 100 多种农业机械装备数据的查询、添加、删除、保存等操作；通过获取车辆的实时信息，调取地图中的信息，将田间车辆的动态信息与农业机械装备相结合从而实现信息的可交互性、可扩展性和通用性。精确种子工程和精确播种工程的有机结合，要求精确播种机达到播种均匀、精良播种、深浅一致，这样精确播种技术不仅节约了大量种子，还能使作物在田间获得最佳分布效果，从而提高作物对营养和太阳能的利用率。而使用精确收获机械不仅能够做到颗粒归仓，同时也能根据一定标准，准确分类。1995 年美国一些地区的农场主开始采用装备了 GPS 的联合收割机，通过它，农机在收获时可以不间断记录下几乎每一单位面积的产量及信息，再经由电脑软件处理，让农场主可以绘制出各块地的产量图，从而得以剔除某些产量低的作物品种。

(3) 遥感信息 GPS 定位

即用 GPS 采集遥感信息中的特征点定位数据，方便与 GIS 配套使用。

1993—1994 年，美国在爱达荷州的两个农场开展精准农业试验，利用 GPS 技术指导变量施肥，结果试验产量比传统均衡施肥提高了 30%。这次试验不仅减少了化肥用量，而且大大提高了经济效益，使得 GPS 在精准农业实践中得到迅速推广。到 1996 年，北美 300km² 以上的规模化农场约有 19% 使用 GPS。德国在近几年研制的联合收割机上 100% 都安装了 GPS。在我国，1992 年北京市在顺义地区 15 000km² 范围内开展了利用 GPS 导航喷洒农药防治小麦蚜虫的示范研究，经过 3 年攻关，在指导大面积防治小麦蚜虫上获得成功。实践证明，利用卫星导航飞机防治小麦蚜虫，无漏喷、重喷现象，农药雾滴均匀，灭蚜率达到 90% 以上。

2.5.1 CASE2366 轴流谷物联合收割机产量监测及成图系统

RTKGPS、田间计算机(PFA) 和传感器组成了 CASE2366 轴流谷物联合收割机产量监测及成图系统的主体部分。其中，传感器又分为前进速度传感器、谷物流量传感器和谷物湿度传感器、割幅宽度传感器、割台高度传感器等。其组成如图 2-3 所示。由于产量监测系统安装在 CASE2366 联合收割机上，但要想取得准确、可靠的产量分布信息、谷物湿度分布信息及海拔高程分布信息，在进行谷物产量测试前需对联合收割机产量监测系统进行设定及校正。

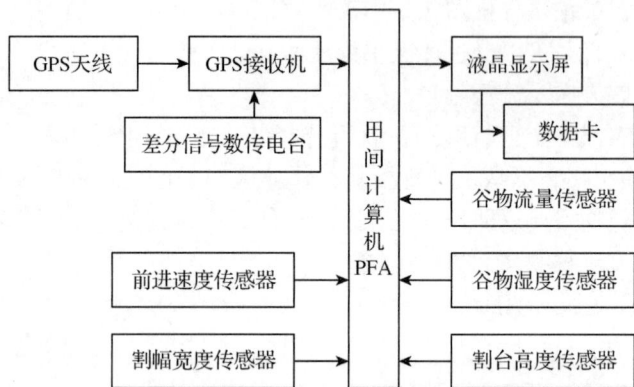

图 2-3   CASE2366 轴流谷物联合收割机产量监测及成图系统组成

2.5.2   变量施肥播种机

变量施肥播种机，是通过对传统的条播机进行改造，通过控制播种机槽轮的转速达到变量投放种子、化肥的目的。一般由 RTKGPS、田间计算机、变量控制器、液压马达、播种机等部分组成。其工作过程是：把数据卡（有施肥处方图信息）插入田间计算机，在行驶过程中计算机可以把 GPS 的位置信息与处方图相匹配，得到当前位置的施肥、播种量，向液压马达发出控制信号，马达带动播种机的槽轮动作从而控制播种机的播量（图 2-4）。

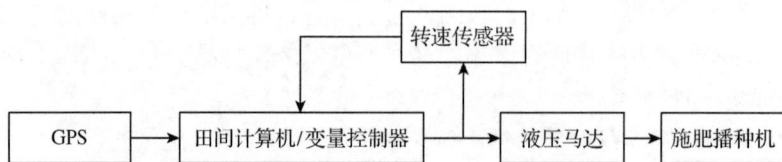

图 2-4   施肥播种系统控制

2.5.3   变量喷雾机

变量喷雾机是通过将原有的喷雾机进行改造，加上计算机控制系统、GPS 系统、流量控制阀、喷杆阀、流量和压力传感器等组成的。在田间作业时，变量喷雾机能够依照处方自动开关喷头和调节喷雾量大小，能够依据行驶速度的变化调节喷雾量，而且能够自动记录喷雾过程中的数据，作业完成后提供作业量图[17]（图 2-5）。

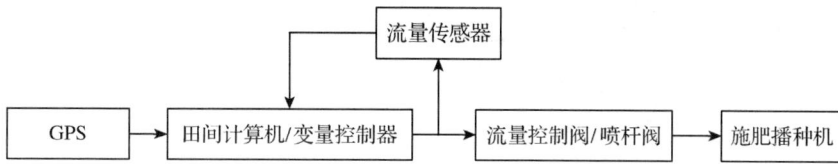

图 2-5 变量喷雾机系统控制

2.6 其他卫星定位系统的介绍

2.6.1 美国 GPS 卫星定位系统

1973 年 12 月，美国国防部在总结了 NNSS 系统的优劣之后，批准美国海陆空三军联合研制新一代卫星导航系统——NAVSTAR GPS。这就是"授时与测距导航全球定位系统"(Navigation Satellite Timing And Ranging/Global Positioning System)通常称为全球定位系统，简称为 GPS。GPS 的投入达到了 3 百亿美元。自 1974 年以后，系统的建成经过三个阶段，包括：方案论证、系统研制和生产实验，也是继阿波罗计划、航天飞机计划以后的一个新的巨大的空间计划。首颗 GPS 实验卫星于 1978 年 2 月 22 日发射成功。1989 年 2 月 14 日，又成功发射了首颗 GPS 工作卫星，这也宣告 GPS 系统进入了运营阶段。到 1994 年 3 月 28 日止，第 24 颗工作卫星的发射完成。GPS 系统空间计划共发射了 24 颗卫星(其中，21 颗工作卫星，3 颗备用卫星，截止目前，卫星数量已经超过 32 颗)，它们均匀地布设在 6 个与赤道倾角为 55°的近似圆轨道上，距离地球表面的平均高度为 20 200km，运行速度为 3 800m/ s，运行周期 11h 58min。每颗卫星可覆盖全球约 38% 的面积。这样的卫星分布保证了在地球上任一地点、任一时刻，都能一次观测到 4 颗卫星。

在 GPS 设计之初，主要目的是让 GPS 系统能够提供实时、全天候和全球性的导航服务，并用于情报收集、核暴监测和应急通讯等一些军事目的。但随着 GPS 系统的开发应用，它被越来越广泛地应用于空运、海运等各种载运工具的导航、高精度的大地测量、精密工程测量、地壳形变测量、地球物理测量、航天发射和卫星回收等技术领域。

为了使 GPS 具有连续实时的高精度三维导航性能和良好的抗干扰性能，在卫星的设计上经历过几次重大改进。GPS 与 NNSS 的主要特征比较见表 2-1。

表 2-1 GPS 与 NNSS 主要特征比较

系统特征	GPS	NNSS
载波频率(GHz)	1.23, 1.58	0.15, 0.40
卫星高度(km)	20 200	1 000
卫星数	21 +3	5 ~6
卫星周期	11h 58min	1h 47min
卫星钟稳定度	10^{-13}	10^{-11}

2.6.2 俄罗斯 GLONASS 卫星定位系统

GPS 系统的大范围应用，引起了世界各国的关注。前苏联在全面总结 CICADA 第一代卫星导航系统优劣的基础上，吸收了美国 GPS 系统的成功经验，自 1982 年 10 月，开始第二代导航卫星——GLONASS 卫星的研发工作。到 1996 年共发射 25 颗卫星，经数据加载，调整和检验，于 1996 年 1 月 18 日开始正式运营，但主要用于军事领域。GLONASS 卫星均匀地分布在 3 个轨道平面内，轨道倾角为 64.8°，每个轨道上等间隔地分布 8 颗卫星。卫星距离地面高度为 19 100km，运行周期为 11h 15min。GLONASS 系统可进行卫星测距。民用无任何限制，不收费。民用的标准精度为：水平精度 50~70m，垂直精度 75m，测速精度 15cm/s，授时精度 1μs。GLONASS 卫星的平均工作寿命超过 4.5 年，1999 年底又发射了 3 颗卫星，至 2000 年初，该系统仅剩 7 颗卫星能持续工作。2000 年 10 月补网又发射了 3 颗卫星。到 2001 年 3 月 GLONASS 系统共有 13 颗健全的卫星。从 2004 年后，GLONASS 系统基本进入了较好的运营状态。GPS 与 GLONASS 的系统特征对比见表 2-2。

表 2-2　GPS 与 GLONASS 系统特征对比

系统特征	GPS	GLONASS
载波频率(GHz)	1.23，1.58	1.61，1.25
卫星高度(km)	20 200	19 100
卫星数	21+3	21+3
卫星周期	11h 58min	11h 15min
卫星钟稳定度	10^{-13}	10^{-11}

2.6.3 欧洲 NAVSAT 卫星导航系统

GPS 系统和 GLONASS 系统都是主要为军用服务的卫星导航系统。NAVSAT 卫星导航系统是欧洲空间局(ESA)创建的民用卫星导航系统。NAVSAT 系统使用 6 颗地球同步卫星(GEO)和 12 颗高椭圆轨道卫星(HEO)组成的混合星座，其中 HEO 卫星均匀分布在 6 个轨道平面内，GEO 卫星则位于 1 个轨道平面内。地面上任一地点任一时间都可以见到至少 4 颗 NAVSAT 卫星，并用它们进行全天候、全球性的实时定位导航。同步卫星上装有 NAVSAT 发射机应答器，所以还能用于通信。

2.6.4 欧盟伽利略全球卫星导航系统

GPS 定位系统受美国军方控制，而 GLONASS 定位系统受俄罗斯军方的严密控制，信号的可靠性没法保证，有很长一段时间，欧洲只能在美、俄的授权下才能进行接收机制造或者导航服务等从属性的工作。同时在欧洲一体化进程中，建立欧洲自主的卫星导航系统，全面加强欧盟诸成员国之间的联系和合作。欧洲意识到拥有自主知识产权的卫星导航系统至关重要。在这种背景下，欧盟启动了一个军民两用、并与现有的卫星导航系统相兼容的全球卫星导航计划——"伽利略"（GALILEO）计划。

1992 年 2 月，欧盟首次提出"伽利略"计划。分成四个阶段：论证阶段，到 2000 年；系统研制阶段，包括研制卫星及地面设施、系统在轨确认，时间为 2001—2005 年；星座布设阶段，包括制造和发射卫星，地面设施建设并投入使用，时间为 2006—2007 年；运营阶段，从 2008 年开始。"伽利略"计划投资预算约为 32.5 亿欧元，服务范围达到了全球，同时包括导航、定位、时间、通信等多项服务。其服务方式包括开放服务、商业服务和官方服务三个方面。

"伽利略"系统的基本结构包括星座与地面设施、服务中心、用户接收机等。卫星星座将由 30 颗卫星(27 颗工作卫星和 3 颗备用卫星)组成，卫星采用中等地球轨道，均匀分布在高度约为 23 616km 的 3 个中高度圆轨道面上，倾角 56°。地面控制设施包括卫星控制中心和提供各项服务所必需的地面设施，用于管理卫星星座及测定和传播集成信号。卫星的设计寿命为 20 年，卫星信号采用 4 种位于 L 波段的多载频来发射，其频率分别是：

E5a：1 176.45MHz   E5b：1 207.14MHz

Eb：1 278.75MHz $E_2 - L_1 - E_1$：1 575.42MHz

"GALILEO"系统的主要特点是向用户提供公开、安全、商业、政府形式的不同模式的服务。它具有与 GPS 系统相同的全球导航定位功能以外，还具有全球搜寻援救(search and rescue，SAR)功能。为此，每颗"GALILEO"卫星还装备了一种援救收发器，能在接收到来自遇险用户的求援信号之后，将它转发给地面援救协调中心，再由后者组织对遇险用户的援救。与此同时，"GALILEO"系统还能帮遇险用户发送援救安排通报，通知遇险用户等待援救。"GALILEO"接收机不仅可以接收本系统信号，更能接收 GPS 和 GLONASS 这两大系统的信号，从而完成导航和移动电话功能相结合。

我国政府与欧盟在"伽利略"导航定位系统方面进行的深层次合作正在展开。2003 年 9 月 18 日，我国科技部与欧盟能源交通司草签了合作协议。双方在伽利略计划的实施过程中将开展广泛的合作，合作领域包括卫星的制造和发射、无线电传播环境实验、地面系统、接收机标准等[18]。

2.6.5 日本 MSAS 系统

日本目前正在研制和准备发射"多功能交通卫星"(Multifunctional Transport Sat，MT-SAT)，它其实是一种多功能的卫星导航增强系统，日本称它为 MSAS，与它配套的是日本的资源卫星和军事侦察卫星，它能满足全世界各类定位和导航用户的需求[19]。

2.6.6 中国的北斗(COMPASS)导航卫星定位系统

我国掌握知识产权的第一颗导航定位卫星——"北斗导航试验卫星"，在 2000 年 11 月 1 日凌晨 0 时 02 分在西昌卫星发射中心发射升空，并准确进入预定轨道。2000 年 12 月 22 日凌晨 0 时 20 分第二颗"北斗导航试验卫星"在西昌卫星发射中心发射成功，这两颗试验卫星构成了我国"北斗双星导航定位系统"。

2003 年 5 月 25 日又发射了导航定位系统的备份卫星，它与之前的卫星组成了完整的卫星导航定位系统，确保全天候、全天时提供卫星导航信息。"北斗"双星导航定位系统的服务区域为东经 70°~145°、北纬 5°~55°范围。定位精度：平面 ±20m，高程 ±10m。北斗导航定位系统具有快速定位、短报文通讯、精密授时三大功能。

双星导航定位系统定位的基本原理为空间球面交会测量原理。地面中心站通过两颗卫星向用户询问，用户应答后测量并计算出用户到两颗卫星的距离；然后根据地面中心站的数字地图，由地面中心站算出用户到地心的距离，再根据两颗卫星和地面中心站的地心坐标计算出用户的三维位置，再由卫星发给用户。

"北斗"和美国的 GPS、俄罗斯格洛纳斯及欧盟伽利略系统，并称世界上的四大卫星导航系统。作为中国自主建设、独立运行，与世界其他卫星导航系统兼容共用的全球卫星导航系统，"北斗"以后能在全球范围内提供全天候、全天时的高精度、高可靠定位、导航、授时服务，精度更可达到以分米、厘米计的亚米级，而"北斗"的位置报告、短报文服务等独特功能，确有其独特的优势。

我国的双星导航系统综合了天文导航定位和地面无线电导航定位的长处，就像一个设立在天外的无线电导航台。能在任意时间、在定位服务区域内的任意地点为用户确定其所处的地理经纬度和海拔高度。系统主要为我国的交通运输、气象、石油、海洋、森林防火、灾害预报、通信、公安以及其余的特别的行业提供快捷优质的服务。北斗运营服务中心以北斗信息服务系统为平台，可为各类集团用户提供其下属北斗用户接收机及其监控与管理中心（指挥所）设备入网许可服务；可为集团用户提供下属终端用户的位置、短报文等帮助，也可将集团用户的指令信息发送给其下属；可以把用户信息长久储存，方便用户随时查询；可为数据采集用户提供定位和数据传输服务；可为气象、物流等部门提供信息咨询、受托研究等服务。北斗应用具有五大优势：同时具备定位与通讯功能，无需其他通讯系统支持。融合北斗导航定位系统和卫星导航增强系统两大资源，提供更丰富的增值服务覆盖中国及周边国家和地区，24 小时全天候服务，无通讯盲区定位解算都集中在地面控制中心站，特别适合于大范围移动目标监控与管理自主系统，高强度加密设计安全、可靠、稳定，适合关键部门应用。

"北斗双星"导航系统是国际上首次实现的区域导航定位系统，填补了我国导航卫星领域的空白，使中国成为世界上继美、俄之后自主建立导航系统的国家。

思考题

1. 常见的卫星定位系统有哪些？各有什么特点？
2. 请描述 GPS 的主要构成。

第 **3** 章

地理信息系统及其应用

3.1 地理信息系统

3.1.1 地理信息与地理信息系统

3.1.1.1 地理信息

地理信息是指关于地理实体、现象或关系的本质、特征及其运动状态、规律的表征。人们从认识地理实体到掌握地理信息,并利用信息作为决策依据,是人类从认识自然到改造自然实现的跨越。将采集自地表的地理信息源准确而快速地处理为可以识别利用的地理空间信息,供人类在需要时完成转换、生成、输出和应用,这是地理科学研究的重要任务之一。

地理信息属于空间信息,是针对表达地理特征与地理现象之间关系的地理数据的解释,一般由经纬网坐标来实现空间位置的识别,也是区分地理数据信息和一般信息的标志。地理信息可以通过属性码之间的联系以使得二维空间实现专题三维结构。这一技术使得我们能够综合地研究地表各圈层地理星系,同时方便地对信息筛选和转换。时序性也是地理信息的一个重要特征。在将区别划分地理信息时,应按照时序划分为短期、中期和长期地理信息等。这些性质就给地理信息研究工作者提出了两点要求:①地理信息数据采集要有很强的时效性,并定期更新维护;②需要从自然表现中得到其变化规律,从而做出准确的预报预测为决策提供科学依据。建立起一个多层次、动态化的地理信息系统对实现资源、环境的决策管理具有深远意义。

3.1.1.2 地理信息的特征

地理信息除了具有一般信息所具有的客观性、传输性、实用性和共享性,地理信息还具有许多特有的性质,包括:

①空间相关性:地理现象或是表征都存在一定的关联,这种关联会随着距离的减小而增大,反之则减小,相关性也会因区域不同而表现出一定的差异。

②空间多样性:地理信息的多样性即在不同地点数据变化的趋势都尽相同。从另一方面看,多样性还表现在需求的不同,信息的存储和使用需要合理地针对不同地点的信息需求。

③空间层次性:首先,地理信息因同一区域内的地理对象具有多重属性,因而使得地理信息体现出层次性。其次,因不同空间尺度数据形成空间信息的差异性特征造就了空间

信息的层次性[20]。

3.1.1.3 地理信息系统

地理信息系统（Geographic Information System，GIS），是跨越地球科学、信息科学和空间科学的应用基础学科。它研究关于地理空间信息处理和分析过程中提出一系列基本问题，如空间对象表达与建模、空间关系及推理机制、空间信息的控制基准、空间信息的认知与分析、GIS 系统设计与评价 GIS 应用模型与可视化、空间信息的政策与标准。GIS 的操作对象是空间数据，空间数据的主要特点是按统一的地理坐标编码，并实现对其定位、定性、定量和拓扑关系的描述，由此而形成 GIS 的技术优势是有效的地理实体表达、独特的时空分析能力、强大的图形创造手段和可靠的科学预测与辅助决策功能等。

地理信息系统的科学定义：地理信息系统既是管理和分析空间数据的应用工程技术，又是跨越地球科学、信息科学和空间科学的应用基础学科。其技术系统由计算机硬件、软件和相关的方法过程所组成用以支持空间数据的采集、管理、处理、分析、建模和显示，以便解决复杂的规划和管理问题。

空间数据比地图更灵活而全面地构成了我们所在世界的抽象模型，用户可以观测这个模型的多方面的内容和各种空间尺度指标。更具价值意义的是，可以将我们的规划想法注入数据模型而获取系统给出的预测信息，这就是地理信息系统所独有的深刻内涵[21]。

3.1.1.4 地理信息系统基本特征

与一般信息系统相比，地理信息系统具有如下的基本特征：

（1）数据的空间位置特性

系统中地理数据除了具有属性和时间特征，还具有区别于其他数据的空间位置数据特征，没有位置数据也就不能称为地理数据。对于空间数据的管理、操纵和表达能力是地理信息系统的一个基本特征。

（2）空间关系处理的复杂性

地理信息系统不只是要完成处理一般信息系统的工作，还要完成处理对象的空间位置关系，还有一系列的属性数据。图形处理本就是信息系统中的一个重点和难点，加之还有相应的属性数据，所以说 GIS 的空间数据处理比一般信息系统要复杂得多。

数据的管理则是另一个难点。我们常见的事务性数据一般是定长的，而空间数据及其数据关系会在分析中不断衍生，形成不定长的数据，极大地增加了存储和管理的复杂性。

（3）海量数据管理能力

首先，地理信息系统的管理对象是地理数据，数据量必然是十分庞大；其次，GIS 在空间分析时不断生成新的空间数据，数据增量又将形成一个海量数据。

3.1.2 GIS 分类

下面我们按其内容对地理信息系统分为三大类：

（1）专题地理信息系统

规定了研究内容和服务目标的地理信息系统。专题地理信息系统指定为某项专业领域服务，有明确的工作内容和目的。例如，农作物估产信息系统、水资源管理信息系统等。

（2）区域地理信息系统

在指定的区域内或一定自然体系中开展研究工作。可以将各级行政辖区为单位的区域信息系统，也可以按自然分区或流域为单位的区域信息系统。如长江流域信息系统、鄱阳湖流域信息系统。

地理信息系统在实际使用中时常是结合以上两点的专题信息系统。如重庆市水土流失信息系统、湖南省环境管理信息系统等。

（3）地理信息系统工具

它是由一组实现地理信息系统基本功能的软件组成，具有运算处理、图像数字化、存储管理等功能。因为软件设计技术要求较高，采用地理信息系统工具能大幅度的节约人力、物力和财力投入，提高系统的稳定性和建设周期时间，也很大地促成地理信息系统技术的推广使用。

3.1.3 GIS 的组成

GIS 主要由 GIS 软硬件系统、地理空间数据库、系统管理员和应用模型组成，其组成可综合表示为图 3-1 所示的形式。

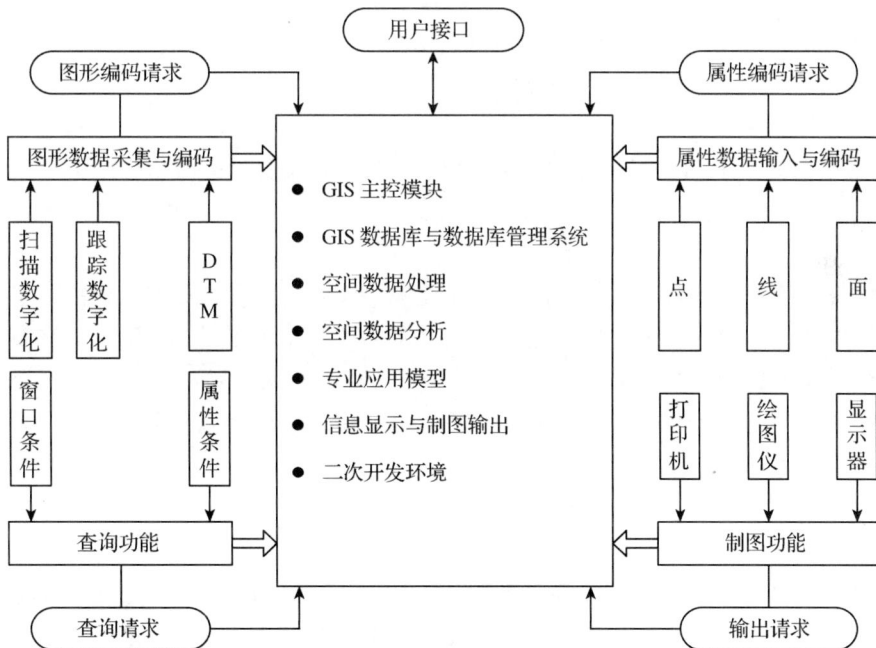

图 3-1 地理信息系统的组成

3.1.3.1 GIS 的硬件系统

计算机是 GIS 的基础，是用于对数据和信息进行处理、加工和分析的设备，可以组成网络也可以单独使用。现今，包括各类工作站、微型机、掌上机及智能手机端在内的计算机都可以运行 GIS[22]。

GIS 由输入、处理、存储和输出硬件设备组成。因为 GIS 面对的是空间数据，所以输

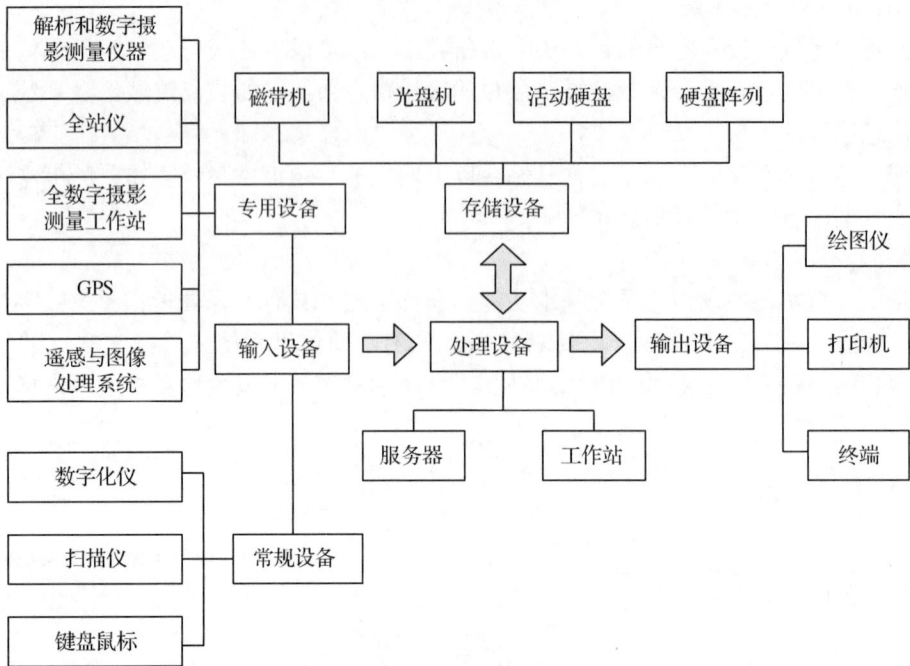

图 3-2　GIS 的硬件系统

入设备是用来数据采集的专用设备，如全站仪、GPS 等，如图 3-2 所示。

3.1.3.2　GIS 的软件系统

GIS 软件系统是实现系统运行工作的各种程序，一般分为 GIS 支撑、平台和应用软件。GIS 支撑软件作用是架构系统的软件运行环境，如数据库和操作系统系统等；GIS 平台软件是指帮助实现 GIS 功能的处理软件，例如，称之为 GIS 5 大子系统的数据输入及其转换、数据编辑、数据管理、空间查询与分析、制图与输出；GIS 应用软件是指通过平台软件基础上二次开发所形成的应用软件。

GIS 软件一般有输入加工、存储管理、分析查询、显示和输出和用户接口等基本模块。

（1）数据输入与加工模块

数据输入与加工模块其功能是通过各种数字化设备，通过图像、数据和资料转换为计算机可识别的数字形式。也可以通过通讯或读取磁盘、磁带的方式录入已存在的数据。观察分析原始输入数据并检查数据中存在的各种错误并编辑修正。同时，还要对图形进行编辑，建立其拓扑关系。

（2）数据存储和管理

数据存储和管理内容包括地理实体（如地物的点、线、面等）的位置、空间关系，以及它们的属性数据如何构造和组织，使其便于进行计算机处理和被用户理解；处理诸如数据格式的选择和转换，数据的压缩编码，数据的连接、查询、提取等。

（3）数据分析与查询

数据分析与查询一般指的是一张或几张地图及其属性数据的分析运算和指标测定。通过查询和分析得出的新地图是经过系统生成的，与原始地图在空间定位上保持不变。这种转变被称为空间函数变换。GIS 可完成诸如地理实体空间关系及属性查询还有叠加、缓冲区、地形分析和某些专业分析等多种类型的分析与查询。例如，查询某县所有地块的土壤类型，或者查询某铁路沿线周围 2km 内的居民点等。后者就要利用叠加分析功能和缓冲区分析功能进行查询分析。

（4）数据显示与输出

数据显示与输出是指将系统的原始数据或是系统处理过并重新组织的数据，提交出用户可以理解的数据表达方式。可以实现图表、文字、数字等显示与输出形式，也可以实现以储存或传输的形式在其他的计算机上表达。

（5）用户接口

系统在用户接口接收程序和指令后，以菜单命令方式处理操作请求。用户接口模块可接纳用户开发的应用程序，并提供系统与用户程序的数据接口。用户能在模块帮助下随时在系统中获取系统运行和操作帮助信息，从而形成开放式人机交互式的 GIS 系统。

3.1.3.3 地理空间数据

地理空间数据指的是以地表某些空间位置作为参照的表征数据，数据一般是图像、文字和数字等形式。地理空间数据是 GIS 所表达的现实世界经过模型抽象的实质性内容。GIS 因用途不同，所要求的地理空间数据种类和精度要求也就不尽相同，但都基本可以归纳为以下 3 种：

（1）某个已知坐标系中的位置

即几何坐标。指的是地理中的实体和现象在已知坐标系内的位置，可以表示为平面直角坐标、极坐标和矩阵等。

（2）实体间的空间相关性

指地理空间的拓扑关系，表示地理中的实体之间空间联系。空间拓扑关系用于地理空间数据中的录入、编码和应用模型分析都是地理信息系统的特色之一。

（3）与几何位置无关的属性

与几何位置无关的属性指的是非几何属性。非几何属性是一个抽象的、人为进行分类、统计、命名得到的抽象概念。世界上的地理实体和现象都至少有一个属性，而地理信息系统需要实现功能主要是通过对属性的操作运算实现的，所以系统的功能实现受到属性的影响较大。

3.1.3.4 应用模型

应用模型的构建同样是系统的关键之一，虽然系统为能够解决实际问题提供了基本工具，但面对一些专业应用问题仍然需要通过专门的应用模型。例如，泥石流预测模型、红树林生长模型等。

应用模型在 GIS 与相关专业中起到了桥梁的作用。系统的建设不单单只是是纯数学问题，而需要扎实深厚的相关专业知识才可以对专业问题的发展机制和内在规律进行探究，才能构建出真正有效的 G1S 应用模型。这也为 GIS 应用系统向专家系统的发展打下一个基础。

3.2 GIS 的特点和功能

地理信息系统实现的是在计算机环境中再现现实世界,除此之外更重要的是能为人类的决策提供有用的地理信息和知识。GIS 的最大的作用就是通过将对象进行重建和分析,实现对位置、条件、趋势、模型和模拟问题的求解。

3.2.1 GIS 的特点

为了满足地理信息系统对地球空间的若干要素分布和相互关系的研究,地理信息系统必须具备以下基本特点:

(1)空间定位

要以公共的地理定位基础,按特定的坐标系统进行准确的空间定位,能使空间要素得以进行叠加或是分解,这样才能得出帮助支持空间问题的处理与决策的综合信息基础。

(2)数据标准化

空间信息由原始数据实现规格化和标准化,才可以用计算机可以接受语言来实现功能,并由计算机程序产生有用信息作用于空间数据,完成人类难以完成的任务。

(3)多维结构

要实现三维空间信息结构的组合,需要在二维空间基础上按时间序列编码和延续,从而使它具有信息储存和转换能力,提供实时的有深度的分析。如图 3-3 所示。

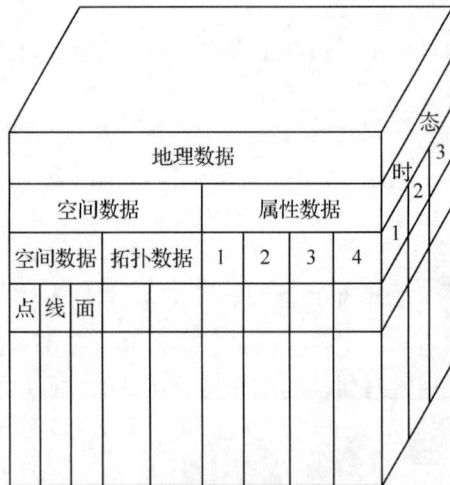

图 3-3 地理信息系统的多维结构

3.2.2 GIS 的基本功能

要实现系统的基本功能,需要获取空间数据实并经过编辑与处理现地理环境的重建,再对空间数据库进行组织和管理,与此同时系统还必须具备为空间分析和表达的功能。

（1）数据采集功能

整个系统各部分全都是由数据串联起来的，数据采集是系统实现功能的前提。使用数据采集设备来获得地理空间的数据，同时 GIS 硬件需要提供采集设备的接口来增加兼容性。

（2）数据编辑与处理

数据采集设备获得的数据被称为原始数据。由于原始数据在逻辑和数值上存在一定的误差，因此需要对数据进行转换和编辑等处理工作，这就要求系统应该具备很强的编辑功能（图 3-4）。

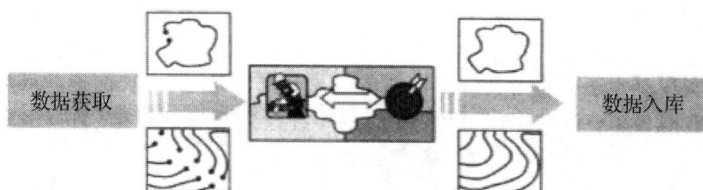

图 3-4　数据编辑与处理

（3）数据存储、组织与管理功能

计算机的数据必须按照一定的结构进行组织和管理，才能高效地再现真实环境和进行各种分析。因为空间数据结构上不同于一般信息系统的数据，不使用普通的数据库管理系统和数据结构，所以要开发独特的数据存储、组织和管理功能。使用较多的 GIS 管理有文件关系和全关系数据库管理模式，通常 GIS 数据结构有矢量数据结构和栅格数据结构两种。

（4）空间查询与空间分析功能

GIS 系统要经过数据库查询语言的补充或者再设计才可以进行数据库空间查询。例如，查询与某个乡相邻乡镇情况或者某高速公路在一定路段内穿过的山洞情况，都是系统独有的功能。这就要求 GIS 软件需要设计空间查询语言来满足空间查询的功能。空间分析比空间查询意义更加深刻内容更加丰富，包括地形、网络、决策分析等（图 3-5）。

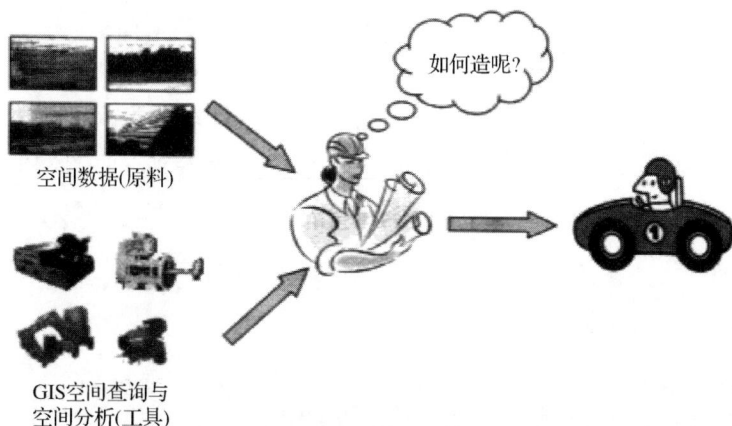

空间数据(原料)

如何造呢?

GIS空间查询与
空间分析(工具)

图 3-5　空间查询与空间分析功能

要注意到，空间分析和应用分析的区别。空间分析工具如查询，几何量测量，建立缓冲区，覆盖操作，地形分析，这些工具是有限的，而应用分析却是无限的，不同的应用目的可能构建不同的应用模型。解决复杂的应用模型需要通过进行空间分析，所以说空间分析是"手段"，应用分析是"目的"。在实际使用中，需要明确"目的"通过最有效的"手段"来进行研究。

（5）数据输出功能

数据输出是指将 GIS 的信息表达成用户可以接收的方式。在系统中的图像信息都是数字信息，而且经过组织和管理后的信息都能有机地联系在一起，所以系统的输出功能是较其他系统明显处于优势。此外，计算机兼容的输出设备，通常有一个磁带机，磁盘驱动器和光盘机，以及必要的计算机网络通信设备(图3-6)。

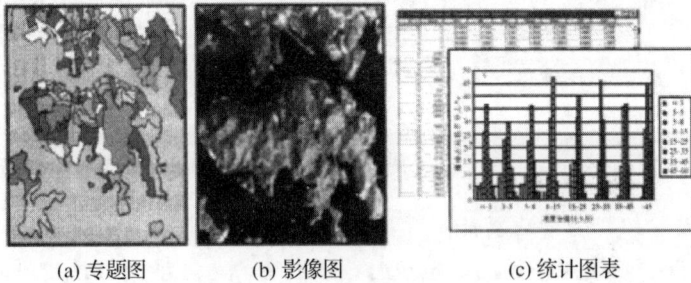

(a) 专题图　　　(b) 影像图　　　(c) 统计图表

图3-6　GIS 数据输出示例

3.3　GIS 软件平台简介

3.3.1　GeoMap 简介及功能

3.3.1.1　GeoMap 简介

GeoStar 是国内吉奥公司研制的地理信息系统 GeoMap 的核心组件模块。系统能够执行完成数据的输入、分析、输出等等功能。GeoStar 其最大优势在于能够将属性、影像等信息数据高度集成，并且可以很好地建立和管理大型数据库以便可以实行数据库分布式管理。有效的界面集成化，可以实现数据统一调度和空间无缝漫游查询与处理。

3.3.1.2　GeoMap 功能

①按照地理的组织数据。
②分区、分层、分类的显示数据。
③地图的漫游与缩放。
④绘制几何对象，如点、线、圆、多边形等。
⑤显示地图注记。
⑥符号化显示地物。

⑦点查询方式选中地物。

⑧线穿越查询方式选中地物。

⑨计算缓冲区。

⑩缓冲方式查询地物。

⑪选定的对象使用 SQL 方式表达。

⑫对选中的地物进行统计。

⑬专题制图。

⑭通过叠加影象进行匹配影象与矢量。

3.3.2 ArcView 软件

3.3.2.1 ArcView 概况

该软件是 ArcGIS 系统中的一个软件组件。ArcView 一般是将项目为基本应用单元，由多种文档组成，包括：

①View：地图显示，信息查询，空间分析。

②Table：空间信息管理，电子表格。

③Chart：统计图形制作。

④Layout：地图版面组合设计，供输出绘图。

3.3.2.2 ArcView 基本功能

（1）项目视图（View）

①数据模型。空间数据是每个 ArcView 项目的关键，Arcview 支持多种空间数据格式。ArcView 3.0 及以后的版本可直接读取 VPF、DXF 和 DWG 数据，无须进行转换，当这些图形数据被调入 ArcView 后，可以直接对其进行各种操作，并可对其属性表进行操作。

②图形操作和信息查询。工程项目中的每一个视图就是一张交互式地图，利用它可以方便地显示、查询和分析地理信息数据。一个视图由若干个特定区域或特定属性特征的地理空间数据层组成，每层是一种地理特征的集合，如河流、公路、村镇等，在 ArcView 中这些层被称为主题（Theme）。在视图中可以方便选择将那些主题显示在当前地图上，并可进行各种图形操作。

在视图中可用符号库中的各种符号或不同的颜色，显示不同的地理空间实体。可以按任一属性的值域，用颜色梯度对图形进行分级显示，ArcView 提供了多种分级方法，用户也可以自定义分级方法。可以添加反映实景的图像文件（如航拍照片）到视图中，为地理数据提供更加逼真的背景。ArcView 采用交互方式或自动方式为图形加注标签，可定义标签的大小、颜色、字体和方向等。

ArcView 支持空间查询和属性查询，查询结果在视图和属性数据表中加亮显示，并可自动生成统计图。

③热链接。热链接是在视图上添加附加信息的一种有效途径，一旦定义了主题的某个特征与外部文件之间的热链接，当用热链接工具点击该主题特征时，系统就会自动显示那个外部文件。可以链接多种媒体格式，如图像、声音和视频等。

（2）项目数据管理（Table）

具有建立数据库、增删字段和记录、修改数据、数据派生、电子表格形式显示、字段选择等功能。可进行一对一、一对多、多对一、多对多的数据库联结，支持复合条件查询。各种各样的在多个领域的统计数据，如平均、计算总和、最小值、最大值、标准偏差、范围，并以表格形式表示。具有动态连接能力，数据库操作结果瞬时改变，并显示在View、Chart、Layout 上。

（3）统计图形（Chart）

ArcView 可以通过统计图，直观的表示文档中的信息。它提供了六类统计图：面积图、条形图、柱形图、折线图、饼图和 XY 散点图。折线图适于表现变化趋势（变化率）。面积图适于表示变化量。条形图的柱形图适于表示不同样本的比较。饼图适于表示部分与总体的关系，尤其适于表示样本之间的比例关系。统计图的刻度、图例和图例的位置等组件是可以编辑的，利用统计图还可进行某些查询或模糊搜索。

（4）地图版面设计（Layout）

用于把多种文档或图形组件组合成各种专题地图。信息准确、内容充分的地图完成后，能够通过打印机等仪器输出，还能转换为多种格式的图形文件，如 EPS、Adobe Illus-trator、BMP、WMF 等。为了减少地图设计中的重复工作，还可以把设计好的地图保存为版面模板。

（5）脚本语言

脚本语言指的是一个有针对性的程序语言和开发环境，利用它可以按照不同用户的不同需求，设计出有专业用途的功能及界面又具有特殊功能的组织功能及专家系统。脚本语言具有如下特点：

①面向对象：ArcView 所处理的各种数据都存在一定的联系，每类对象可以在得到某些指定请求后做出相应应答完成相应功能。

②结构完备：脚本语言支持代数和逻辑运算，支持程序调用和参数传递，具有完整的流程控制。

③通讯功能强：ArcView 能够通过网络与本机和其他计算机互相通讯，实现数据发送和接收，还可以远程执行命令请求并返回运行结果。

④支持 DLL：脚本语言可以取得 DLL 的函数并传递参数。

⑤开放性强：脚本语言能调用操作系统的执行程序并传递参数。例如，使用 ArcView 执行其他的多媒体程序。

⑥移植性强：脚本语言独立于硬件平台和操作系统，可以运行在任何平台上的 Arc-View 软件。

3.3.3 国内外主要的 GIS 平台

目前现有的 GIS 平台种类很多，这里介绍一下常用的 GIS 平台软件。

3.3.3.1 国外主要的 GIS 平台

（1）ESRI GIS

ESRI 公司创办时间较早，产品在全球范围内有很大的影响力。ArcInfo 在 ArcGIS 系列的主力产品。ArcInfo 功能强大几乎涵盖了所有的 GIS 功能，所提供的空间分析工具软件功能强大；另外公司主推的 ArcGIS Server 可以提供给用户方便快捷的实现 3D 可视化和空间分析、数据管理等服务。ArcView 能够在 ArcEditor 的配合下帮助用户实现数据库创建、管理以及图像图表的生成；ArcReader 则可以免费地查询、浏览和打印地图。

（2）Intergraph

Intergraph 公司论规模及影响力都仅次于 ESRI 公司。公司业务特色是提供优质的数据可视化、制图软硬件服务及计算机辅助设计和制造。主力产品有专业多媒体 GIS 和 WEB-GIS。

3.3.3.2 国内主要的 GIS 平台

（1）MapGIS

MapGIS 是我国国内自主研制开发的的地理信息系统软件。软件由数据输入、输出、处理等模块组成，并构建了集工具软件、开发平台和解决方案于一体的产品框架。产品主要包括三维 GIS 开发平台、遥感处理开发平台、WEBGIS 服务开发平台、二次开发平台等。

（2）SuperMap GIS

SuperMap GIS 同样是国内研制的并在市场取得了非常大的成功的平台产品。它能够提供空间数据的采集、管理和处理功能，特别是能够实现应用开发和空间信息发布的功能。平台功能丰富，性能强大，可以为 GIS 系统建设提供全程服务。

迄今为止，全世界已有数百种之多的商业 GIS 软件。比如，ERDAS 公司的 ER-DasimagingA、GENASYS 公司的 Genamap 和德国的 SI-CAD 等。国内研究人员通过吸收国外先进 GIS 技术，也成功开发了许多集科研与商业价值于一身的 GIS 软件。例如，北京大学与三秦企业集团合作研发的 CityStar、北京超图公司研发的 SuperMap 以及武汉测绘科技大学研研发的 GeoStar 等等。这些软件除了具有 GIS 软件的一般特性之外，还具有各自不同的特点，例如，有些擅长于遥感影像处理，有些擅长于地理测量，还有些擅长于地理资源分析等。用户可以根据自己的应用特点，选用合适的 GIS 软件。

GIS 软件的投入使用，为用户提供了地理信息采集、处理、存储、管理、查询和分析的有力手段，大大提高了处理与地理相关事务的效率。借助这些通用 GIS 软件平台，不同领域的用户也开发出了为数众多的专业 GIS 系统，如中日信息化合作项目"森林防火信息系统"、北京市防汛风险信息系统等。地理信息系统广泛应用于国民经济，创造出了重大的社会效益和经济效益。近年来，GIS 在农业生产中的应用也日益普遍，并逐步地显示出其巨大优势。

3.4 GIS 的发展趋势

目前社会对 GIS 技术的需求迅速增加，市场作用使得 GIS 技术应用水平日臻成熟，覆盖范围不断扩大，几乎进入了所有的地理坐标相关领域。随着信息技术发展，尤其是计算机技术的日新月异，计算机处理速度和性价比极大提高。目前 GIS 主要总体上呈现网络化、集成化、空间多维性等发展趋势。

（1）网络化——网络 GIS

GIS 技术的快速发展很大得益于网络技术的迅猛发展，使得 WebGIS 成为当前 GIS 的一个重要发展方向。目前，WebGIS 技术上还具有以下几个挑战：在线数据发布、在线数据互操作、在线数据采掘和在线数据管理及安全性。与传统的 GIS 相比，WebGIS 具有适应性、应用面广、现实性强、维护社会化、使用简单等特点[23]。

（2）多媒体 GIS

多媒体技术集合了图文、声象、通讯等表达方式，以求达到人类可以直接感知。力求实现可视、可触摸、声控对话的操纵信息处理的技术，可以看出多媒体技术对于 GIS 系统的功能和设计理念有深远影响。

（3）空间多维性——三维 GIS 与时态 GIS

在三维 GIS 中，研究对象是通过空间 X、Y、Z 数轴进行定义，描述的是真 3D 的对象。地质、海洋、景观分析等研究已经从三维 GIS 应用上获取了很多便捷，对于 3D GIS 的需求日益加大。

时态 GIS 是在三维 GIS 的基础上融入时间的变量。时间，我们把看成是一个是向着过去和将来没有尽头的线。时间和空间时刻都是紧密的结合在一起的，研究地理空间信息与时间在动态中的联系是 GIS 技术发展的一个必然趋势。

（4）部件组装化——组件式 GIS

将 GIS 的各个模块分割成单独的控件，控件具有不同的分工，可以根据现实需要"组装"各种功能构建 GIS 系统，这就是组件式 GIS 的基本思想。

组件式软件技术是软件技术发展的必经之路，能够针对特定的专业领域设计针对性强的 GIS 系统，在节约成本的同时能够极大的提高设备兼容性，二次开发可以交由用户自己开发实现功能扩展。

（5）集成化——"3S"技术的结合

"3S"技术指的是全球定位系统（GPS）、遥感技术（RS）、地理信息系统（GIS）。"3S"技术也遵循学科发展由细化走向综合的客观规律。

GIS 重要的趋势是通过全球定位系统的发展，集成遥感形成一个实时的动态的地理信息系统。GIS 一方面不断从 GPS 的定位及实时更新功能，以及 RS 的多时相谱段和高分辨率应用发展中获得新鲜血液；另一方面 GPS 和 RS 可利用 GIS 的支持中获得更准确的地理信息供自己发展。

"3S"技术整体结合所构成的系统是高度自动化、及时化的 GIS 系统。这种系统不单单能够自发全时采集实时采集，处理和数据更新功能，而且还可以利用数据分析，提供各种应用科学的决策咨询[24]。

虽然我国 GIS 产业发展历史较短，但我国的 GIS 产业发展也非常迅速。目前，我国测绘行业产值为 320 亿元，地理信息系统行业产值约为 60 亿元，遥感行业产值接近 20 亿元，卫星导航行业为 130 亿元，地图出版行业产值超过 15 亿元，再加上各类企业和信息中心所涉的产值，我国地理信息产业的产值已达到 545 亿元。值得庆贺的是，国内拥有自主知识产权的 GIS 软件已经出口到世界各地，每年能实现出口额 2 000 万美元。

国内从业人员数量逐渐具规模，专业水平随着技术发展也有质的提升。地理信息业内超过 40 万从业人员，主营地理信息业务的企事业单位超过 1.5 万家。随着产业的发展和市场需求不断增长，地理信息技术企业的规模不断壮大，以武汉吉奥公司为代表的国内软件商已经是国内乃至国际市场上的佼佼者，极大地推动了国内技术发展和实现我国地理信息系统迈入国际一流水平。我国国家科技支持计划对这一领域给予了足够的支持和重视。例如，科技支撑计划中，对农业、海洋、水利等许多行业实施了与空间信息有关的项目；863 计划每年扶助了约 20 项该领域的研究专题课题，并组织了 WebGIS 和大型地理空间数据库研究开发等重点项目。

3.5　GIS 在精细农业中的应用

3.5.1　概述

地理信息系统在精细农业的实践中起到技术支撑的重要作用。充分结合 GPS 和 RS 技术，以带有地理坐标特征的地理空间数据库为基础，将同一坐标位置相关的属性信息相互联系在一起，进行储存、处理和输出，根据作物生长周期的空间差异性和变量数据需求，准确地设计和实施最佳的农事操作，从而达到以最经济的投入获得最佳的产出，并减少对环境污染的目的。

3.5.2　国内外农业 GIS 发展现状

在欧美一些发达国家，早在 20 世纪 70 年代就开始将 GIS 应用于农业领域。随着 GIS 在农业领域的应用的不断发展，至今在农业环境检测、灾害预警及应急反应、农业资源监测评估等方面发挥了很大作用。1988 年欧盟启动了"MARS"项目，利用遥感和地理信息系统监测欧洲各国的耕地面积和粮食产量。"MARS"项目监测的作物品种近 20 种，包括土豆、小麦、玉米等，每两个月将向各国发布监测通报[25]。不难看出，国外重视 GIS 应用并广泛深入的将其用于农业，很有效地解决了农业生产和农业管理中的实际问题。

随着 GIS 技术的优势不断体现出来，其在中国农业领域也获得了大力推广并收效显著。在我国国内主要应用在资源信息管理、作物估产和生态环境监测等方面，将研究取得的成果实践于生产都取得丰硕的经济收益。

3.5.3　GIS 技术在农业应急平台中的适用性研究

3.5.3.1　GIS 在农业应急平台中的作用[26]

地理信息系统是收集人类生存空间的地理数据，分析和描述地理信息用以辅助支持人类做出决策的工具[27]。现以农业气象灾害为例，说明 GIS 在农业应急平台中的应用如下：

在气象灾害预警阶段，通过 GIS，可以识别出明显天气预报、地面实况、土壤墒情、农产品灾害等地图数据，再和人口密度、街道等其他地图数据一起，评估可能造成的损失。我们可以采取措施减小甚至杜绝事件所造成的损失。

气象灾难发生之后进入应急指挥阶段，认定受灾范围并统计损失情况，防止次生灾害对农作物的伤害。估算灾害影响农业区域范围，还要安排农业技术人员做好气象灾害减轻工作，建立现场指挥所，组织医疗、后勤和治安，对气象进行监测等。

在气象灾害辅助决策阶段，通过空间分析，可以了解事件发生周围的农田、农作物、土壤、人员等信息，使应急指挥人员及时了解周边信息，为其提供指挥调度的科学依据。

3.5.3.2　基于 GIS 的应急系统建设原则

（1）经济实用性原则

为能够积极推广 GIS 系统提高系统的性价比，应该遵循实用的原则设计并尽可能选用国产成熟稳定的技术产品。

（2）先进性与实用性结合原则

由于农业应急系统建设是一个长期的过程，而目前的应急体系和标准还没有完全确立，预计短期内应急管理和指挥将会面临一个信息化与手工并存和相互衔接的局面，这要求在进行系统设计时要做到技术先进性和实用性相平衡[28]。

（3）统一性原则

只有通过统一的技术规划，定制统一的数据规则和接口，才能实现各异构数据之间的交换；通过统一权限管理才能既保持应用的独立性又能实现数据整合。

（4）标准化、规范化原则

由于农业信息化涉及各个层次的政府部门，在每个政府部门的政务信息化建设过程中，选用设备、软件可能都不一样，一方面各个政府部门在设备和软件平台的选型过程中尽可能要注意开放性和兼容性；另一方面也要强调农业各个部门之间的系统集成，以信息资源共享为出发点，这样才能把握住农业应急信息系统的特点。

3.5.3.3　基于 GIS 的农业应急系统功能设计

（1）预警系统

农业预警是农业风险管理的首要环节。农业预警涉及气象、病虫害、动植物疫情、农作物等因素。系统功能及扩展性强大，内容数据丰富，能做到把预警信息通过地图展现。系统主要实现的信息发布、信息查询、趋势分析等功能，可以很好地满足农业预警系统需求中对 GIS 平台的要求。

（2）应急值守系统

应急值守日常业务处置模块，负责采集来自农业各单位和系统运行指标数据，实际构建出应急管理综合管理。该系统主要包括日常信息管理、事件接报、事件查询等。

（3）应急指挥系统

应急指挥系统包括事件分析、预案匹配、事件处置和领导指挥指令等功能。

事件分析依托 GIS 平台展示现阶段区域内发生后尚未完结的突发事件，是进入事件处置的入口之一。预案匹配是根据登记案件信息类别、登记，自动/人工在预案库里寻找类似案例。事件处置根据事件信息和处置预案以及执行方案的内容和流程，提供多种方式调度手段，通过电话、手机、短信、传真、网络等途径，实现相关资源调配和处置。领导指挥指令对于不需要预案或没有对应预案的突发事件，系统自动使用领导指挥指令模块。系统可以以坐席人员记录、系统自动记录、录音等手段记录系统指令。

（4）应急资源管理

应急资源主要包括：应急队伍、储备物资、救援装备等，GIS 资源管理具备 GIS 的基本功能，能够通用的 GIS 数据格式和各种 GIS 数据，能够基于 GIS 对各种应急资源进行管理，例如，对相关应急资源的管理区域进行区域划分，区域设定于维护管理；当事故发生时，可以通过区域对所辖的应急资源进行查询、调度与管理。

(5)应急演练该模块

承担应急指挥系统的演练功能，演练的形式既可以进行桌面推荐，也可以实地演练。应急演练模块包括演练计划、背景资料产生、方案生成与审批、事件产生、演习计划与演习评估等功能。

思考题

1. 什么是地理信息系统(GIS)？它与一般的计算机应用系统有哪些异同点？
2. GIS 由哪几个主要部分组成？它的基本功能有哪些？
3. GIS 可应用于哪些领域？试结合你的专业论述 GIS 的应用与发展前景。

第**4**章
遥感技术及其应用

4.1 遥感的概念及特点

4.1.1 遥感概念

遥感的英文全称为"Remote Sensing"，意思是"遥远的感知"。科学上一般解释为：在遥远的地方，感测目标物的"信息"，再通过对感测到的信息的分析研究，确定各目标物的属性及各目标物之间的关系。即不与目标物接触，而是凭借其发出的某些信息来对目标进行识别。因此，有人将遥感技术当成一种侦察技术。

依据遥感的定义，人类和动物都具有某些遥感能力。例如，蝙蝠发射超声波，并用接收到的回波来对障碍物之间的距离、方位和属性作出判断。人的眼睛辨认目标对象的过程便是一种遥感过程，它是依靠目标对象的亮度、色调，以及物体的形状、大小等其他信息，以确定目标对象的属性。当代遥感技术便是仿照自然界中的遥感现象和过程而产生的。

目前，通常对遥感的统一定义是：在远离被测物体或现象的位置基础上，使用一定的仪器设备，用来接收、记录物体或现象反射或发射的电磁波信息，再通过对电磁波信息的传输、处理及分析与解译，从而对物体或现象的性质及其变化进行探测和识别的一种理论技术[29]。

4.1.2 遥感的基本原理

大多数遥感系统的基本测量原理是通过测量单一实体的不同能量水平从而定性、定量地分析物体，其基本单元是电磁（EM）力场中的光子。光子能量（用焦耳 Joules 或者尔格 ergs 表示）的变化决定于其波长或频率。电磁辐射从高能量水平向低能量水平的变化就构成了电磁波频谱（EMS），微波、无线电波、γ 射线、X 射线、可见光、红外线、紫外线等都是电磁波。电磁波频谱中特定区域的能级包含了能值在离散范围内的不同波长的电子。当物体被内部或外部电磁辐射的相互作用处于激发态时，它将根据波长发射或反射不同数量的光子。探测器可以探测这些光子，探测器接收到的光子能量通常用功率单位表示，如瓦特每平方米每单位波长。物质能量的变化在特定波长或范围内随被感知的物质或物质的特性而变化[30]。

由于光子可以量子化，任何给定的光子都具有一定的能量。一些光子可以有不同的能值，因此光子量子化后呈现较广泛的离散能量带。光子的能量可以用普朗克公式来表达：

$$E = h\nu \qquad (4\text{-}1)$$

式中，h 为普朗克常数 $6.626\,0 \times 10^{-34}\text{J/s}$；$\nu$ 表示频率。

因而，光子的频率越高，光子的能量也就越高。如果处于激发态物质从较高的能量水平 175mg/kg 变化为较低的能量水平 E_1 时，则上述公式为：

$$\Delta E = E_2 - E_1 = h\nu \tag{4-2}$$

式中，ν 为一些离散值（由 $\nu_2 - \nu_1$ 确定）。

换言之，特定的能量改变可以由激发特定频率或对等波长的光子来产生。

4.1.3 遥感基本过程

现代遥感技术的基本过程是：在距离目标物几米至几千米的距离之外，以汽车、飞机和卫星等工具为观测平台，使用光学、电子学或者电子光学等探测仪器，接收目标物反射、散射和发射来的电磁辐射能量，以图像胶片或数字磁带形式将接收的电磁辐射能量进行记录；继而把这些信息传送到地面接收站，地面接收站把接收的遥感数据和胶片做进一步加工处理成遥感资料产品；最后结合已知目标对象的波谱特征，从目标对象中提取有用的信息，对目标进行识别并确定目标之间的关系。因而，遥感是一个接收、传送、处理和分析信息，并最后识别出目标对象的复杂的技术过程，如图 4-1 所示。

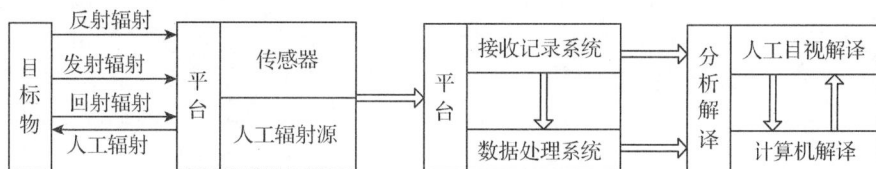

图4-1 遥感过程与技术系统

4.1.4 遥感技术的特点

（1）可测量大范围数据资料，具有综合、宏观的特点

遥感使用航空摄影飞机的飞行高度达几百米到 10km 左右，陆地卫星的卫星轨道高度为 910 千米左右，从高空获取的航空像片或卫星图像，视野比在地面上看起来大得多，且不受地形地物障碍的影响，为人类研究地面上的各种自然现象和社会现象及其分布规律提供了非常有利的条件，因此遥感技术对地球资源和环境的分析起着重要的作用。

（2）可得到的信息量大，具有手段多、技术先进的特点

按照不同的任务，遥感技术可使用不同波段和遥感设备来获取大量的信息。依据不同波段对物体的穿透性的不同，就可以获得地物内部信息特征。毫无疑问这扩展了人们的观测范围和感知领域，更加深了对事物和现象的了解认识。

（3）获得信息快，更新周期短，具有动态监测的特点

遥感通常是瞬时成像，可获得所测目标对象的最新数据资料，不仅容易更新原有数据资料，进行动态实时监测，而且方便对不同时间的地物动态变化的资料和图像进行对比、分析，显然这是人工现场实地测量和航空拍摄测量达不到的，对于环境监测与地物发展演变的研究分析提供了有力的依据。

（4）获取信息受限制条件少，具有用途广、效益高的特点

众所周知，世界上有很多地方的自然条件非常恶劣，人类很难或不能到达。通过采用不受地面条件和周围环境条件限制的遥感技术，尤其是空间遥感能方便及时地获取各种有价值的信息资料。目前，遥感技术已广泛应用于林业、农业、气象、地理、水文、军事侦

察、海洋研究及环境监测等各个领域，且应用领域越来越广泛，因此遥感技术展现出了广阔的发展和应用前景。

4.1.5　遥感技术系统

现代遥感技术系统通常分为四大部分：遥感平台、传感器、遥感数据接收与处理系统、分析解译系统。

（1）遥感平台（platform）

遥感平台为在遥感中搭载遥感仪器的工具，遥感平台的运行特征及其稳定情况直接影响了遥感仪器的性能和所获取的资料的质量。当前的遥感平台主要有火箭、飞机和卫星等。

（2）传感器（remote sensor）

传感器为收集、记录和传送遥感信息的装置，是遥感的核心。目前经常应用的传感器主要有：扫描仪、摄像仪、摄影机、光谱辐射计、雷达等。

（3）遥感数据接收处理系统

为了接收从遥感平台传送过来的数据和图像，因此建立地面接收站是非常必要的。地面接收站由地面数据接收和记录系统（TRRS）、图像数据处理系统（IDPS）两大部分组成。其中地面数据接收和记录系统的抛物天线，能够接收遥感平台发回的以电信号形式传输的数据，经检波后，这些数据被记录在视频磁带上。然后把这些图像视频数据资料送到图像数据处理机构。图像处理机构的任务是将数据接收和记录系统记录的图像视频信息和数据资料，进行分析、加工处理和存储。最后根据用户的要求，将其制成一定规格的图像和数据产品，作为一种商品提供给用户。

（4）分析解译系统

用户获取的遥感数据资料，是经过处理后的图像或数据，然后根据不同的应用目的，分别进行分析、研究、判断、解释，提取有用的信息，并且将其翻译成文字资料或图像文件，这个过程称为"分析解译"。

①常规目视解译技术：指人们用简单的工具如手持放大镜或立体镜等，根据解译人员的操作经验，识别目标对象的性质和变化规律的技术。由于所用仪器设备简单，因此在野外和室内都可进行操作。但是，目视解译技术既受解译人员经验的影响，同时也受到眼睛视觉功能的限制，且速度慢，精度不够。

②电子计算机解译技术：电子计算机解译是 20 世纪发展起来的一种解译方法，它利用电子计算机对遥感影像数据进行分析处理，提取有用信息，进而对待判目标实行自动识别和分类。

4.2　遥感技术的分类

目前遥感主要按照以下 6 个方面进行分类[31]：

4.2.1　按遥感探测的对象分

①宇宙遥感：是对宇宙中的天体和其他物质进行探测的遥感。

②地球遥感：是对地球和地物进行探测的遥感。其中以地球表层环境为目标对象的遥感，称为环境遥感，属于地球遥感。在环境遥感中，以地球表层资源为目标对象的遥感，称为地球资源遥感。

4.2.2 按遥感平台分

①航天遥感：在航天平台上进行的遥感；航天平台有探测火箭、卫星、航天飞机和宇宙飞船。其中以卫星为平台的遥感叫做卫星遥感。航天平台一般处于海拔高度高于150km的空中。

②航空遥感：在航空平台上进行的遥感。航空平台包括飞机和气球，而飞机是航空遥感的主要平台。

③地面遥感：平台处在地面或者靠近地面的遥感。地面遥感通常用于航空遥感和航天遥感的辅助手段，为它们提供地面试验的参考数据。

4.2.3 按遥感获取的数据形式分

①成像方式遥感：能获得遥感对象图像的遥感。可分为两类：a. 摄影方式遥感，以照相机或摄影机进行的遥感；b. 扫描方式遥感，通过扫描获取图像信息的遥感。如 TM、雷达等。

②非成像方式遥感：不能获取遥感对象的图像的遥感。例如，光谱辐射计只能得到一些数据而不能成像。

4.2.4 按传感器工作方式分

①被动遥感：传感器只能被动地接收地物反射的太阳辐射电磁波信息进行遥感，这样的遥感称为被动遥感。目前主要的遥感方式是被动遥感。

②主动遥感：传感器本身发射人工辐射，接收目标对象反射回的辐射，这种遥感称为主动遥感。例如，雷达即属于主动遥感。

4.2.5 按遥感探测的电磁波分

可分为微波遥感、红外遥感、可见光遥感和紫外遥感等。现在常用的是前三种遥感，紫外遥感只用于某些特殊场合，如监测海面石油污染情况。

4.2.6 按遥感应用分

草原遥感、环保遥感、地貌遥感、地质遥感、灾害遥感、城市遥感、农业遥感、林业遥感、海洋遥感、大气遥感、水文遥感、测绘遥感、土地利用遥感和军事遥感等。

遥感分类如图4-2所示。

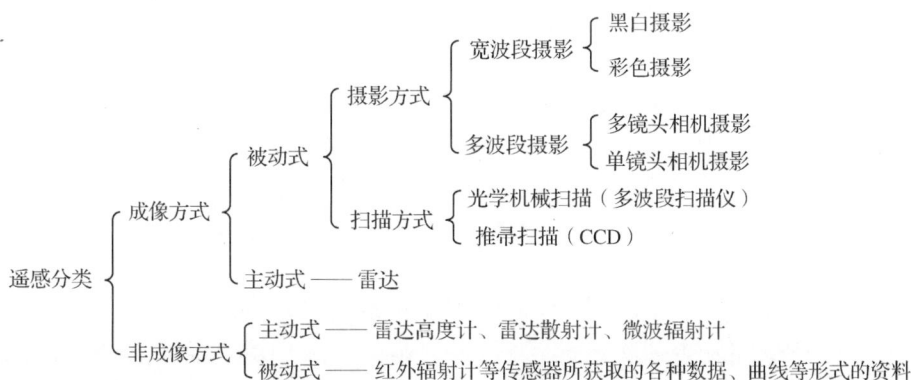

图4-2 遥感分类示意

4.3 遥感的农业应用

遥感农业应用的主要任务是农情监测，农情作物监测与粮食安全密切相关。利用卫星数据和其他信息动态监测区域作物生长拥有其他方法无可比拟的优势。遥感技术应用范围广，可对大范围农作物的整个生长过程进行全程监测，包括种植面积规划、农用物资储存、播种进度，考察作物布局、品种结构特征、种植面积落实情况，监测农作物的生长和灾害的发生、发展和时空分布特征，评估灾情损失和预测农作物产量等[32]。

4.3.1 作物生长状况遥感监测

作物生长状况是指作物在生长发育过程中的形态，通常通过观测植株的叶面积、色泽、叶倾角、株高和茎粗等形态变化来衡量作物生长状况的强弱。在不同的时段或不同的光照、温度、湿度、气(CO_2)和土壤的生长条件下，作物的生长状况是不同的。虽然作物的生长状况受多种内外因素的限制影响，而且其生长过程又是一个极为复杂的生物生理过程，但是可以用能够反映生长过程和与生长过程密切相关的因素来表征作物的生长状况[33]。

而遥感监测是凭借作物对光谱的反射特征，在可见光区域有较强的吸收峰，同时在近红外区域也有较强的反射峰，这些敏感波段范围及其组合可以反射出作物生长状况的空间信息，进而可以实现作物生长状况的监测。

作物生长状况遥感监测就是利用遥感数据对作物的生长动态、实时环境动态和分布状况进行宏观估测，这样就可以及时了解作物的分布、生长、肥水以及病虫草害动态，以便及时采取各种作物管理措施，为作物的生产管理人员或管理决策人员提供了及时确切的数据信息平台[34]。此外，通过对作物生长状况的监测，还可以及时掌握气象灾害和病虫害等对作物产量造成损失的情况。尤其在粮食产量规模可能会出现较大波动的年份，及时、准确地获取作物生长状况信息可以为适时农业政策的制定执行和粮食贸易进出口提供有力的决策依据[35]。

4.3.1.1 遥感信息数据

遥感信息数据是由目标对象反射或发射电磁波信息的集合体。遥感信息数据根据标准的不同其分类也有所不同。常用的卫星遥感数据主要有 ERS /SAR、IKO - NOS、NOAA /AVHRR、EOS - MODIS、Landsat/TM、QUICKBIRD、CBERS /CCD、IRS /LISS、Radarsat/SAR、SPOT/HRV。ERS /SAR 是欧洲空间局的星载合成孔径雷达遥感影像，具有全天时、全天候对地球表面进行观测的能力；IKO - NOS 是美国第一颗高分辨率的遥感卫星遥感数据；NOAA /AVHRR 是美国气象卫星遥感数据，主要用于大面积种植估算；EOS - MODIS 是美国中分辨率卫星(TER - RA 星和 AQUA 星)遥感数据，主要用于大面积种植估算；Landsat/TM 是美国陆地卫星遥感数据，主要用于确定作物类型和长势状况；QUICKBIRD 是美国陆地卫星遥感数据，可以用于确定单个作物品种类型和营养状况；CBERS /CCD 是中国和巴西共同研制的中巴地球资源卫星的遥感影像数据；IRS /LISS 是印度卫星遥感数据，可用于作物估产与生长监测；Radarsat/SAR 是加拿大雷达遥感卫星影像数据，可用于作物估产与生长监测；SPOT/HRV 是法国卫星遥感数据，可以用于确定作物类型和长势。

4.3.1.2 监测原理

对作物遥感监测的原理建立在作物光谱特征的基础上，即作物在可见光区域有较强的吸收峰，近红外波段有强烈的反射，形成波峰，这些敏感波段范围及其组合（一般称为植被指数）可以反射作物生长状况的空间信息。常用的植被指数有归一化植被指数（NDVI）、比值植被指数、差值植被指数和双差值植被指数等。

作物生长状况监测主要包括实时监测和过程监测两种。实时监测主要是指利用实时归一化植被指数图像值，通过与上一年或多年平均，以及指定某一年的进行对比，以此反映出实时作物生长状况差异，还可以对其差异值进行分级，统计和显示区域的作物生长状况。过程监测主要是指由时序归一化植被指数图像来构建作物生长过程，然后通过生长过程年际间的对比来反映作物的生长状况。在作物生长期内，通过随时间变化的卫星影像绿度值，我们可以动态地监测作物的生长状况。而且随着卫星资料数据的不断积累，时间变化曲线可以与历年（如历史上的高产年、平年和低产年，以及农业部门惯称的上一年等）进行比较，以此寻找出当年与典型年曲线间的相似之处和差异之处，继而对当年作物生长状况作出评价。此外，还能通过作物生长过程曲线的特征参数（如上升速率、下降速率、累计值等）反映出作物生长的差异，从而得到作物单产的变化信息。

4.3.1.3 生长状况监测方法

作物生长状况监测的主要任务就是反映作物的生长状况。主要是从两个方面进行作物生长状况遥感监测，一是对作物生长的实时监测，主要是通过年际间的遥感影像数据的对比获得作物生长状况监测分级图，同时综合物候、云标识和农业气象等相关信息，旱地和水田分别进行监测；二是作物生长趋势分析，通过时序遥感影像生成作物的生长过程曲线，基于水田、旱地及耕地，在分区域单元、主产区、省、全国等不同尺度上进行对比和分析。为了准确反映作物长势监测结果，进行区划、主产区、省、全国耕地、水、旱田分开的统计[36]。

尽管遥感信息可以反映作物的种类和生长状态，但由于受多种因素的影响限制，因此仅仅依靠遥感信息还不能正确地获得监测结果，还要充分利用地面监测。将地面信息与遥感监测信息进行对比，从而获得作物生长状况的确切信息。此外，由于气象条件与农业生产关系密切，加强农业气象分析也有利于辅助解释遥感监测结果。

4.3.1.4 作物生长状况遥感监测研究进展

在国外，美国和欧盟最先使用遥感对作物生长状况进行监测和估产[37]。美国分别于1974—1977 年期间和1980—1986 年期间开展了著名的"大面积农作物估产试验（LACIE 计划）"和"农业和资源的空间遥感调查计划（AGRISTTARS 计划）"，前者主要是针对北美和前苏联的小麦，而后者建立起了全球的农情遥感监测系统，并且面向多种作物进行生长状况监测和估产。巴西、加拿大、日本等国也相继开展了农业遥感的应用研究。中国于20世纪80 年代后期开始作物生长状况遥感监测和估产方面的研究[38]。孔令寅等[39]利用遥感方法识别中国冬小麦关键发育期并基于识别发育期进行长势监测。冬小麦遥感长势监测结果显示基于识别抽穗期的遥感长势监测方法监测效果好于传统长势监测方法。陈建军[40]基于 2010 年江西省区域的 MODIS 数据，提取了 5 种植被指数作为遥感参数，即比值植被指数 RVI、归一化植被指数 NDVI、植被状态指数 VCI、增强植被指数 EVI 和土壤调节植被指数 SAVI，并利用植被指数进行叶面积指数 LAI 的反演，建立了植被指数 VI–LAI 模型。遥感信息与作物生长模型的同化在小麦生长状况监测及估产方法如图 4-3 所示[41]。

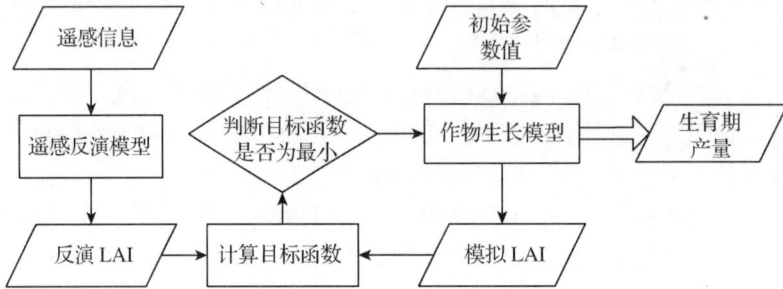

**图 4-3　利用遥感信息与作物生长模型的同化实现
冬小麦长生长状况监测及估产的方法**

4.3.1.5　作物生长状况遥感监测信息系统

开发农作物生长状况遥感监测信息系统，对农作物的整个生长过程进行系统监测和管理，利用程序语言工具，将遥感数据、地形数据、气象数据、作物资源数据和社会经济数据进行综合集成，可以实现数据管理、信息查询、作物长势监测、过程分析以及决策服务等功能的计算机信息管理系统。

4.3.2　作物产量的遥感估测

卫星遥感数据具有高度的概括性，卫星获取的光谱植被指数反映了作物的叶绿素和形体的变化，因此，应用遥感技术获取农作物产量信息是一种高新技术。叶旭君等[42]选择受隔年结果影响较为严重的柑橘作为研究对象，运用机载高光谱成像仪在较早生长季节（2003 年 4、5、6 月）获取柑橘果树的高光谱图像，利用偏最小二乘法（PLS）确定基于高光谱图像数据的模型预测变量，建立了柑橘产量的多元线性回归（MLR）和人工神经网络（ANN）预测模型。

4.3.3　农作物种植面积的遥感估算

在农业遥感估产中，农作物种植面积的测量估算是关键问题之一，是由单产估测总产的必需参考量。在中国应用陆地卫星测量估算种植面积，由于资料来源得不到保证、资料价格和处理费用昂贵等一系列问题的存在，在研究大范围农作物的种植面积估算时，大多采用气象卫星资料源。

4.3.3.1　农作物种植面积的遥感估算方法

（1）航天遥感估算方法

航天遥感估算方法又分为数字资料处理方法、建立绿度—面积模式的方法以及在 TM 图像上进行成数抽样计算农作物种植面积等方法。其中第三种利用 TM 图像方法效果较好，它是根据数理统计的成数抽样原理，在了解待测区域内某种农作物种植面积占该区域总种植面积比例（成数）的基础上，利用地形图进行均匀布点，并对各点实地调查，然后将分类统计各点的调查结果，校对各农作物所占比例，再根据测区总种植面积的大小，计算出某作物的种植面积。

（2）面积框图取样法

其发展于原美国农业部统计局的面积抽样统计估产。它与一般统计样点抽样的不同之处是它的样点具有一定的面积，而不是一个点，故称之为面积抽样；同时，由于它具有整套的抽样图示，故称之为面积框图抽样。其基本原理是利用遥感影像分层和统计学抽样。其基本方法是使用以比例尺大于 1:25 万的陆地卫星影像资料，以县为单位，按不同的土地利用类型进行分层，从而构成一个由现代遥感技术和数理统计相结合产生的快速综合农业信息网络。这套技术方法，仅从总土地面积的一小部分中抽取少量有代表性的样本，从中取得正确的调查资料，在数据开始收集后 5~6 周，就可得出客观、科学、及时、准确的估产数字。

这个方法的优点是：①可以在一次调查中用来收集多种数据，如作物面积、作物产量等；②对划分土地区域没有遗漏；③样本单元量是随机选取的，使得估算不带偏向性并且具备可测量的精度；④利用航摄像片定位及实地考察访问可以获得较高质量的数据；⑤面积框图一旦确定，可以使用 15~20 年而不需更新。这个方法的缺点是效率低、成本高、缺乏良好的界线。

（3）地理信息系统与遥感信息结合法

根据农作物估产的范围和遥感资料的特性，一般采用利用地理信息系统和遥感技术两者结合的方法来提取种植面积。下面是利用 TM、NOAA/AVHRR 的各自优势，配合已建立的地理信息系统，获取作物种植面积的具体方法如下：

①将接收到的 NOAA/AVHRR 图像进行辐射校正、太阳高度角校正等处理，提取特征信息，经几何精纠正后，与 TM 图像进行配准。

②根据作物长势状况，进行绿度分区，去除非耕地。

③根据分区结果进行空间数据统计，确定采样模块，确定相应的 TM 上的采样模块，以 TM 为采样群体，在 TM 上提取作物种植面积，推算 NOAA/AVHRR 不同绿度等级代表的面积。

④外推整个估产区作物种植面积，再用地理信息系统中的遥感估产区划、土地利用、土地类型、作物历等资料进行复合，并配以行政界线，最后给出相应行政界线内的作物种植面积。

4.3.3.2 农作物种植面积的遥感估算研究

吴全等[43]采用了双重抽样的方法，先在底层对样本中的小地物进行抽样，用小地物样本的平均值去估计其总体的数学期望，最后求小地物在作物中的比例，进而修改农作物种植面积遥感监测的结果。在此基础上，再进行抽样外推。廖圣东等[44]、李岩等[45]进行了 RadarsatSNB－SAR 数据用于广东省大范围水稻种植面积调查的研究。结果表明，其结果精确度在平原地区具有较高的可靠性，而在山区因地形的复杂性等原因还需进一步研究。在计算估产种植面积时线状地物和中小地物会对面积带来误差。另外，蒋雪中等[46]

利用 GVG(GIS&Video&GPS)采样系统提出以线状样区代替以往成数抽样中的样点区与面积样区的概念，通过统计线状样区内农作物种植面积比例来反映总体农作物种植面积比例，其结果精确度要高于解译遥感影像中提取的农作物种植面积比例结果。

4.3.4 农业气象灾害监测、评估与预测

当前，遥感灾害监测已经普遍应用在洪涝、干旱等农业气象灾害监测中。利用遥感技术监测和定量评估农作物的受灾程度，根据农作物受涝灾、旱灾影响的面积，对农作物损失进行评估，然后就具体的受灾情况，采取补种、浇水、施肥或排水等一系列抗灾措施。下面以农业干旱为例做一简单介绍。

4.3.4.1 农业干旱的监测

农业干旱的本质是土壤水分含量太低，无法满足植被对水分的需求，所以农业干旱遥感监测就是监测土壤中的水分含量。通过土壤水分含量的多少和分布来分别反映农业干旱程度和分布范围，在农业生产中具有重要的指导意义。气象卫星运行周期短，时空分辨率高，能为实时动态的农业遥感干旱监测提供有效的数据源，相比常规的土壤水分监测法如称重法和中子仪探测法等具有大范围、实时动态监测的优势。

4.3.4.2 干旱卫星遥感监测原理

根据气象卫星的可见光和红外探测资料开展农业干旱遥感监测，目前国内采用较多的监测模式主要有两种：土壤热惯量模式和植被指数模式。土壤热惯量模式是利用气象卫星昼夜两次探测资料，进行土壤的热惯量计算，进而推算出土壤湿度。植被指数模式主要包括植被供水指数法和植被指数法，在干旱灾害期间，土壤含水量对植被长势具有关键性的影响，所以植被指数模式可以有效地监测植被覆盖区域旱情的影响程度。

4.3.4.3 卫星遥感干旱监测模型

卫星遥感干旱监测模型具有基于土壤水分的方法、基于植被指数的方法、基于表面温度的方法和综合监测方法等。下面简单介绍土壤水分的方法和基于植被指数的方法。

(1)基于土壤水分的方法

干旱监测的实质是监测土壤的含水量。热惯量法、作物缺水指数法等干旱监测模型与土壤水分的相关度较温度等其他因素更密切，因此也属于基于土壤水分的方法。

(2)基于植被指数的方法

植被指数与植物的生长状态密切相关，干旱会影响植物生长，导致植被指数与常年比偏低。

4.3.5 农作物生长状况及其生态环境的监测

4.3.5.1 植物病虫害遥感解译

遥感技术在病或虫害方面的应用在国外可追溯到 20 世纪 20 年代，当时主要进行航空目测和摄影。随着航空、航天技术的飞速发展，病虫害遥感又有了更先进的技术支持。目

前有些国家已应用这种技术调查监测病虫害发生情况与季节性变化规律；调查危险性病虫害的寄主植物分布情况。用以制定控制和消灭这类病虫害，同时用来调查各种防治措施的效果，而且已开始应用于监测病虫害生存区生态状况及其测报。但发展是很不平衡的，如美国加州私营的农业遥感公司，就接受有关病虫害调查与防治等任务，西欧与日本等国目前也普遍开始研究与应用。东南亚等国家目前正处于开始研究阶段，主要是做地面光谱工作，累积资料存入资料库。我国目前也处于初始阶段。世界大多数国家尚未开始这方面的研究，从当前发展趋势看，它将随着整个遥感技术的发展有可能达到普遍应用。

应用遥感技术的最大优点是可以及时地对大面积农田、森林、草原进行监测调查，以利于制订植保方面的战略措施、防治上的应急措施以及估计措施的效果。遥感技术经济快速，而且标准统一，有利于计算机协助判译。总之，遥感监测可以快速、全面、准确地反映病虫害灾情，有利于主管部门及时地做出科学决策。

(1)遥感病虫害调查的原理

当农作物受病虫害侵蚀时，植株的叶色与形状、叶片的形状、叶片的物理结构、叶绿素含量以及叶片上的残留物等都会产生变化。这些变化的结果使受病虫危害的植物在光谱特性上发生了很大的变化，反映在彩色红外摄影片上的密度产生了对应的变化。大量研究证明许多作物如：各类山核桃、桃、棉花、玉米、小麦、高粱与牧草等方面均能应用遥感技术大范围地对多种病虫害进行监测调查。另外，植物叶片中生化成分含量的变化形成的吸收波形处反映了植物光谱维方向上的特征信息。

根据目前遥感技术的发展水平，无论果树、草原、森林或田地病虫害，凡是其危害能导致叶片和植株颜色发生变化、形状或物理结构发生变化，或者在叶面上产生残留物的，一般均能使用遥感技术进行监测。但是到目前为止，凡是只危害果实的病虫，虽然它毁坏了果实，但对叶子与植株的影响不大，所以目前仍不能应用这种手段进行监测。因此，病虫害引起寄主光谱特性起变化通常就能采用遥感技术监测。应该引起注意的是采用遥感影像解译的时候，也必须要结合地面的实际情况校核。

(2)植物虫害遥感监测

遥感技术在虫害监测方面的应用主要就是监测害虫的发生情况，根据不同虫害对寄主光谱特性的影响以及植株形状和叶片形状的变化，通过遥感技术使寄主植物的变化反映到遥感影像上，接着通过遥感解译，再去实地考察核实，然后用计算机识别出寄主与害虫危害程度的类别分布，并进行统计分析而得出结果预报。其次，通过红外遥感技术对害虫的季节性变化可毫无困难地检测出来，这对制订该地区的防治计划是很有价值的，它为人们提供了计划范围内如何确定防治地点的不同措施的依据。

遥感技术还可用于调查监测危险性害虫的寄主植物，因为彩色航空红外摄影，能提供识别与对比，从而有效地用于鉴别寄主植物，在此基础上还可进行彩色航空红外调查估价防治措施的效果。例如，飞蝗危害水稻、玉米、高粱、豆类、棉花、树叶等，它发生时遮天盖地。蝗虫开始危害范围很小，但是它的繁殖率大得惊人，一小群蝗虫在短时间内可覆盖上百平方千米的土地面积。根据卫星影像色调的变化，可以监测蝗虫的孳生时间、地点和危害程度，同时还可以利用雷达对其迁飞的方向、高度进行监测。

在20世纪50年代，我国曾利用航空目测和摄影对我国东亚飞蝗的灾区进行了初步观察。

（3）植物病害遥感监测

遥感技术在植物病害方面的应用具有广阔的前景，它不仅能监测植物病害发生与分布的情况，而且具有在植物病害象征觉察前，利用红外反射特性对作物病害进行早期探测的优势。这是因为植物受病原侵害的寄生虫在表现明显症状以前，就开始丧失对红外的反射能力，而这一般又发生在可见的绿色开始变化之前的几天或几周。所以遥感技术为人们及早处理有限的作物面积，以达到减少防治面积，防止更大损失，降低生产成本，进行病害预报提供了可能。

应用红外遥感技术监测植物线虫病的发生与危害情况有明显的成效。西红柿得线虫病后，使用彩色航空红外摄像能看出西红柿地块线虫病发生与分布的情况，棉花、甜菜、葡萄、柑橘等受到线虫侵害后均能使用红外技术进行监测。这都是因为线虫侵害寄生植物后造成了受侵害的寄主的生理机能发生破坏、形态发生变形。通常寄生虫侵染之后植物会表现出植物营养不良、叶片失去光泽、植株矮化、叶片萎垂、生育延缓、生长衰弱等一系列病状。

4.3.5.2　环境卫星遥感监测

环境卫星遥感监测是将定时监测、连续监测和严格管理相结合，能确切地反映出环境的质量状况，同时也能有针对性地对环境加强监督管理。

在大气遥感监测方面，我国重点开展了四个方面的工作：

①利用遥感技术监测大气污染与污染源。

②根据遥感图像上植物季相节律的变化和大气遭受污染后的反应的不同，以植物对污染的指示性反演出大气污染，如以此确定大气污染的程度、范围和扩散变化。

③以地面采样的分析结果作参照量，与遥感图像进行相关分析。

④采用飞机携带大气监测仪，在污染地区的上空对大气进行分层采样并且进行数据处理分析。

4.3.5.3　土壤分析和调查

利用遥感技术可以监测土壤侵蚀、土壤盐化面积、变化趋势与主要分布地区，同时也可以监测土壤中的水分和其他作物的生态环境。

（1）监测土壤氮素积累

由于不同的施肥量和土壤条件会造成一定程度的作物生长状况的不同，并最终体现在作物冠层光谱反射率的差异。潘瑜春等采用基于小麦长势遥感监测的方法对土壤氮素累积进行了估测研究[47]。在种植作物条件下，土壤氮素累积动态可以用作物某一生育时段内土壤氮素累积增量（ΔNitrogen）来描述，ΔNitrogen 主要受土壤速效氮增量（ΔN）和土壤供氮转换率（p）影响，其关系可以用下式表达：

$$\Delta \text{Nitrogen} = \Delta \text{N}/p \tag{4-3}$$

（2）土壤有机质遥感测定含量

土壤有机质（SOM）能为土壤提供所需的各种营养元素，且含有刺激植物生长的胡敏酸等物质。由于具有胶体特性，能吸附较多的阳离子，因而使土壤具有保肥力和缓冲性。它还能疏松土壤，形成团粒结构，从而改善土壤的物理特性。因此，土壤有机质含量的多少，是土壤肥力高低的一个重要指标。

（3）土壤有机质空间格局研究

土壤有机质空间格局研究主要是通过测定某个或多个尺度上土壤有机质的含量，借助尺度推绎及相关模型实现目标尺度上的土壤有机质空间格局。

（4）土壤盐渍化监测

相对于其他影像数据，航空影像空间分辨率高。航空影像目前已经广泛用于盐碱地制图，尤其是含有盐碱化裸土和耐盐作物的彩红外相片中，可以很简单地区分出盐碱土壤和植被。

（5）遥感用于土壤侵蚀的研究

卫星数据能够被直接用于探测土壤侵蚀和土壤侵蚀沉积。通过识别土壤侵蚀的总体特征，可以区分出土壤侵蚀的区域，再凭借经验估计土壤的侵蚀强度。

4.3.6 农用土地资源的监测与保护

土地资源是指包括植被、地形、水文、土壤、气候和表层岩石等自然要素的变化的自然综合体。尤其是一些经营不合理的地区，常常引起土壤沙化、土壤侵蚀和土壤次生盐渍化等问题。以遥感技术为主体，与耕地保护、土地利用规划和生态环境建设等相结合，建立全国性的土地利用动态遥感监测数据库和土地环境变化分析系统、全国性的建设用地总量控制分析系统和耕地总量动态平衡分析系统，从而形成结构完整、技术先进、目标明确、功能齐全的土地利用动态遥感信息综合服务系统。通过遥感卫星监测记录下农作物覆盖面积数据资料，并在此基础上可以实现农作物的准确分类，从而估算出各农作物的播种面积。

思考题

1. 什么是遥感？遥感系统有哪些部分组成？
2. 遥感的农业应用主要包括哪几个方面？
3. 农业遥感的主要任务是什么？

第 **5** 章
现代农业信息检测技术

自 20 世纪 90 年代以来，随着全球定位系统(GPS)、地理信息系统(GIS)、遥感技术(RS)、变量处理设备(VRT)和决策支持系统(DSS)等技术的发展，基于信息技术的精细农业由此应运而生。在信息获取领域，信息检测与解析主要包括四个方面的内容：植物生长、土壤、农业小气候以及农产品。

5.1 植物生长信息检测与解析

植物(尤其指农作物)的生长状态决定了植物的质量和产量，植物生长信息的快速获取和综合应用，有利于指导农作物质量和产量的提高。植物的生长信息主要包括生长过程中的营养信息、生长发育不同阶段的生理生态信息、形态信息和病、虫、草害信息等。精细农业信息获取的核心问题是植物生长信息的检测与解析。

5.1.1 植物营养信息快速检测与解析

植物营养信息主要包括氮、磷、钾、微量元素等含量信息。在各种不同的营养元素中，其中氮、磷、钾这三种元素是植物所需量以及植物收获时携带量较多的三种营养元素，但是这些营养元素以残茬和根的形式返回到土壤的数量不多。所以经常需要通过施用肥料来给植物补充这些养分。

对作物生长、产量和质量影响最明显的营养元素是作物的氮素。因为叶绿素含量和叶片含氮量之间的变化趋势类似，所以可通过测定叶绿素含量来监测植株的氮素。叶绿素计(图 5-1)体积小，重量轻，测定方法简单，但缺点是叶绿素计每次只能检测到约 $6mm^2$ 的范围，因此测得的作物氮肥含量是从测试样本的有限点所得，是一种接触式测试方法。而整块田的氮含量只能做粗略的估算，显然仅仅依靠叶绿素计是无法准确地监控整块地作物的氮含量的。

目前，大量的研究表明，以可见/近红外光谱分析技术、多光谱成像技术和机器视觉技术为主的快速无损检测技术被广泛用于作物生长过程中氮素信息的快速获取。汤守鹏等[48]在不同品种、不同年份以及不同施氮水平的小麦田间试验中，采用傅立叶近红外光谱仪获取小麦主要生育时期鲜叶、干叶及其成熟期籽粒的光谱信息，运用偏最小二乘法(PLS)、BP 神经网络(BPNN)和小波神经网络(WNN)，分析并量化其与叶片全氮含量、糖氮比、籽粒蛋白质含量的关系，以实现小麦生长和品质信息的近红外快速预测模型。邵咏妮[49]采用可见近红外光谱分析技术研究了水稻冠层与叶片 SPAD 值和氮素的含量与水稻冠层和叶片的光谱漫反射特性之间的关系；应用光谱技术和数学分析技术建立了水稻叶片的叶绿素及微量元素含量的模型；经过大量试验证明了采用水稻冠层光谱信息反演土壤养分

深度调节装置 — 测量探头
— 测量中心线
接收窗 — 按此合上测量探头

— 电源开关

显示窗口

删除所有数据键
计算平均键 电池仓盖
删除当前数据键
数据恢复键

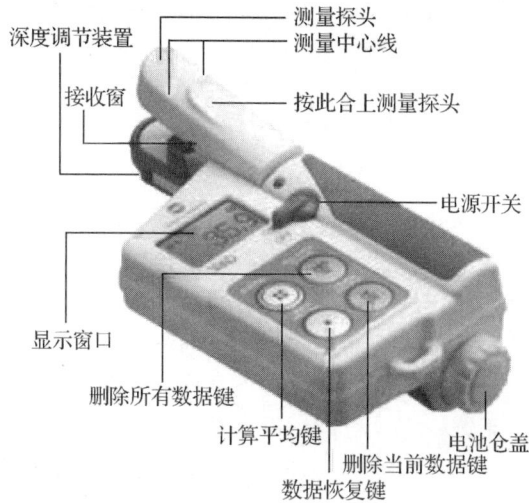

图 5-1 叶绿素计

信息是可行的。

5.1.2 植物生理生态信息快速检测与解析

植物生理信息(酶类、蛋白、氨基酸类、抗氧化指标等)、呼吸作用和光合作用(光合速率、蒸腾速率、光合有效辐射、气孔导度、大气温湿度、叶温等)等信息是植物不同生长发育阶段非常重要的信息参数,对作物的长势、产量和农产品质量具有重要的影响。影响植物生理生态的主要生态因子有光、温度、水、CO_2、O_2、土壤。

目前,植物生理生态信息的检测主要依赖实验室化学分析,分析过程复杂、费时、费力。例如,高效液相色谱仪、气相色谱仪、叶绿素荧光仪、氨基酸自动分析仪、光合测定仪等都需要专业人员操作。上述检测仪器目前只适用于实验室科研需要,难以广泛地指导生产实践。

随着近红外光谱技术的发展和普及,通过科研试验,已经建立了植物生理生态信息部分指标的近红外光谱检测定量关系模型。例如,在植物酶活力、可溶性蛋白、非可溶性蛋白、氨基酸总量、丙二醛等指标的检测中,已初见成效。随着试验的深入,检测精度也将进一步得到提高,为后续植物生理生态信息的快速检测提供了新的方法和思路。

植物生理生态信息监测系统是基于专家系统的多因子环境监控系统及植物生理生态信息自动检测系统。其可以采用无线方式,灵活、在线、远距离(1 000m)内任何位置测量植物生长状态的参数、温室环境因子的参数,并且由人机界面实时监测植物生长状态,同时由专家系统分析是否需要改善植物生长环境或增加人为干扰以促进植物生长[50]。国外对于植物生理生态监测系统的研究工作开始的比较早,在以色列、荷兰等一些农业发达国家,采用监测系统进行作物管理,节省大量人力资金,提高资源利用。以色列著名的植物生理监测公司成功研发出多种植物生理生态监测系统,如 phytalk 及 PM-II。其中 Phytalk 植物生理生态监测系统能同时测量植物光合速率、蒸腾速率、植物生长环境因子和生长状况,而且可实现连续自动测量,记录植物的光合速率、蒸腾速率、茎秆与果实生长、叶片温度和环境因子等；其还能够自动循环、同时测量四株植物的水交换情况与蒸腾速率，并能进行群体光合，区域光合测量分析[51]。

5.1.3　植物形态信息快速获取与解析

在作物形态信息获取方面，主要是指获取植物的几何特征信息、三维形态信息、彩色信息等，用于描述和识别植物叶片、茎秆、主茎、嫩芽、角度、株高等各个部分。植物叶面积是衡量作物群体结构的重要指标之一，同时也是植物生长状态诊断和生长预测模型中非常重要的参数之一。叶面积作为影响植物光合作用的一个重要因素，与植物氮含量也存在一定的相关性。因此，快速准确地测量植物的叶面积有利于提高研究效率。

徐歆凯开发设计了作物形态特征的计算机视觉检测软件。该软件用于测量植物的形态信息，它包括以下功能：系统标定、目标图像分割、图像细化、图形结构分析、叶片数量统计、叶片长度测量、叶片角度测量、玉米其他形态参数如植株高度、茎叶夹角、披垂度、叶环高度、叶间距和下垂距等的测量[52]。

随着虚拟现实技术的诞生，虚拟植物技术的研究成为虚拟农业研究的核心内容之一。目前，虚拟植物技术主要包括图像处理技术、机器视觉技术、双眼摄影扫描技术、三维形态扫描技术、双目成像技术等。虚拟植物技术的目的是建立植物的三维形态虚拟模拟模型和虚拟生长模型，并结合作物生理生态、养分等信息，建立可预测作物生长状况、产量等的植物生长模型。虚拟植物模型是植物形态信息获取研究的热点和难点，需要更加广泛而深入地研究[53]。

5.1.4　植物病、虫、草害信息检测与解析

5.1.4.1　植物病害信息检测

植物病害是指植物在生物或非生物因子的作用下，所产生的一系列植物形态、生理和生化上的病理变化，植物的这些病理变化妨碍了其正常生长、发育的过程。植物病害依据有无病原生物侵染以及能否传染的特点，可以分为非侵染性和侵染性两类。

植物病害信息的检测，以侵染性病害为例，传统的检测技术主要包括生物电子技术、生物测定技术、指纹图谱分析技术、多聚酶链式反应技术、核酸序列分析技术、分子标记技术、血清学技术、光学显微镜技术以及透射电子显微镜技术等。这些传统检测技术对使用者的技术要求高，同时时效性差，在具体检测过程中存在很多问题。

当植物受到病菌侵染，植物的外部形态和生理效应都会发生变化，导致冠层形状产生变化；其叶绿素组织遭到损伤破坏，水分养分吸收、运输、转化等机能的衰退都会导致叶绿素荧光、可见光、近红外、中红外和红外热波谱特征的变化。与健康植物相比，受害植物的光谱特性中某些波段的值会发生不同程度的改变。利用可见/近红外光谱能获取受病害侵染植物的光谱特性的变异信息，从而进一步研究植物内部组织结构发生的改变；而多光谱成像技术除了能获得受病害侵染植物的光谱差异外，还能获得植物的图像、纹理等特征信息，实现对植物病害的早期检测以及病害程度的检测等。因此，由于可见/近红外光谱和多光谱成像技术速度快、无污染、非破坏、准确性高、测试重现性好、测量方便、成本低，目前已广泛用于植物病害的检测中[54]。以下重点介绍光谱成像技术应用在植物病

害检测中的研究进展。

光谱成像技术(spectral imaging)是一种新型的光电检测技术,其融合了空间和光谱信息。此技术结合空间图像处理技术、化学分析和光谱技术对图像进行空间和光谱分析,从而获取不同于传统光谱技术的空间信息和光谱信息。

国内,采用多光谱成像技术和光谱技术检测黄瓜的病害。利用多光谱成像技术对水稻叶瘟病进行分级检测,结果表明水稻苗瘟和叶瘟的识别准确率分别为98%和90%。利用多光谱成像技术对茄子的灰霉病进行了无损检测,结果表明即使在有干燥土壤和枯叶等影响下,此技术也能够较好的识别茄子的灰霉病斑[55]。但是,多光谱成像技术中使用的探测波段数目有限,无法进一步挖掘植物发病后的相关生理信息。

高光谱图像相比多光谱图像分辨率更高,其精度一般可达 2~3nm,能充分反映目标光谱信息的微小变化。高光谱图像数据是三维的,二维是图像像素的横纵坐标(以坐标 x 和 y 表示),第三维是波长(以 K 表示)。利用高光谱成像技术检测田间植物病害,可得到大量含有连续波长的光谱信息图像,由此克服了传统三通道多光谱成像检测波段有限、谱系断裂等缺陷所造成的信息缺少问题。通过处理更丰富的波段、更快速可靠地检测出高光谱图像信息,可以从这些信息中提取植物的颜色、外形、纹理、位置等外部特征;而通过对连续光谱信息进行高维数据压缩及提取其特征波长,可进一步检测植物的内部特征。根据检测出植物的内、外部特征可实现植物病害的早期准确诊断[56]。

高光谱成像系统(图5-2)由硬件和软件两部分组成。其中硬件部分主要包括传感器光学模块(Optics Sensor Module)、光源模块(Lighting Module)、采样模块(Sample Module)以及光谱数据采集平台(Spectral Cube)。传感器光学模块由 CCD 阵列探测器(CCD Detector Array)、成像光谱仪(Spectral Camera)和物镜(Objective Lens)组成。成像光谱仪包括光栅型成像光谱仪(Grating imaging spectrometer)和干涉型成像光谱仪(Fourier Imaging Interferometer imaging spectrometer)两种形式。

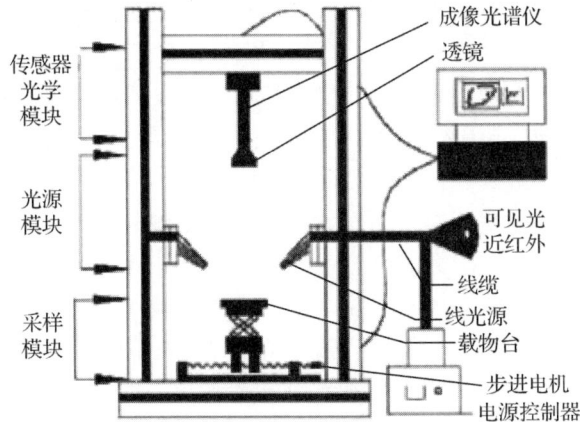

图 5-2　高光谱成像系统

5.1.4.2　植物虫害信息检测

传统植物虫害信息检测是人工检测,通常采用盘拍、诱集等检测方法。利用放大镜、显微镜等工具或直接用肉眼识别害虫种类，并统计害虫的数量。这种方法调查工作量大，成本高，单次检测覆盖面积小，效率低。在实际工作中，检测结果的好坏在很大程度上取决于检测人员的知识经验积累和选用的统计分析工具，主观性大，会产生一定程度的人为误差。为了克服传统人工检测方法的缺陷，研究人员逐渐开展了虫害机器检测和监测技术研究，当前在声特征检测法、雷达观测法、图像识别法和光谱监测法等方面有突出进展[57]。

害虫声特征检测技术的原理是通过拾音器获得害虫的吃食声、鸣叫声、飞翔声、打斗声、爬行声等一系列声音的电信号，经过信号放大和滤波降噪等信号处理后，分离害虫与环境的声频率，从而得到害虫的声频谱，最后利用害虫的声频谱来估计害虫的种类和数量。但是因为害虫的声信号较弱而且在声特征检测中易受到传感器噪声和环境噪音等外界因素的影响，使得有用信号易被覆盖，在判别复合害虫种类、多数量害虫的声信息等方面还比较艰难。目前声特征检测的研究大多用于检测水果、粮食等仓储害虫，田间害虫检测领域的应用还处于实验室阶段。

雷达观测法主要用来监测迁飞性害虫。迁飞性害虫一般在高空远距离进行迁移，导致人力无法直接观测，所以对其迁飞过程及相关特征很难作出定量分析和定性判断。相比其他研究方法，尽管昆虫雷达已为迁飞性害虫的监测提供了强有力的工具，但仍然存在以下问题：①长期监测则需要消耗大量的人力财力。②迁飞性害虫的迁入地点和时间具有不确定性，因此，目前昆虫雷达的监测大多是对迁出种群的描述而很少对迁飞季节里迁入种群数量动态进行长期监测，但生产中往往注重的是迁入种群而非迁出种群的动态。③精准农业中，需要根据作物在微观和宏观上的虫情进行不同程度的喷药，生成适用于指导农药精确喷施的作业处方图，而农作物害虫用常常具有掩蔽性，这时昆虫雷达就不能监测田间作物害虫分布情况。

田间害虫图像识别法的原理是通过分析处理图像传感器所获取的农作物害虫图像，从而识别出害虫的种类和数量，实时监控和自动判别害虫的活动情况，借助专家知识，得到害虫的危害程度等级，最后制订出合理的防治方案。图像识别法在害虫的机器识别研究中发展快速，但与大面积的田间动态识别并要求实时指导农药精确喷施还有一段距离，原因如下：①害虫具有迁移性、掩蔽性，尤其是在田间，光照复杂，机器识别的难度增大。而目前田间害虫的图像识别研究大多是针对静态图像，在实验室静态条件下识别害虫，或者在田间通过诱捕将昏死的害虫或将受害虫侵害的植物送到光照均匀恒定的无影 CCD 视区，分析处理和识别高质量的静态图像，显然在精准农业变量喷施指导上，难以满足实时性要求。②农药精确喷施时，从获得田间图像、分析处理图像、害虫发生程度识别、喷施作业量决策，到操控喷施作业机具发生动作、执行喷施的作业量，整个过程允许的处理时间为 $0.5 \sim 2s$，图像识别技术很难达到这样的快速性和准确性要求。

光谱监测法可测样品面积大，能够实现无损、快速、非接触式检测，已经成为信息获取与处理领域中的研究热点。主要有两种方式：光谱直接检测和遥感估算。光谱直接检测就是直接观察害虫本身，依据不同害虫化学成分不同，经过多光谱采集光谱后，通过对比其吸收光谱与反射光谱，以识别不同种类的害虫及其特征。由于害虫的隐蔽性和迁移性的特点，因此在田间对害虫直接检测较困难。而遥感技术能在不直接接触目标对象的前提下，能远距离接收目标对象的反射或辐射光谱以得到相关的光谱数据与图像，从而通过分析和反演获知目标地物的有关信息。运用光谱进行田间害虫遥感检测时，通常通过分析害虫危害后作物的响应来实现害虫虫量和危害程度的间接检测，包括害虫的生境检测和害虫危害后作物的响应(通常为受害程度)检测两种方法。根据害虫的发生与害虫生境之间的相关关系，从而估算出害虫发生的程度和趋势。通过遥感得到作物单叶或冠层的光谱数据，根据作物本身生理参数的变化，建立其生物特征与反射光谱之间的关系，从而估算出害虫的种类、密度、空间分布及害虫对作物的危害程度等信息。

从国内外的研究发展情况看，利用光谱监测技术快速获取作物害虫危害信息具有良好的发展前景。韩瑞珍等[58]设计了大田害虫远程自动识别系统，由远端平台和主控平台组成，其中远端平台由 PC 机、CMOS 摄像机、3G 上网卡和 GPS 模块组成。CMOS 摄像机选用高清工业摄像机，将采集到的害虫照片传给 PC 机。GPS 模块将包括经度和纬度的定位信息传输给 PC 机。PC 机将害虫照片进行压缩后连同 GPS 定位信息通过 3G 网络传输给主控平台 PC 机。主控平台的 PC 机接收到照片后，先进行解压，然后对图像进行预处理，预处理后选取特征值，最后进行分类识别，得出识别结果。对 6 种常见的大田害虫进行了检测，平均准确率达到 87.4%。

5.1.4.3　植物草害信息检测

农田杂草具有抗逆性强、传播方式多、光合作用效益高、繁殖与再生力强、成熟的种子随熟随落、生活周期一般比作物短等特点。杂草的危害主要是与农作物争阳光和养分，降低了农作物产量和质量。另外，作物中夹杂的杂草增加了管理用工和生产成本，降低了农产品的品质，同时也妨碍了作物的收获、加工。再者，因为杂草抗逆性很强，很多是多年生植物，所以病菌及害虫常常是先在杂草上寄生或过冬，一旦作物出苗，杂草就迁移到作物上危害作物[59]。

杂草防治的方法有很多，主要包括物理除草、生物除草、生态除草、化学除草、人工除草、机械除草以及综合防治等方法。其中化学除草法因为其高效的除草能力已成为主要的除草方式，普遍采用化学除草剂进行粗放式喷洒，但粗放式喷洒不仅造成经济上的浪费，而且也破坏了生态环境。因此，对杂草的检测和定位就尤为重要。定点定量喷药，可以实现除草剂等农药的有效利用，减少环境污染，提高资源的利用率，同时可有效减少农药残留等，保障农产品等品质和安全。

杂草检测识别技术主要有人工识别、近红外光谱分析技术、多光谱成像技术、图像处理技术和计算机视觉技术识别等。下面重点介绍计算机视觉技术识别杂草[60]。

计算机视觉能够简单理解成用摄像机替代人的眼睛，用计算机替代人的大脑，从而实现对周围环境和目标的判别和解释。计算机视觉应用系统组成如图 5-3 所示。其中，成像装置使用 CCD 摄像机，有单色和彩色两种类型。成像装置完成图像获取的工作。计算机视觉的主要任务是图像低层处理、特征提取、模式识别和图像理解等。计算机视觉应用系统的主要功能是：根据颜色或光谱反射信息，对目标进行区分识别；根据二值化图像的形状特征或灰度图像的纹理特征，进行目标的特征识别；根据三角测距原理等对目标进行深度距离的测量。

计算机视觉技术应用于杂草识别可研究的内容很多，如利用形状特征、纹理特征、多光谱特征以及颜色特征识别杂草等。例如，杂草和作物的颜色特征、单子叶植物和双子叶

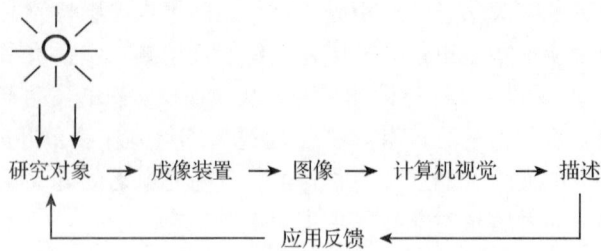

图 5-3　计算机视觉应用系统

植物的叶片形状特征有着显著的差异。在宏观上，杂草和农作物的纹理特征不同；在微观上，不同的植物叶片的纹理特征也不同。光投射到物体表面经过反射或吸收的比率因辐射波长、光谱学特性而不同，可以通过统计分析采集的光谱信息寻找到特征波长点，然后在此基础上辨别作物和杂草。

5.2　土壤信息检测与解析

土壤信息采集是为了获取精准农业实施范围内土壤的类型、质地、肥力特性等方面的信息。土壤信息的主要内容包括土壤的化学组成、肥力特性、交换性能、pH 值、盐分、水分、质地等。这些参数的采集有些容易，有些却十分困难。20 世纪 90 年代以来，相关科研人员围绕精准农业的发展，对土壤信息采集的新技术、新仪器和数据处理新方法相继开展了很多研究[61]。

5.2.1　土壤含水量检测

土壤中的水分影响土壤的物理性质，同时土壤中的养分溶解、转移和微生物活动受到制约。因此，及时了解土壤水分含量日益成为农牧业生产关注的焦点，与此同时，如何快速、高效、准确测定土壤水分含量变化的研究也逐渐成为科研工作者们的热门话题。

目前对土壤含水量检测的方法有许多种。张力计法结构和原理比较简单，并可实现在线检测，但探头很难与埋设处的土壤完全黏合，且不可避免地在埋设探头时受到破坏。称重烘干法具有精度高、实现简单等特点，但难以实现在线检测。中子探测法和时域反射计（TDR）法也可实现在线检测，但价格昂贵，其中中子探测法每台需数千美元，并存在辐射危险。因此，探索一种成本低、非接触式的土壤含水量检测的新方法是十分必要的。农业研究实验室已引入一种基于微波测量技术的时域反射法（TDR）的土壤水分快速测量仪，其他同类性能价格较优良的便携式时域反射法土壤水分快速测量仪也已有商业产品。

土壤成分复杂，其光谱受土壤母质、有机质、水分等多种复杂因素的影响。在可见光波段，土壤的反射率随波长的增加而增加；随着土壤水分的增加而减少。因此，图像中任意一点的灰度值与亮度之间具有一一对应的关系，在可见光内，若土壤图像的灰度值越小，则表明土壤含水量越高；反之亦然。因此，分析土壤图像的灰度值和相应含水量的关系，可以建立土壤含水量检测模型，进行土壤含水量检测[62]。

土壤介电常数与土壤含水量存在着一定的关系，而土壤阻抗又与土壤介电常数存在着一定的关系。这样可以通过检测土壤的阻抗实现间接检测土壤的含水量。由于土壤阻抗除了受介电常数的影响，还受到土壤中离子成分的影响，为了减少土壤离子成分对阻抗的影响，商品化的传感器多采用具有一定频率的电压信号检验土壤阻抗，如果频率选择的合理，可以最大限度地减少土壤离子对土壤阻抗的影响。土壤含水量检测系统的实质就是计算机模仿人类对土壤含水量的检测过程，如图 5-4 所示，主要是由以下四部分构成：图像信息的获取、图像信息的预处理与特征提取、支持向量机训练与检测[63]。

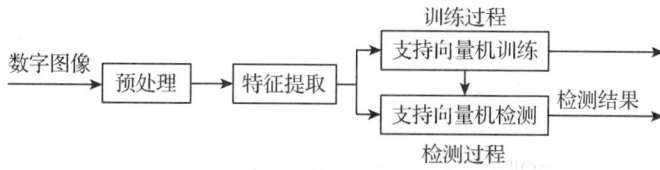

图 5-4 土壤含水量检测系统

参考图像识别系统，并结合系统的功能要求，总的检测过程如下：首先，通过 CCD 摄像机动态获取图像；接着通过计算机对图像进行预处理，其中包括图像的灰度化、平滑、滤波、图像的分割以及二值化；然后根据相应的算法实现图像的特征提取；最后依据所提取的特征向量完成土壤含水量的检测。

5.2.2 土壤营养成分检测

土壤营养成分表现为土壤中各种有价值的离子成分的含量，如 K^+ 离子等。检测离子成分含量采用的一种称为 ISFET(Ion Sensitive Field Effect Transistor)的新型元件，其工作原理及其结构与场效应管(MOSFET)相似，不同的是，在珊极表面覆有一层离子选择膜，利用特定的离子影响珊极在源极与漏极之间建立的电子沟道的大小。一般情况下，一个离子成分传感器通常有几个具有不同选择膜的 ISFET 组成，同时可以检测多种离子含量。目前已有基于土壤理化分析原理的土壤溶液光电比色方法，开发出的智能化土壤中的主要营养成分快速测定仪。

5.2.3 土壤物理特性检测

土壤物理特性可以通过机具作用土壤时的机械特性进行检测，图 5-5 为土壤犁耕阻力曲线，图 5-5(a)为时域曲线，均值 235，标准差为 143；图 5-5(b)为频域曲线(不包含 0 频率成分)，通过时域曲线可以间接计算出土壤的坚实度等物理参数，通过频域曲线可以得到土壤的团粒结构等参数。

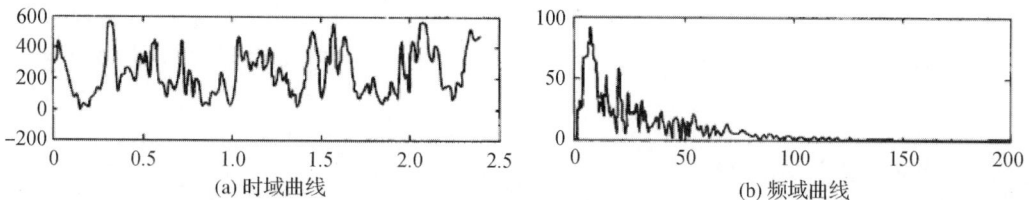

(a) 时域曲线 (b) 频域曲线

图 5-5 土壤犁耕阻力曲线

5.2.4　地表状态检测

利用超声波回波效应可以检测地表的粗糙度，图 5-6（a）为超声波传感器回波曲线，对回波数据进行直方图统计，可以得到如图 5-6（b）所示的地表起伏状态分布情况，进而了解地表状态。

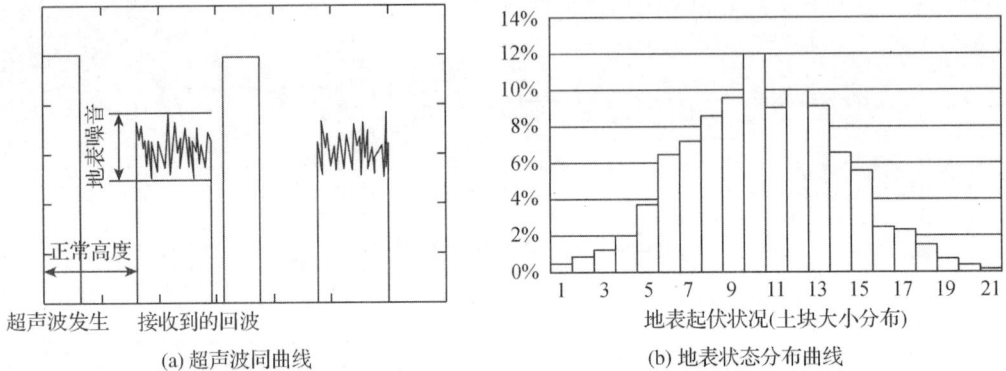

（a）超声波同曲线　　　　　　　　（b）地表状态分布曲线

图 5-6　地表起伏状态超声波检测原理图

5.2.5　土壤盐分检测

土壤盐碱化是土壤退化的各种形式之一，其影响因素主要包括地下水矿化度、土壤蒸发强度、地下水水位等。

土壤中盐分的检测，一般可以通过土壤中的电导率进行测定。目前，国内外已开发出多种土壤盐分测量仪或土壤电导率速测仪，但在仪器的适用性和精度等方面还需进一步提高，以便于广泛应用于农业实际生产。土壤含盐量表征的是土壤中阴阳离子的浓度，因此它在可见光和近红外波段无特定的吸收谱带，但是，土壤中离子浓度和化合物是无法分开的，在土壤光谱上会有直接或间接的反应，因此用光谱技术预测土壤含盐量具有可行性[64]。

5.3　农业小气候信息检测与解析

5.3.1　农业小气候温度检测

完成大气温度检测的敏感元件常采用热敏电阻和半导体 PN 结。热敏电阻通常是由多种金属氧化物粉末高温烧结而成，而在一定范围内，半导体 PN 结端电压与其温度有较好的线性关系，并有较大的温度系数。

5.3.2　农业小气候湿度检测

大气湿度是指大气中的含水量，表明大气的干、湿度。大气湿度的表示方法常用的有绝对湿度、相对湿度等。

大气湿度的检测相对来讲是比较困难的，其主要原因是由于大气中水分子存在形式比较复杂，而纯净的气体水比较容易检测。此外，湿气信息的传递与温度、压力、磁力等信息的传递不同，必须依靠携带信息的物质水直接接触湿敏元件，所以湿敏元件不能密封、隔离，必须直接暴露于待测的环境中。因此，还未制成长期稳定可靠的湿敏元件。

一个理想的湿度敏感件所应具备以下一些性能和参数：

①使用寿命长，可以长期稳定连续的使用。

②灵敏度高，并应具有较好的线性度。

③使用范围宽，受其他物理量(如温度等)影响要小。

④响应时间短，湿滞现象尽可能小。

⑤能在有害气体的恶劣危险的环境中使用。

⑥器件的一致性和互换性好，易于批量生产，成本低廉。

⑦器件感湿特征量应在易测范围以内。

虽然湿度检测要求比较苛刻，但湿度传感器的种类还是较多的，以干湿球式及高分子薄膜式最常用。

5.2.3 风速与风向检测

风速的检测采用标准的三杯传感器，在 $0.25 \sim 15 m/s$ 的风速范围内，风速(u)与风杯的线速度(V)关系为：

$$V = a + bu + cu^2 \tag{5-1}$$

式中，a，b，c 为仪器常数。在数值上 a 接近于启动风速，b 与传感器的构造有关，c 值反应传感器的非线性程度，在一般风速范围内其值很小，可以忽略不计。

风杯轴的转速可以通过光电脉冲方式来检测，风杯轴带动光栅齿盘旋转，光电管将齿盘旋转转换为电脉冲，通过对脉冲进行等时间间隔计数即可测的风杯的转速。

随着近年来 MEMS(微机电系统)技术的快速发展，目前已研究出基于此技术的热风速风向传感器，可同时测风速与风向，且具有高可靠性和低成本，可以代替传统风速计。基于 MEMS 技术的热风速计与机械风速计相比没有可动部件，所以不会存在器件磨损，而且体积小、成本低[65]。

5.2.4 太阳辐射能检测

太阳辐射能的检测是通过检测辐射的热效应得到的。敏感元件是由多个串联的热电偶(一般为铜一康铜热电偶)组成，组件的热端涂有黑色的铂黑涂料，冷端涂氧化镁等白色涂料。两种涂料分别吸收太阳辐射能的 95% 左右，反射辐射能 98% 左右，黑端温度升高，白端温度下降，这样热电偶产生温差电动势，并与辐射能基本成线性关系。阳光的光照强度是另一个放映阳光强度的指标，检测光照强度通常利用光敏元件将光强直接转换成电压量进行检测。

5.2.5 二氧化碳检测

二氧化碳是植物光合作用的重要原料，农田环境特别是设施农业中检测二氧化碳浓度非常重要。二氧化碳浓度可采用气相色谱法进行测定，但该方法费事费力，且难以用于大田及设施农业实际生产中。

刘雪莹将电子鼻技术应用于农业温室大棚中二氧化碳的检测。而电子鼻主要由传感器阵列、模式识别单元和信号预处理单元三部分组成[66]，用以进行识别简单或复杂的气味。

目前，应用红外技术开发的红外二氧化碳检测仪等已有商业化产品，其检测精度可满足农业生产的要求。另有多种基于红外技术的二氧化碳检测仪，其测量精度、响应时间等均有提升，为农田环境中二氧化碳的检测提供了便利。孙良等设计了一种双通道红外二氧化碳检测电路系统(图 5-7)，结合高分辨率 A/D 转换器，很大程度上降低了电路的固定误差和温漂误差[67]。

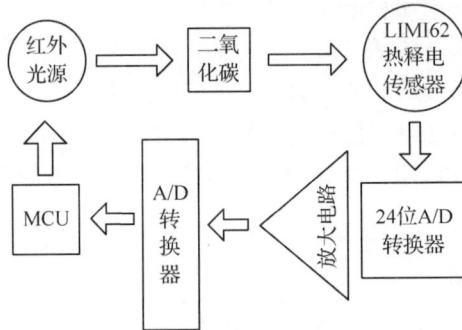

图 5-7　系统组成框图

5.4　农产品信息检测与解析

近年来，农产品质量安全问题日益受到社会的广泛关注。因此，农产品信息(形态、色泽、品质指标、安全指标等)的快速检测与解析，是精细农业研究的重点和热点方向。

5.4.1　农产品形态信息检测与解析

农产品的形态信息主要包括农产品的形状、大小、长短、表面曲线、表面损伤、缺陷等信息。根据形态信息，可用于农产品的品质分级。例如，可以根据水果的大小、表面损伤缺陷等信息进行分级。刘禾教授在 1995 年利用计算机视觉技术研究静态苹果的形状判别、损坏检测与分级，并且在特征分类中，将 BP 神经网络引用到系统中来，使检测识别准确率提高到 80% 以上。Wen 等提出了同时采用近红外(NIR)和中红外(MIR)摄像机检测水果外部品质。用波长范围在 700 ~ 1 000nm 的 NIR 摄像机采集含有缺陷、花梗、花槽的图像，而用波长范围在 3.4 ~ 5μm 或 8 ~ 12μm 的 MIR 摄像机采集仅含有花梗及花槽的图像。然后从近红外图像中减去中红外图像，就可以很容易地检测出真正的缺陷。

5.4.2　农产品色泽信息检测与解析

农产品的色泽信息主要包括农产品的颜色、光泽等信息。农产品的色泽信息可作为农产品品质和分级的依据。目视方法测量的结果有主观性，同时受视觉适应性、人眼光谱响应差异和测量人员身体状况等因素的制约。机器视觉技术不受人的生理和心理因素等的影响，因此评价结果更加客观、稳定。目前采用计算机视觉技术对农产品自动筛选的应用已越来越多。

颜色和光泽等信息是一个比较模糊的定性指标，如果要转化为量化的指标，则要利用计算机颜色视觉技术，选用合适的颜色模型，将颜色的模拟量转换成数字量，从而得到统一的评判标准。颜色的数字化可以由数字照相机、CCD 传感器、扫描仪、色差仪、分光光度计等实现。国际照明委员会(CIE)制定了一套标准色度系统，将它称为 CIE 标准色度系统，该混色系统是近代色度学的基本组成部分。包括：CIERGB，CIEXYZ，CIE Lab，CIE Luv 等系统，使颜色空间的定量描述与相匀转换成为可能。由于行业需要，还开发了 CMY 系统、Mun sell 系统、HIS 系统、YIQ 系统、Oh ta 系统等，上述颜色模型系统都有各自的优点和局限性。

现阶段，应用农产品的色泽信息，可进行农产品的缺陷、损伤、污染物等的检测，例如利用颜色对辣椒进行分级、对玉米粒的色泽和缺陷进行检测、对水果表面损伤的检测等。

5.4.3 农产品品质指标检测与解析

农产品因种类繁多，其品质指标也难以统一分类。就主要农作物而言，其品质指标主要为营养成分指标(蛋白质含量、氨基酸含量、脂肪含量、淀粉含量、纤维素含量、含糖量、维生素含量、矿质元素含量等)、物理指标(出糙率、出粉率、出糖率、透明度、黏度、纤维长度和强度等)和生物学指标(发芽率、纯净度、含水率、抗逆力等)。就水果而言，其品质指标主要包括酸度、糖度、成熟度、纤维素含量、维生素含量、内部病变等。

目前，农产品品质检测的方法非常多，针对不同的品质指标有不同的检测方法。可根据农产品的特性，综合利用农产品的光学特性、声学特性、电学特性、力学特性、磁特性等进行特定品质指标的检测。2003 年，J. Blasco 等利用计算机视觉技术研究并实现了一种在线评估橘子、桃子和苹果品质方法，该方法可以通过检测产品的大小、颜色分布、水果柄的位置和其他的表面缺陷来实现这些水果的品质等级检测，并估计了此方法的精确度。

在农产品品质检测方法和技术方面，除了传统的化学分析手段和计算机视觉技术外，利用光谱技术和光谱成像技术进行农产品品质的检测技术和仪器也逐步增多。例如，应用近红外光谱技术进行农产品的含水量、蛋白质含量、淀粉含量、含油量、含糖量等指标方面已经相对成熟，检测精度已能够满足实际生产需要。近红外光谱检测仪器和产品已经商业化，例如，丹麦 Foss 公司生产的谷物品质分析仪，可以快速无损同步检出小麦、玉米、大豆、稻谷等作物的蛋白质、水分、淀粉、直链淀粉与油分等多项指标。聚光科技(杭州)有限公司生产的近红外粮食谷物食品品质分析仪，适合谷物、饲料、食品质量快速分析，可快速检测出小麦、玉米、大豆、豆粕等农产品中的水分、淀粉、脂肪、纤维、钙、磷、盐分等指标。

在光谱成像技术进行农产品品质检测方面，已开发了多种成像技术进行农产品品质的检测。主要包括可见光成像技术、红外成像技术、紫外成像技术、X 光成像技术、CT 成像技术、核磁共振成像技术、多光谱和高光谱成像技术、超声波成像技术等。近些年还发展了生物传感器技术、电子鼻等农产品品质快速检测技术。上述技术在检测精度和适用性方面，还需要进一步的研究。

5.4.4　农产品安全指标检测与解析

随着经济和社会的发展，农产品的安全问题日益受到关注和重视。农产品的安全指标主要包括农药残留、重金属等污染物、细菌等微生物等指标。

5.4.4.1　农药残留检测方法

食品中农药残留的检测方法有很多种[68]，应用最多的是色谱法，它按照分析的物质在固定相和流动相之间分配系数的不同来进行分离，并将分析物质的浓度转换成电信号，用记录仪进行记录。有单一色谱技术如气相色谱技术（GC）、高效液相色谱技术（HPLC）、超临界流体色谱技术（SFC）、薄层色谱技术（TLC）等和色谱—质谱联用技术，如气质联用技术（GC‑MS）和液质联用技术（LC‑MS）[69]。

快速检测法是近年来各国研究出的便捷、快速的农药残留检测方法。与复杂的仪器分析和传统的化学方法相比，快速检测法具有明显的优点：结果准确、可靠，特异性强；操作简便、省时；污染少，成本低；可现场测试，且不受环境条件限制。目前用于农药残留检测的快速检测法主要有酶抑制测定法、免疫分析法、生物传感器法、活体检测法等。

光谱法是利用物质的光谱特征，根据有机磷农药中的某些官能团或水解、还原物与特殊显色剂在某种环境下发生氧化、磺酸化、酯化、络合等复杂的化学反应，产生特定波长的颜色反应用于定量或定性测定。光谱法对样品前处理要求低，分析速度快，环境污染小。目前用于农药残留检测的光谱技术主要有近红外光谱分析技术、荧光光谱分析技术和太赫兹时域光谱技术等。

（1）气相色谱法/气相色谱—质谱联用技术

气相色谱（GC）法、气质联用技术（GC‑MS）利用样本中各组分在气相和固定相之间的分配系数的不同，当汽化后的样本被载气带在色谱柱中运行时，组分就在其中的两相间进行反复多次分配，一定的柱长后，彼此分离，依顺序离开色谱柱进入检测器，放大产生的离子流讯号，最后在记录器上描绘出各组分的色谱峰。当前 70% 的农药残留物检测采用 GC。而 GC‑MS 用于分析未知样品，特别适合于农药多残留、农药代谢物和降解物检测。

GC‑MS 应用于农药残留检测中，尤其是多残留检测、农药代谢物和降解物的检测等。安捷伦科技有限公司北京公司利用 GC‑MS 建立了同时分析多农药残留的方法，并将此方法用于多种果蔬样品的农药残留分析，效果都很好。

（2）高效液相色谱法/液相色谱—质谱联用技术

高效液相色谱法（HPLC）是以液体作为流动相的一种色谱法，由于农药大都是易挥发、非极性、对热稳定的化合物，所以 GC 成为测定农药残留的最常用的方法，但是也有一些农药，一些氨基甲酸酯类农药，不能采用 GC‑NPD 检测或是响应值不好，而采用 HPLC 可以得到较高的响应值。HPLC 的发展拓宽了农药残留的分析范围，该方法可以分离检测极性强、相对分子质量大的离子型农药，特别适用于不易气化或热不稳定的农药检测，是农药残留定性、定量分析的有效手段。随着高效液相色谱与高灵敏度检测器、衍生化技术的联用，该方法已成为农残分析的重要手段[70]。

液相色谱—质谱联用技术（HPLC‑MS）是将 HPLC 对复杂样品的高分离能力与 MS 高选择性、高灵敏度以及能提供相对分子质量与结构信息的优点结合起来，已成为农药残留定性和定量分析的有效手段。

（3）超临界流体色谱

超临界流体色谱（SFC）以超临界流体作为流动相，以固体吸附剂或键合在载体上的有机高分子聚合物作为固定相。而超临界流体是指处于临界温度及临界压力以上的流体，SFC 既可以分析高沸点、低挥发、热不稳定的农药，同时分析速度又比液相色谱快，并且 GC 和 LC 的检测器它都能使用[71]。

（4）薄层色谱技术

薄层色谱技术（TLC）是一种微量分离分析技术，发展于经典色谱法及纸色谱法。20 世纪 80 年代以来，随着薄层色谱法的仪器化，诞生了高效薄层色谱法（HPTLC）。HPTLC 也是以液体作为流动相，其分离机理与 LC 类似，但其分离过程是在平面进行的，因此 HPTLC 属于平面色谱。

（5）酶抑制测定法

酶抑制测定法的原理就是利用某些农药能抑制乙酰胆碱酯酶的活性，将酯酶加入试样，若试样中无农药残留或残留很少，酶的活性就不会被抑制，且底物在酶的作用下会水解，加入显色剂后会显色。其优点是快速灵敏的检测能抑制胆碱酯酶的农药品种，样品前处理简单、时间短、设备简单，多用于现场测定。缺点是使用的酶、底物和显色剂有一定的特异性，需要控制的条件多，同时不能用于准确的定性及定量分析[72]。

（6）免疫分析法

免疫分析法是免疫技术结合生物酶技术、化学发光技术、荧光技术或辐射技术的新技术，其主要原理是标记的抗原或抗体与抗体或抗原进行特异性结合后，对标记的抗原或抗体进行检测，从而实现定性定量的分析。具有特异性好、稳定性高、操作简单、快速且检出限低等优点，在农残现场快速检测中具有广阔的应用前景。免疫分析法有荧光免疫测定法、酶免疫测试法、放射免疫测定法、流动注射免疫分析[73]。

（7）生物传感器法

生物传感器（Biosensor）是生物反应技术与传感技术的结合。其作用原理如图 5-8 所示：待测物扩散到生物识别元件，被其分子识别，并与生物识别元件上的分子进行特异性结合，发生生物化学反应，在化学反应中产生的生物化学信息，然后将其转化成光信号或电信号，通过信号放大系统将光信号或电信号进行放大，最后由电子测量仪测量[74]。

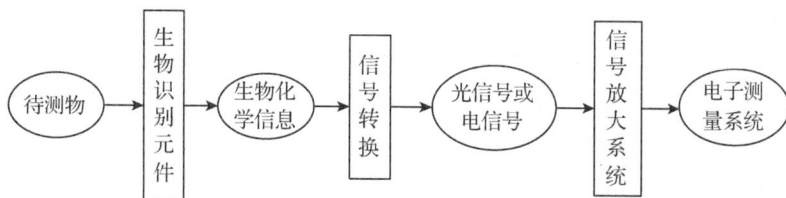

图 5-8　生物传感器技术作用原理图

（8）活体检测法

活体检测法即用活的生物直接测定。例如，农药与细菌作用后会影响细菌的发光程度，通过对细菌发光程度的测定，就可以检测农药残留量。又如，农药残留会导致家蝇中毒，用待检测的样本喂食敏感家蝇后，依据家蝇死亡率就可以检测农药残留量。但是活体检测法只对少数药剂有反应，无法辨别残留农药的种类。用敏感家蝇检测农药残留，其过程简单，农户可自己检测，但缺点是检测时间长，因此仅适用于田间还没有采收的蔬菜[75]。

（9）近红外光谱分析技术

近红外(near infrared，NIR)光波长范围介于可见区与中红外区之间。主要为 O—H、N—H、C—H 等含氢基团的分子内部原子间振动的倍频与合频[76]。只有倍频区 5 241cm^{-1} 波数附近为含磷基团的特征信号(在标准情况下，当选用分辨率为 8cm^{-1} 时，可以把 5 237～5 245cm^{-1} 波数范围内出现的吸收均视为含磷基团的吸收)。因此，可采用 NIR 光谱法，根据 5 241cm^{-1} 波数附近有无吸收峰或吸收峰的强弱来鉴别有机磷残留的可能性[77]（详细介绍见第 9 章的案例）。

（10）荧光光谱分析技术

农药残留物在激光照射下会产生荧光，由于不同农药荧光频谱分布、时间延迟及产生效率等特性通常有显著的不同，因此可以通过研究农药残留物激光诱导荧光特性检测出农药残留的种类及浓度。荧光光谱分析技术灵敏度较高，并且能实时检测，适用于对微量物质的检测。

王玉田等人利用三维荧光技术由研究农药的荧光特性继而证实三维荧光光谱法可以检测农药残留，并通过实验进行测定[78]。目前，国内外已将荧光光谱分析法结合光纤传感、弱信号检测技术等技术开发了多种荧光光谱分析仪，并成功检测出多种农药的荧光光谱。

（11）太赫兹时域光谱技术

太赫兹时域光谱(TH z－TDS)技术是近年来出现的新光谱测量技术，TH z－TDS 系统的样品制备简单，避免了复杂的色谱等技术前处理过程。其采用的光电取样探测技术可以直接测量 TH z 电场完整的幅度和相位信息，因此无须借助于 Kromers－Kronig 关系就可以快速获取样品的吸收系数和折射率。TH z－TDS 系统可以实现物质的快速检测，几十秒内即可获得样品的 TH z 光谱。但是，TH z－TDS 技术在农药残留检测方面的应用研究还处于摸索阶段[79]。

5.4.4.2   农产品重金属残留检测

重金属是一种非常危险的环境污染物，即使在很少量的情况下也会产生不良后果。空气、水和土壤的重金属污染问题越来越严重。在农产品中有不同程度的残留，对人和动物的生命安全构成了巨大威胁。重金属快速检测技术具有以下特点：①使用的设备简单、微型化、便携化；②在线、连续、实时和计算机控制测量的自动化；③分析速度快，试样用量少，费用消耗少；④灵敏度和准确度高，选择性好[80]。

（1）原子吸收光谱法（AAS）

原子吸收光谱法与主要用于无机元素定性分析的原子发射光谱法相辅相成，已能用于对无机化合物的元素定量分析。AAS 原理是根据试样中待测元素的原子蒸汽对该元素原子特征谱线的吸收程度进行定量分析的方法。

（2）紫外—可见分光光度法（UV）

其原理是利用物质的分子或离子对某一波长范围内光的吸收作用对物质进行定性、定量及结构分析。

（3）原子荧光法（AFS）

其原理是通过测量在特定频率辐射能激以下待测元素的原子蒸气产生的荧光发射强度，由此测定待测元素含量。原子荧光光谱发射谱线简单，其灵敏度高于原子吸收光谱法，线性范围较宽，干扰少，可以同时检测多元素。

（4）电化学法一阳极溶出伏安法（ASV）

电化学法以经典极谱法为依托，然后发展出示波极谱、阳极溶出伏安法等方法。电化学法的检测限低，灵敏度高。而阳极溶出伏安法将恒电位电解富集与伏安法测定相结合，一次可连续测定多种金属离子。

（5）X 射线荧光光谱法（XRF）

利用样品对 X 射线的不同吸收对样品中的成分及成分含量的不同来定性或定量测定样品中的成分。它分析速度快、样品前处理简单、分析元素范围广、谱线简单、干扰少，试样形态多样性和测定时非破坏性，因此不仅用于常量元素的定量和定性分析，且还可以用于微量元素的测定。

X 射线检测技术在分析土壤重金属污染方面已经相当成熟[81]，在果品检测中应用还较少。Nielson 等[82]应用 X 射线荧光技术测定了水果、蔬菜和谷物制品中 Mg、P、S、Cl、K、Ca、Mn、Fe、Cu 和 Zn 的含量；随后又检测了水果和蔬菜中 Pb 和 Sn 含量[83]，分别为 $2.5\mu g/g \pm 1.0\mu g/g$ 和 $360\mu g/g \pm 270\mu g/g$，为该方法的应用奠定了基础。

（6）电感耦合等离子体质谱法（ICP – MS）

ICP – MS 检出限受多种因素的影响，其应用受到一定的限制。孙静雯等采用微波消解—电感耦合等离子体质谱法检测出松花江流域鱼体内的 Cu、Zn、Cr、Cd、Pb、Hg、As 等 7 种重金属的残留量[84]。

5.4.4.3 微生物检测方法

微生物检测法的原理是微生物种群结构、生物量和生理代谢会对环境中重金属的胁迫产生各种变化。目前应用最广泛的是发光细菌。李彬等研究应用发光菌对重金属污染土壤的毒性显示，重金属含量多少与发光菌发光度之间存在显著的相关性，Cd、Cu、Zn、Pb 的 EC_{50} 值分别为 $26mg/kg$、$291mg/kg$、$72mg/kg$、$175mg/kg$；在复合污染条件下，由于存在协同效应，重金属的毒性增强[85]。

比较成熟的微生物快速检测方法有：自动旋转平板计数法、皿膜系统计数法、等格计数法、紫外光显微镜计数法和"即用胶"系统计数法。除此之外，快速检测鉴别微生物的方法还有阻抗测定法、萤火虫一荧光素酶测定方法、酶联免疫吸附测定法、放射测量法、微量量热法、接触酶测定仪法、气相色谱法、微生物自动检测仪法。

5.5 谷物自动测产技术

谷物联合收割机上装有产量监测系统，能得到作物产量分布信息，绘制农田产量空间分布图，是实施"精细农作"的开始，产量图是作物生长在许多环境因素和农田生产管理措施综合影响下的结果，是实行作物生产过程中科学调控投入和制订管理决策措施的基础。

作物产量是精细农业中想要得到的最主要的数据，它主要反映了农田土壤特性、化肥利用、地形结构、气象因素、灌溉情况及虫草侵害等因素对产量的影响。实时获取的产量信息和根据产量得到的产量图是"处方农作"中不可或缺的信息，对产量信息和农田其他时间地域信息相结合的分析可指导"精准农作"。谷物产量图还能为田块的分块管理提供根据，根据谷物产量图，对农田的投入、产出进行效益分析，采用农田分区管理，能最大程度提高农田的投入产出比[86]。

5.5.1　测产系统的作用

精细农业研究的最终目标是为了了解农田信息的时空差异性，并分析差异的原因，使得能在合适时间（Right Time）、合适位置（Right Place）及合适投入（Right Amount）的"处方农作"，从而实现最大限度地提高农田经济效益并同时减少对环境的污染。根据作物产量信息，绘制农田小区产量分布图，是实施精细农业的开始，也是实现作物生产过程中科学调控投入和制订管理决策措施的基础。要及时得到农田谷物产量信息，绘制谷物产量分布图，需要在联合收割机上安装产量监视系统。作物产量监视系统主要有 GPS 卫星接收机、谷物流量传感器、谷物含水率传感器、车速传感器、升运器转速传感器、割台高度传感器及控制终端等。通过 GPS 卫星定位接收机，能够将联合收割机每秒钟所在的田间地理位置的经、纬度坐标动态数据传出，同时流量传感器也记录了谷物单位时间的流量值，再结合联合收割机前进速度和作业幅宽计算相应时段内作业的面积，就能得到对应农田空间位置内的单位面积谷物产量数据，通过专业的产量图软件绘制出作物产量图。谷物产量是不同农田因素综合作用而产生的结果，以它为基础可以来评价种植管理水平，农作技术思想也正是以获的田间小块区域产量差异性信息为基础，再分析原因，来指导农业生产管理决策的。

将任意一季作物的产量差异变化描述出来，这就是谷物产量图。谷物产量图可以引起对农田特定区域的关注，尤其是低产区的关注。对产量图和土壤特性相结合分析，可以划分不同的农田管理区域。对连续几年的农田产量数据的时空差异性进行分析，可预测农田谷物产量的变化趋势。实际农田管理应该根据当年实际情况。而不仅仅是根据产量图历史记录利用谷物产量分布图能对农田的投入、产出进行效益分析。

谷物产量实时测定为作物产量计算与小块区域产量图的自动生成提供了关键的技术，基于 DGPS 技术、自动控制技术、传感器技术和计算机技术的谷物联合收割机测产系统的研究是精细农业领域的一个重要研究方向。对谷物测产系统和产量图生成关键技术的研究，是合理运用农业资源、提高产量、降低成本、减少环境污染、实现农作物生产可持续发展的基本保证。这对保障 21 世纪我国粮食安全，推动相关技术的研究和创新，对精细农业技术研究在我国的进一步开展具有积极和现实意义[86]。

5.5.2　国外产量监测系统与产量图的研究

精细农业在一些发达国家已经形成一种高新技术与农业生产相结合的产业，也被普遍认为是可持续发展农业的重要途径，这种技术集成无疑将是 21 世纪的领先农业生产技术。

20 世纪 80 年代初，美国提出精细农业的概念和设想，90 年代初才开始实际生产应用，有些技术和设备已经成熟和成型，但仍没有形成系统。美国开始精细农业是根据按需、经济和实用的原则进行的，所以并没有有把所有的技术全套应用。此外，英国、德国、荷兰、法国、加拿大、澳大利亚及巴西等国家都有开展精细农业研究和应用的报道。日本、韩国等国家近年来都加快了精细农业研究工作的步伐，并得到了政府部门和相关企业的大力支持。国际上现在对这一技术体系的发展潜力及应用前景达成了广泛共识，认为它将成为发展农业高新技术应用的一块重要内容。

国外的谷物联合收割机测产系统发展比较成熟，美国已有约 20 个制造商供应的联合收割机带有产量监测系统，到 1997 年年底，美国使用这一技术的联合收割机共 17 000 台，约一半使用带 GPS 的测产系统可支持产量图分布生成。据估计，2000 年美国 30% 的玉米和大豆采收用到了产量监视系统。2001 年约 90% 的联合收割机都装了 GPS 和测产系统。目前，联合收割机装有智能测产系统的有：美国 Case IH 公司的 AFS(Advanced Farming System)系统、John Deer 公司的(Green Star – John Deere)绿色之星系统、英国 Massey Ferguson 公司的(Field Star – AG – CO)农田之星系统、Ag Leader 公司的 PF3000Pro 系统、Micro – TRAK 公司的 The GRAIN – TRAK 系统及英国 Class 公司的 RDS 产量监测系统。

从 20 世纪 80 年代末开始，在精细农业的早期研究实践中，美国就有学者开展了有关作物测产和产量分布图生成技术的研究，把"处方农作"和产量分布图功能用在指导农业生产管理实践。对作物产量分布图是如何反映特定的土壤特性、农田管理实践对作物产量的影响，利用产量分布图指导农田的有效投入进行了研究，研究了作物产量图是如何集中反映了土壤特性、土壤含氮量、水分及病虫草害等因素对作物产量的影响。

现在，国外商品化作物产量图生成软件主要有美国 Ag Leader 公司的 SMSbasic3.0 和 Case IH 公司的 AFS 系统，还有可以用来生成产量图的 ArcView 和 Surfer 系统等[86]。

5.5.3　国内产量监测系统研究

我国在联合收割机智能测产系统方面的研究刚刚开始，前几年东北垦区引进了 CASE 和 John Deere 公司生产的、带产量监视器的谷物联合收割机，迈出了引进接着吸收的精细农业技术的步伐。1998 年，在中国农业大学成立了"精细农业研究中心"，在 GPS 定位和导航、栅格采样、谷物及棉花测产系统，以及土壤含水率传感器技术等方面的研究走在了全国前列。2000 年，在北京小汤山国家精准农业示范基地引进了 1 台带有 AFS 系统的 CASEIH2366 型谷物联合收割机，这台机器装有产量传感器和 DGPS 定位系统，并用 AFS 系统生成产量分布图。2002 年 6 月，在消化吸收国外联合收割机智能测产系统的基础上，我国自主开发了一套适用谷物收获的测产系统，在河北保定首次进行了田间试验。2000 年 6 月，上海市精准农业技术有限公司与上海交通大学机器人研究所合作，研制了我国第 1 台拥有自主知识产权的联合收割机智能测产系统"精准一号"。"精准一号"以国产联合收割机为载体，由 GPS、产量传感系统、湿度传感系统、速度传感系统和软件控制部分等组成。产品价格远低于国际同类产品，而在系统的抗振动、自适应、自学习等关键技术方面处于国际先进水平。2006 年，上海交通大学设计了一种平行梁结构冲量式谷物质量流量传感器，并以之为核心部件建立了测产系统，同时进行了大批的田间实验，效果良好[86]。

5.6　农产品品质检测技术

5.6.1　农产品品质检测概述

农产品无损检测技术是应用自身的力学、光学、电学及声学等物理性质对农产品品质进行无破损性检测，并按照一定标准对其进行分级分选的新兴技术。现阶段，我国农产品品质检测还是主要以人工挑选分类为主，费时费力，导致农产品在国内外市场上缺乏强有力的竞争力，市场前景不容乐观。因此，研究开发高效、同步的农产品品质无损检测技术已经成为我国农业工程领域的重要研究方向。传统的成像检测技术是在全波段内将被测物进行拍照，再通过 RGB 三基色合成图片，在从合成的图片中得到所需信息，这样使得得到的信息并不能如实反映样品自身的原始特征，而是反应 RGB 合成图片中样品的虚假信息，最终造成信息错判和误判。高光谱成像技术是将成百上千个连续单一波长光信号逐个进行拍摄，再把所有波长下的图像融合变成样品光谱图像。光谱图像上的每个像素点代表该像素点下物体的光谱特征。光谱信息就像物质的"指纹"，将其进行分析就能得到物质的内部理化指标；而把图像进行处理，可得到物质的外部轮廓、尺寸大小以及颜色等外部特征。由于分光单元将反射光分散成多个单一的光信号，导致光信号的进一步减弱，从而极易受到噪音以及外界环境的影响。本书将对该技术在国内外最新研究成果进行跟踪讨论，将其应用前景和存在的问题做了初步分析，并提出自己的观点，希望该技术在我国农产品商业化、标准化进程中做出一定的贡献，从而提高我国农产品在国际市场上的竞争力[87]。

5.6.2　高光谱成像系统检测

高光谱成像系统由硬件和软件两部分组成。硬件部分主要包括传感器光学模块（Optics Sensor Module）、光源模块（Lighting Module）、采样模块（Sample Module）以及光谱数据采集平台（Spectral Cube）。传感器光学模块由 CCD 阵列探测器（CCD Detector Array）、成像光谱仪（Spectral Camera）和物镜（Objective Lens）组成。成像光谱仪又有光栅型成像光谱仪（Grating imaging spectrometer）和干涉型成像光谱仪（Fourier Imaging Interferometer imaging spectrometer）两种形式。其中，干涉光栅型成像光谱仪由于需要极高的光学设计和装校精度，因此现阶段主要以光栅型成像光谱仪为主。光栅型成像光谱仪一般分为透射光栅（Transmission Grating）和衍射光栅（Diffraction Grating）两种。CCD 阵列探感器可分为线阵探测器和面阵探测器：线阵探测器经过一次曝光获得一维图像；面阵探测器经过一次曝光可获得二维图像，但价格较高。光源模块主要由高功率卤钨灯线光源（Halogen Lamps Line Lighting）、电源控制（Regulated Power）和光纤（Fiber optic）这几部分组成；采样部分包括可调速步进电机（Stepping Motor）和 X‑Z 移动载物平台（X‑Z Stage）。常用软件有图像采集软件和分析处理软件[87]。

（1）高光谱成像的技术原理

高光谱成像仪是高光谱成像分析系统的核心部件，由成像光谱仪与 CCD 探测器组合而成，可高效快速获取被测物的光谱和影像信息。在样品图像采集时，高光谱成像仪接收被测物体表面的反射光和透射光，在 X 轴上进行分光、在 Y 轴上进行成像，获得一维影像和光谱信息。根据样品连续移动，从而得到连续的一维影像以及光谱信息，再用计算机图谱采集平台采集所有的数据。将所有窄波段的图像和光谱信息进行融合，最后得到了整个样品的光谱图像。

根据不同的使用波段，可分为可见光波段（300~80nm）、可见近红外波段（400~1 000nm）近红外波段（900~1 700nm）和短波红外波段（1 000~2 500nm）4个光谱波段。高光谱图像采集可以通过摆扫型成像（Whiskbroom）、推扫型成像（Push broom）和凝视型成像（Staring Imaging）3种方式实现：摆扫型成像光谱仪由光机左右扫动和载物平台往前运动从而完成二维空间成像，线列探测器完成每个瞬时视场像元的光谱维获取。推扫型成像光谱仪采用一个面阵探测器，其垂直于运动方向在载物平台向前运动中完成二维空间扫描；平行于平台运动方向，通过光栅和棱镜分光，完成光谱维扫描。凝视型成像光谱仪保持图像区域固定不变，通过可调谐滤光片获取不同波段的图像。3种方式最终都得到三维图像数据块。

（2）高光谱图像数据处理方法

高光谱图像数据块能够反应出被检样品详尽的内外部信息，但同时也存在波谱段多、数据量大、数据相关性强等特点，给数据处理造成了维数灾难。目前，国内外大多数学者对数据处理的方法是：先选择感兴趣区域（ROI），再使用主成分分析法（PCA）或独立成分分析法（ICA）以及遗传算法（GA）等方法对感兴趣区域数据进行分析降维，从而去除大量冗余信息，使能找出特征波长，并建立相应的判别模型。常用的建模方法有BP神经网络法（BPANN）多元线性回归法（MLR）以及偏最小二乘法（PLS）[87]。

（3）在水果外部品质检测中的应用

①LU等用高光谱透射成像技术对酸性樱桃表面凹陷点进行研究，不仅研究了样品位置、大小、颜色以及斑点对樱桃凹陷点检测的影响；也比较了单一光谱数据与感兴趣区域（ROIS）数据的输入对神经网络判别模型（ANN）准确率是否有影响，并用主成分分析法提取特征光谱。研究表明，颜色和样品位置对检测影响低于1%；而大小和斑点对检测的影响则可以通过选择具有代表性的樱桃样品对模型进行挑选来消除；采用ROIS作为输入模型的平均判别率为98.4%[88]。

②Vargas等用紫外诱导甜瓜表面动物粪便污染物发出（425~774nm）荧光的高光谱，并用荧光成像方法对甜瓜表面不同浓度的动物粪便进行检测，采用波段比（595/655nm，655/520nm，555/655nm）对其进行分析，检测率为79%~96%。进一步研究发现模型是把甜瓜表面疤痕组织误认为动物粪便。在采用主成分分析法对全波段进行分析发现，PC1和PC6包含了图像99.6%的信息，在根据权重系数大小选择了465，487，531，607，643，688nm 6个特征波长，相关系数为99.96%[89]。

（4）在蔬菜品质无损检测中的应用

近几年，我国大力提倡无公害蔬菜绿色蔬菜，主要是为了提高蔬菜品质；但我国现阶段对农药超标、动物排泄物污染等安全问题的检测依旧以破坏性的抽检为主，大大降低了生产效率。

①J. Xing，M. Ngadi，N. Wang等对西红柿表面的机械擦伤的特征波长用高光谱成像技术，并结合PLSDA，CORRELELOGRAM和GA等3种方法进行选择和提取，发现640~750nm波谱图像差异较大。通过分析PLSDA和GA图谱发现，640~750nm来检测红色西

红柿表面擦伤是可行的，也可在 515~575nm 下检测绿色西红柿表面擦伤。笔者对西红柿花萼和擦伤以及样品与光源的位置做了进一步研究，发现在 930nm 下能够较好地区分花萼和机械擦伤。用 PCA 法对不同光源的位置下的数据进行分析发现，垂直光源和平行光源对分析机械擦伤最有效[90]。

②W. L Wang，C. Thai、C. Y. Li 等对洋葱酸性皮肤病进行了初步探究，发现 1 200~1 300nm 下酸性皮肤病与正常洋葱图谱差异较大；反射光谱在 1 150~1 280nm 能对不同储藏天数的洋葱进行区分。Wang 等应用漫反射高光谱技术结合椭圆形矫正函数对洋葱干物质含量、可溶性固形物以及硬度进行检测[91]。

③S. Kang，K. Lee 等对新鲜莴笋叶和菠菜叶茎或茎周围上的动物排泄物用高光谱荧光成像技术进行检测，用 PCA 法对数据进行降维选出特征波长，发现在 692nm 下反射值差异较大；结合阈值进行判别，再用 3×3 滤波器消除像素失真，所得图像中菜叶中受污染的部位清晰可见。这说明，用此方法分别对莴笋和菠菜叶片表面动物污染进行判别是可行的[92]。

5.7　农产品冷链物流中的监测与传感技术

5.7.1　农产品冷链物流概述

冷链物流（Cold Chain Logistics），也被称为低温物流（Low-temperature Logistics）是一种特殊的物流形式，因为一般对象是易腐食品（包括原料及产品），所以国外一般都称其为易腐食品冷藏链（Perishable Food Cold Chain），如图 5-9 所示。冷链物流是以冷冻工艺学为根基，以人工制冷技术为手段，以生产流通为衔接，以达到保持食品质量完好与安全的一个系统工程。目前冷链物流适用的范围包括：初级农产品（水果、蔬菜；肉、禽、蛋；水产品；花卉产品）；加工食品（速冻食品；禽、肉、水产等包装熟食；冰淇淋和奶制品；快餐原料）；特殊商品（药品）等。

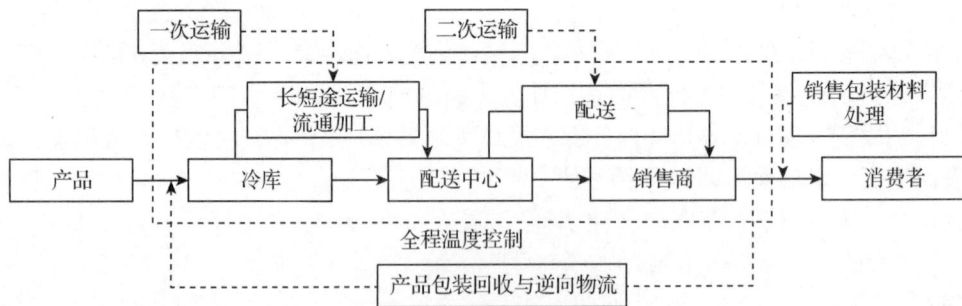

图 5-9　农产品冷链物流示意

农产品冷链物流一般指以水果、蔬菜、肉、禽、鱼、蛋等为代表的生鲜农产品从产地采购、加工、贮藏、运输、销售直到消费的每个环节都处于低温环境中，以保证农产品的质量，减少农产品的损耗，防止农产品的变质和污染。

现在国际上最典型的农产品冷链物流是美国的蔬菜物流，蔬菜从采收到进入终端一直处于所需的生理低温条件，形成了一条田间采收预冷—气调冷藏—冷藏运输—冷藏批发—超市冷柜—消费者冰箱的冷链。

农产品冷链物流的效率与各节点的有效衔接有非常大的关系。其主要节点设置在：上游有养殖或者种植基地、冷藏仓库、生产加工基地、冷冻冷藏食品生产加工企业等；中游有冷藏仓库、产地批发市场和销地批发市场、配送中心、中间商和供应商等；下游有农贸市场、超市、零售商、餐饮、家庭等。由这些节点连接构成冷链物流网络。

（1）构成

农产品冷链物流主要包括冷冻加工、冷冻贮藏、冷藏运输及配送、冷冻销售四个环节。

①冷冻加工：包括肉类、禽类、鱼类、蛋类的冷却与冻结，以及在低温状态下的加工作业过程；也包括水果、蔬菜的预冷。这个环节上最主要的冷链装备是冷却、冻结和速冻装置。

②冷冻贮藏：包括农产品的冷却和冻结贮藏，以及水果、蔬菜等的气调贮藏。在此环节主要涉及各类冷藏库/加工间、冷藏柜、冻结柜及家用冰箱等。

③冷藏运输：包括农产品的中、长途运输及短途配送等物流环节。这些环节主要涉及铁路冷藏车、冷藏汽车、冷藏船、冷藏集装箱等低温运输工具。在冷藏运输过程中，温度波动是引起农产品品质下降的主要因素。所以，运输工具应该具有良好的性能，在保持规定低温的同时，更要保持稳定的温度。这一点，在长途运输中尤其重要。

④冷冻销售：包括各种冷链农产品进入批发零售环节的冷冻储藏和销售。此环节主要涉及冷藏/冷冻陈列柜和储藏柜。

（2）必须满足的条件

①"三P"条件：即农产品原料的品质（Produce）、处理工艺（Processing）、货物包装（Package）。要求原料品质好，处理工艺质量高，包装符合货物的特性。这是农产品在进入冷链时的"早期质量"。

②"三C"条件：即在整个加工与流通过程中，对农产品的爱护（Care），保持清洁卫生（Clean）的条件，以及低温（Cool）的环境。这是保证农产品"流通质量"的基本要求。

③"三T"条件：即著名的"TTT"［时间（Time）、温度（Temperature）、容许变质量（或耐藏性）（Tolerance）］理论。该理论表明：a. 对每一种冻结食品而言，在一定的温度下，食品所发生的质量下降与所经历的时间存在着确定的关系，大多数冷冻食品的品质稳定性是随着食品温度的降低而呈指数关系增大；b. 冻结食品在储运过程中，因为时间和温度的变化会使得品质的降低是累积的，而且是不可逆的，但与经历的顺序无关。

④"三Q"条件：指冷链中设备的数量（Quantity）协调，设备的质量（Quality）标准的一致，以及快速的（Quick）作业组织。冷链中设备数量（能力）和质量标准的协调能够保证农产品总是处在适宜的环境（温度、湿度、气体成分、卫生、包装）之中，并能提高各项设备的利用率。因此，要求产销部门的预冷站、各种冷库、运输工具等，都要按照农产品物流的客观需要，互相协调发展。快速的作业组织则是指加工部门的生产过程，经营者的货源组织，运输部门的车辆准备与途中服务、换装作业的衔接，销售部门的库容准备等均应快速组织并协调配合。"三Q"条件十分重要，并具有实际指导意义。

⑤"三M"条件：即保鲜工具与手段（Means）、保鲜方法（Methods）和管理措施（Management）。在冷链中所使用的储运工具及保鲜方法要符合农产品的特性，并能使得经济效益高而又能收得最佳的保鲜效果；同时，要有相应的管理机构和行之有效的管理措施，来保证冷链协调、有序、高效地运转。

在上述条件中，属于产品特性的有原料品质和耐藏性；属于设备条件的有设备的数量、质量，低温环境和保鲜贮运工具；属于处理工艺条件的有工艺水平、包装条件和清洁卫生；属于人为条件的是管理、快速作业和对食品的爱护。其中，有些因素是互相影响的，如设备条件对处理工艺、管理和作业过程均有直接影响。

（3）特点

农产品冷链物流除了具有复杂性、动态性、交叉性、增值性、面向用户需求等农产品物流链的基本特点外，还表现出以下特点：

①有链条宽而短的内在要求。农产品冷链物流的参与者多，物流市场空间范围大，常常形成众多不同类型的物流链条，系统比较复杂，也表现出链条多元化共存的特点。生鲜农产品时效性强，一般要求物流环节和物流交易次数少，较短的物流链往往更加适合农产品冷链物流。

②与常温物流相比，投资规模大，资产专用性高，市场不确定性大，要求更加复杂。农产品冷链物流环节的管理与操作难度较大，物流技术和设备要求较高，常常需要专用的设备。而且配送中心的建设投资较大、回报期长。生鲜农产品生产和消费分散，市场供求及价格变化较大，天气、交通等各种不确定的影响因素较多，因此易发生因资产专用性过高和不确定性造成的沉淀成本和机会成本现象，从而增加物流链的运作费用。

③对信息技术的要求较高。农产品冷链物流具有精益性和敏捷性的双层两重特性，既要求各物流环节综合成本的最小化，又要求物流速度快、市场反应灵敏；而农产品物流体系复杂，参与主体多，信息不对称程度较高；物流过程中需要基于安全性的质量监控或实时跟踪，使得高度信息化成为此行业的技术基础。

④鲜活农产品的易腐性和时效性要求冷链物流的各环节具有更高的组织协调性。

此外，还有物流损耗大、逆向物流的生成率高，以及市场力量不均衡、农户或个体储运者在物流链中的利益难以得到保障等特点。

（4）发达国家农产品冷链物流发展状况

冷链起源于 19 世纪上半叶，因为冷冻机的发明和电冰箱的出现，各种保鲜和冷冻农产品开始进入用户家庭。到了 20 世纪 30 年代，欧洲和美国的农产品冷链已经初步建成。40 年代，欧洲的农产品冷链在二战中被破坏，但战后又很快重建。欧美发达国家现在已经形成了完整的农产品冷链物流体系。

世界各国对农产品质量与安全问题都非常重视。在 1999 年 5 月召开的第一届世界农业研讨大会上，来自各国的农业部长们一致认为，无论是发达国家还是发展中国家，都必须对以下四个问题保持高度重视：一是食品安全；二是增加农业研究的投入；三是可持续农业技术需求；四是 WTO 和世界农业贸易。成立于 1943 年的世界食品物流组织，在包括改善食品及其他货物在保存、配送过程中的冷藏技术、人才培训、信息沟通、研究与发展等几个方面都有很好的效果，并上升为全面的物流服务（在易腐食品上表现尤为突出）。发达国家对食品服务业怎么才能满足消费者的需求、物流及物流服务公司的性能进行评价和低温条件下农产品的物流设备与要求等都在进行研究，而且还十分重视食品冷藏业与环境的关系、农产品冷藏行业制冷剂的替代和农产品冷藏业的立法研究。

日本对农产品产业技术与保鲜流通非常重视。为了提高鲜活农产品的附加值，使其产销过程合理化，日本建立了一批加工厂、预冷库、冷藏库、运输中心、地方批发市场、超市、零售店等，鲜活农产品产后的商品化比例达100%，普遍采用包括采后预冷、整理、贮藏、冷冻、运输、物流信息等规范配套的流通体系，政府通过制定法律、法规和公共服务等进行宏观调控。

美国在发达国家中率先实现了蔬菜产业现代化，较好地解决了蔬菜均衡供应的问题。

(5)我国农产品冷链物流发展的现状

①发展历程。新中国的冷链物流最早产生于20世纪50年代的肉食品外贸出口，并因此改装了部分保温车辆。1982年，颁布了《食品卫生法》，从而推动了食品冷链的发展起步，农产品冷链也开始起步。近二十年来，中国的农产品冷链物流不断发展，以一些食品加工行业的龙头企业为先导，已经不同程度地建立了农产品冷链物流体系。

②存在问题。完整独立的农产品冷链物流体系尚未成形，从整体冷链体系而言，我国的农产品冷链物流尚未形成完整的体系，现在大约90%的肉类、80%的水产品、大量的牛奶和豆制品都还是在没有冷链保证的情况下运销。冷链物流发展的滞后在相当程度上影响了农业和食品产业的发展。

对生鲜农产品产后低温贮藏加工投入力度不够。蔬菜、水果等鲜活农产品采摘或捕获后应该立刻进行低温包装贮藏和加工，使保持农产品的新鲜和质量。但因为我国对生鲜农产品产后低温贮藏加工投入力度不足，特别是农产品采后低温加工包装技术能力低下，导致目前农产品绝大部分是在产地以原始产品形式卖出，农产品产后产值不仅没有得到提升反而下降，产后产值与采收时自然产值之比为0.38:1。

农产品在运输中损耗大，物流成本高。目前我国生鲜农产品冷藏运输主要采用公路运输和铁路运输两种形式。冷链设施装备情况如下：

公路冷藏车辆：目前，中国保温车辆约有3万辆，而日本有12万辆，美国有20万辆。中国冷藏保温汽车占货运汽车总量的0.3%，美国为0.8%~1%，英国为2.5%~2.8%，德国为2%~3%。中国汽车冷藏运输仅占全部货物运输总量的比例为20%，而欧洲各国达到60%~80%。

铁路冷藏车辆：在全国总运行车辆33.8万辆中，冷藏车只有6970辆，占2%，而且大部分是陈旧的机械性速冻车皮，规范的保温式的保鲜冷藏车箱缺乏。冷藏运量不到铁路货运总量的1%。

冷库容量：中国目前的冷库总容量超过$700×10^4m^3$，并且呈现出逐年增长的趋势。但是因为这些冷库基本还是采用旧技术，仅限于肉类、鱼类的冷冻和贮藏，功能比较单一，使得冷库的利用率并没有随着库容增加而增加[93]。

5.7.2 RFID技术在我国生鲜食品冷链物流管理中的应用

RFID无线射频识别即电子标签，是一种非接触式的自动识别技术，它通过射频信号自动识别目标对象并获得相关数据，识别工作无须人工干预，可工作于各种恶劣环境。RFID技术可识别高速运动物体并可同时识别多个标签，操作快捷方便。一个基本的RFID系统由三部分组成：标签、阅读器和天线。现代冷链物流属于控温型物流，RFID技术在该领域的应用，不仅要求其发挥其固有的技术优势，而且要达到对冷链物流供应链进行实时温度监测的目的。因此，将添加温度传感器到 RFID 标签中，可以更好地发挥 RFID 技术在冷链物流中的技术优势。实际上，改造后的 RFID 系统的工作方式一样还是很简单。需将温度传感器采集的温度定时写入 RFID 标签的芯片中，当 RFID 标签接到 RFID 读写器天线信号时，把 RFID 芯片内的温度数据上传给 RFID 读写器，交由后端系统处理。此系统就能实时监控被管理物的温度变化，实现实时监视、预警管理。也可以一次性读取所有的点对点供应链温度数据，从而生成静态的温度变化图表，简单地完成对供应链的温度的变化的监管。

带温度传感器的 RFID 系统的技术特点包括：①操作简单，可远距离读写（最远可达30m）；②RFID 标签可重复使用，使用成本较低；③RFID 标签虽然体积小，但数据存储量大，可存储各种跟产品有关的信息；④可实现实时监视、设定温度进行预警管理，例如，可以快速掌握生鲜度管理中最重要的运输途中的温度状况，并促进流通过程中的生鲜度管理的改善；⑤RFID 标签提供 ID 码，并可连续记录温度数据、有准确时间记录、容易责任界定，方便信息追溯。

以下为 RFID 技术在冷链物流各环节的应用：

冷链物流包括了货品的冷藏（冻）加工、冷藏（冻）仓储、冷藏（冻）配送及运输、冷藏（冻）销售这四个环节，可以有选择性的在生鲜食品冷链物流的某些环节使用 RFID 技术。例如，许多物流服务商有针对性地在目前冷链物流的短板——冷藏运输及配送环节使用 RFID 技术；同时，如有需要，RFID 还能发展为由企业或联盟建立的覆盖全冷链流程的冷链监测中心数据平台。

（1）加工环节

在生产加工环节应用 RFID 技术，可以实现在生产线上对原材料、配料的来源信息进行记录，可对原材料、配料、半成品和成品进行自动识别、分拣与跟踪，减少人工识别成本和出错率，从而达到提高生产效率和经济效益。尤其是采用 JIT 准时制生产方式的自动化流水线上，采用 RFID 技术后，产品生产流程的每个环节都被严密的监控和管理，从而实现流水线均衡、稳步生产，同时也加强了对质量的控制与追踪。

假如建立上文所述的全冷链流程的冷链监测中心数据平台，就要在产品加工完成后，把加工者信息、加工方法、加工日期、产品等级、保质期、存储条件等内容添加到 RFID标签中，以便客户查询产品信息从而进行追溯。带温度传感器的 RFID 标签开启了对产品（成品）全冷链流程的无纸化监管，有利于冷链物流各环节温度监测的无缝衔接。

（2）仓储环节

RFID 技术在仓储中的应用主要是在货物和容器上贴上标签，在仓库进、出口安装固定读写器，还可以在叉车上安装读写器，方便叉车高效正确地分拣货物，同时还能配手持读写器，从而加强 RFID 对货物的读写效率。冷链产品种类繁多，不同产品对存储条件要求也各不相同，相对非冷链货物要求更高。入库时，根据 RFID 读写器获得的信息，把货物准确的分配到各存放区；出库时，根据货物的储存情况，选择优先出库的产品，避免经济损失，还可以根据出口处读写的信息与出库货物的产品情况再次进行核对，降低出错率。同时，利用 RFID 还能快速清点仓库，帮助管理人员随时了解仓库里产品的状况，尤其是仓库内温度的变化。RFID 技术的运用能有效阻止人为的差错和混淆，并实现全面无纸化作业，提高作业效率和准确率，降低物流成本，使货物出、入库的时间大大减少，可对仓库内的温度变化进行实时监控，以保证产品质量。

（3）配送/运输环节

在配送环节，不仅能准确高效地对配送过程中的货物进行分拣、中转、及时送达，还能把货物配送信息方便快捷地记下，提高物流业的服务、管理水平、减少人工、降低配送成本。在产品运输过程中，将 RFID 与 WSN、GPS 技术相结合，从而解决在运输途中温度控制和运输路线优化的问题。利用 RFID 标签和车载读写器或沿途安装的固定读写器实时监控运输车辆内货物的温度变化，跟踪运输车辆的路线和时间。将温度传感器采集的温度定时写入 RFID 标签的芯片中，当 RFID 标签接到 RFID 读写器天线信号时，将 RFID 芯片内的温度数据上传给 RFID 读写器，交由后端系统处理。系统就能实时监控某被管理物的温度变化，实现实时监控、预警管理。通过这种方法，可以实现对运输、配送过程中温度发生改变时的预警，或是对过程中的温度变化进行记录，从而帮助辨识可能由温度变化引发的质量变化及具体发生时间，并有助于质量事故的责任认定。GPS 也会把最短和最经济的路线图勾画出来，然后就按照这个路线图进行运输，以节省费用开支和产品质量控制。

（4）销售环节

在销售阶段，商家能利用 RFID 标签质量追溯系统知道购入商品的概况，从而帮助商家对产品实行准入管理。通过使用 RFID，因为不需要人工查看进货条码，从而可以节省劳动力成本。RFID 可以改良零售商的库存管理，达到适时补货，有效跟踪运输和库存，提高效率，减少差错的效果。同时，智能标签可以将某些时效性强的商品的有效期限进行监控；商店还能将人工收款变成 RFID 自动扫描和计费系统。RFID 标签在供应链终端的销售环节，特别是在超市中免除了人工跟踪的过程，还能够生成 100% 准确的业务数据，因而拥有巨大的吸引力。RFID 技术有助于解决零售业两个最大的难题：商品断货和损耗（因盗窃和供应链被搅乱而损失的产品）。研究机构估计，RFID 技术能够把失窃的和滞压的货物降低约 25%[94]。

5.7.3 基于 HACCP 监测的冷链物流

Hazard Analysis Critical Control Point 即危害分析和关键控制点，简称 HACCP。它是由食品的危害分析（Hazard Analysis）和关键控制点（Critical Control Point）两部分组成，对原料、生产工序和影响产品安全的人为因素进行分析，确定加工过程中的关键环节，建立、完善监控程序和监控标准，采取规范的纠正措施，达到的目标是把可能发生的食品安全的危害消除在生产过程中，而不用像以前那样靠事后检验来保证食品的安全性。

HACCP 是现在世界范围内应用最广泛的用来解决食品安全问题的管理体系，一共有七个基本内容。HACCP 可以克服传统的食品安全管理方法的许多局限性，可以预见各种危险，并及早进行预防和处理，防止在事故发生之后再来寻找事故的起因，将食品危险性降到最低。HACCP 是一种预防性措施，对食品生产、流通中的每个环节、每项措施的危害风险进行鉴定、评估，找出关键点并加以控制。

将 HACCP 提出的预防性思维应用在食品流通过程中，分析食品物流中每个可对食品安全构成威胁的危害，并对关键点予以控制，使得在危害没有发生前就采取对应的措施避免危害的发生，以减少危害带来的损失。即使危害发生，通过 HACCP 的控制体系也能快速追溯到危害产生的源头，从而将危害降低到最低程度。

以下是主要步骤：

（1）进行危害分析（HA），明确预防措施

鉴别有害物质或引起产品腐败的致病菌或其他病源体，了解引发危害的机理，根据危害特征将食品分类并确定风险类别程度，同时制定出对应的措施来减少食品生产中的危险和批发过程中的危险。

危害是相对的，对不同消费群体、不同企业来说，危害的标准也是不同的。在 HAC-CP 的控制体系中首先要对危害有明确统一的认识和规定，才能有效鉴别危害的来源，否则反而得不到一致的危害分析结果。

冷链物流作业环节可能产生的危害种类繁多：有原料产地污染、货物遗失、货物损坏（腐蚀变质）、数据错误、作业时间长。

（2）确定关键控制点（COP）

根据所控制危害的风险与严重性，分析影响食品质量的关键因素，从而确定质量控制的关键点。

冷链物流中流通的食品易腐，应当在冷冻工艺、防止细菌污染和繁殖方面进行严格的控制。如水产品从离开水开始就要进行预冷，预冷的温度、预冷的方法都是 CCP。运输过程中，一辆冷藏车中存放的食品又是不同种类的，所以每个存储区的温度也是不同的，同时还要避免不同类食品间产生交叉感染。加工、存储、装卸过程中的操作温度同样需要控制。

物流作业环节中的作业时间、货物损失、货物遗失、数据错误的关键控制点有货物配送流程、订单处理、验货、搬运、装车、分拣、信息系统、员工。

（3）制定每个关键控制点的临界指标

确定了关键控制点后，从被加工产品的内在因素和外部加工工序两方面，制定某生产工序上的一个或多个化学、物理或生物属性的安全限定指标。

关键点的控制是用来确定安全与不安全产品的界限，只要所有的关键控制点控制在各自特定的临界范围，产品就是安全的。临界范围的类型有：化学范围、物理范围、微生物范围。冷冻冷藏食品加工、流通的温度控制见表 5-1。

表 5-1　不同产品温度控制指标

温　度（℃）	对　　象
20	不耐低温果蔬低温储藏、流通大米低温储藏
0～10	果蔬预冷，生鲜水产品、畜禽产品与快速食品加工、流通
0～5	过冷或微冻食品加工、流通
−10～18	慢冻食品冻结，一般冷冻食品储藏
−23～30	冷冻水产品、冰激凌储藏、流通
−30～50	速冻食品冻结，金枪鱼肉糜冷冻储藏

按照我国对食品冷藏库的分类，贮藏冷冻食品的低温冷藏库，其使用期间的温度应稳定在 −18℃左右，下偏差应控制在 2℃以内，不能波动太大。

我国很多企业冷藏设备的温度达不到上述的低温要求；某些中转性冷藏库、超市小冷藏库和经销商自己筹建的装配性冷藏库的温度有时在 −12℃以上，根本达不到 −18℃的低

温要求；冷藏车在运输途中，司机为节省油料不开制冷机或少开制冷机，冷量不够，致使货厢达不到运输规定温度的要求，导致食品的变质。实施 HACCP 将有效控制流通过程中的不安全食品进入消费领域，保障消费者的安全。

物流作业的危害控制指标是：标准作业时间的下限是 96%；货损率上限是 2%；作业准确率下限是 98%；货物遗失率上限是 0.3%。

（4）建立每个关键控制点的监测措施

包括监控内容、监控手段和方法等内容的程序，确保完全符合关键限值。但受条件和监控成本限制有时必须考虑间隙监控，监控频率的确定需要考虑关键控制点的稳定性、产品的可追溯性、监控成本和纠偏成本。

（5）建立纠偏措施

建立当监测结果显示某关键控制点失控时，HACCP 系统必须要立刻采取的纠正措施，而且要求是预防性的，就是说在偏离而导致安全性受到危害之前就采取必要的措施。

（6）建立完整的记录和档案

已批准的 HACCP 计划方案和有关记录、文件都要建档备份。

（7）审核

企业建立的 HACCP 体系要供给有关认证或监督机构审批，送审包括所有的关键控制点和监测记录（图 5-10）。HACCP 的确认活动还需确认 CCP 的正确性、CCP 的控制界限标准、企业 HACCP 系统的有效运行状态。企业本身也需定期对 HACCP 做评估并不断改进。

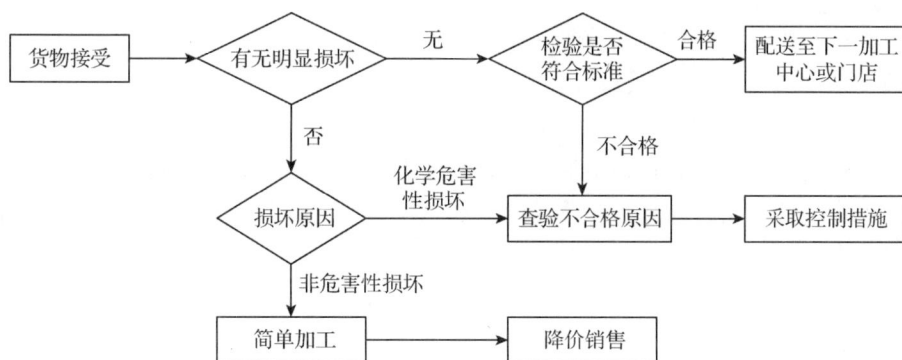

图 5-10　基于 HACCP 监测的冷链物流流程示意[95]

思考题

1. 植物生长信息主要包括哪些方面？具体包含哪些指标？
2. 列举土壤养分信息和理化指标信息的检测方法都有哪些？
3. 列举 5 种农产品主要品质指标及其检测方法？
4. 简述农产品安全指标检测的重要性、具体检测指标及其检测方法？
5. 简要描述农产品检测技术。
6. 什么是冷链物流？

第 **6** 章

农业现场信息获取无线传感器网络技术

我国传统农业发展较为落后，虽然增加粮食产量的方法有很多种，但这些方法都有着不可避免的弊端。如采用农药一般都会对农产品产生损害，导致农产品不安全，并且也会对生态环境有所破坏。大型农机会因为不合理利用而导致能耗的增加，而且随着生活质量的提高和资源的日益短缺，人们对农产品质量的要求程度也越来越高，这就导致市场上高质量的农产品需求要远高于质量较差的农产品。综上所述，传统农业的发展已经无法满足现阶段人们的要求，而精准农业和智慧农业的提出，为现代农业的发展指明了方向。依赖于各种先进技术和只能装备的精准农业可以极大的提高农产品的产量和质量，它主要依赖于定量的决策和变量的投入，实现现代农业科学的管理。

通过各种科学技术来提高和改善现代农业以提高农产品的产量和质量问题早已成为国家研究的重点。如今，发达国家的农业技术都已经比较成熟，各种监控系统和微型农业机械都已经运用到农业上。智能播种、智能施肥、智能施药等智能化农业技术已经逐步进入家家户户。近些年来，精准农业在亚洲地区也逐渐受到了重视，日本、韩国等国家在精准农业上的投入不断提高，技术也走向成熟。日本在 2005 年制订了未来 10 年的农林水产业的研究计划，其中精准农业被定为重中之重。

农业信息的获取是精准农业中重要的组成环节，如何能够快速准确的获取到各种农田环境信息和作物的生长信息是所有技术的基础，也是难点所在。本章主要研究内容是无线传感技术在农业现场信息获取中的应用。

6.1　物联网

"物联网"是近年来最受关注的词汇之一，关于物联网的概念业界还没有统一的定义，但普遍认为物联网就是把各种传感设备以及定位系统等装置通过互联网连接在一起，以实现对物体智能化的决策和管理。其目的是让所有的物品都能够在任何时间、任何地点进行远程感知、跟踪、定位、追溯、监控和管理，在此基础上实现了人与物、物与物之间的互联[96]。总的来说，物联网就是利用因特网实现物与物、人与物互联的新型网络。

物联网最初的概念起源于美国麻省理工学院于 1999 年提出的无线射频识别系统（Radio Frequency Identification，RFID）。物联网主要组成如图 6-1 所示。

（1）感知层

在感知层中，各种物体通过嵌入传感器、RFID 以及 GPS 等感知器件，通过自组网络的形式，获取周围环境信息以及自身的状态，并通过接入网将信息传入传输层。感知层可以针对采集的信息进行初步的处理和响应。

（2）传输层

通过网络的互联与融合，实时准确的接受感知层传递的环境信息，并将信息传递给处理层进行处理和决策。

（3）处理层

针对传输层传递的数据，利用互联网中资源，通过云计算等方式对数据进行存储、处理、决策和控制等，实现数据共享、智能决策和远程控制等功能。

（4）应用层

在农业、医疗保健、环境灾害监测、军事等不同领域建立各种应用。

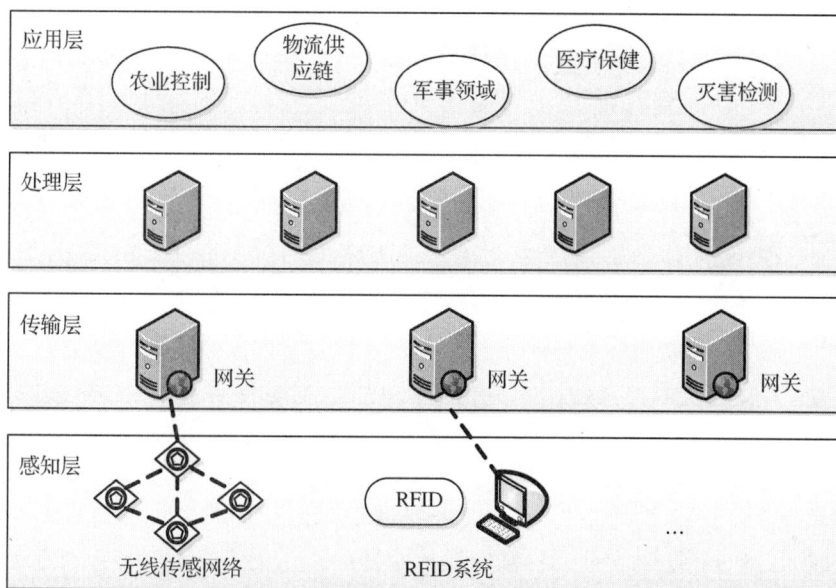

图 6-1　物联网体系结构

物联网应该具备三个特征：①全面感知，即利用传感技术实现环境信息和自身状态信息的采集；②可靠传递，即利用各种网络的融合技术实现数据实时可靠的传输；③智能处理，通过网络资源，利用云计算、模糊识别等先进的智能计算技术，实现对海量数据的分析和决策，并通过反馈实现智能化的控制。所以，农业物联网中的关键技术也主要集中在传感器网络技术、身份识别技术、通信技术、智能处理技术等方面。

6.1.1　物联网的国内外现状

物联网还处在初期的研究阶段，目前还没有成熟完善的技术标准，各个国家在物联网研究领域投入了相当大的重视，探究进度大致相同。美国最早提出了物联网的概念，并且凭借着其强大的经济和科技实力，主导着全球的信息化产业的发展，在物联网的技术、服务、应用等方面做出了突出的贡献，推动着物联网技术不断的发展和进步，使物联网逐渐融入到了人们的生活当中。世界商业零售业巨头沃尔玛从 2005 年起就要求排名前 100 位的供应商，在物流单元上使用 EPC 系统。据相关分析估计，在采用 EPC 系统后，每年可为沃尔玛节省约 83.5 亿美元的支出。由此可见，在将 EPC 系统引入到管理后，为企业节省的资金是非常可观的。

日本政府在看到美欧等国家在物联网上取得的成果后，也开始进行大量的物联网研究，并且在 RFID 标签标准方面，取得了巨大的成就。2012 年，日本 RFID 标签的市场规模将达到十亿以上。

近些年来，我国政府在物联网研究上也加大了力度。2003 年 12 月，在北京召开了"物流信息新技术——物联网及产品电子代码（EPC）研讨会暨第一次物流信息新技术联席会议"，我国开始正式进行物联网研究，并投入了大量的人力物力。2005 年科技部制定了《中国射频识别（RFID）技术政策白皮书》。2007 年在 RFID 应用上取得了显著成效，并且颁布了我国的 RFID 应用频段。2009 年 11 月科技部发布了《中国射频识别技术蓝皮书》，科技部设立"863"项目"RFID 技术标准研究与制定"，针对 RFID 的相关技术标准进行指定。2009 年 8 月 7 日，温家宝同志在考察无锡物联网产业研究院后指出"在感知网发展中，要早一点谋划未来，早一点攻破核心技术"；"在国家重大科技专项中，加快推进传感网发展"；"尽快建立中国的传感信息中心，或者叫'感知中国'中心"[97]。

6.1.2　物联网概述

当代世界经济的飞速发展和现代科学技术日新月异，推动着农业这样一个国之根本的源泉在全球范围内迅速发展。中国的农业发展相对于发达国家来说明显落后。我国的智能温室尚处于起步发展阶段，在我国加入 WTO 以后，我国温室开始了快速的发展。早在1995 年，比尔·盖茨在其著作《未来之路》中提及物联网（The Internet of things）的概念，2005 年 11 月 17 日，在信息社会世界峰会上国际电信联盟发布了《互联网报告 2005：物联网》，正式对物联网进行了概念性总结，它指出物联网时代即将来临，世界上所有的物体都可以通过物联网进行信息交换。物联网展示的是一种在全球范围内实现对单品的追踪和标识的全新理念，它改变了人们对传统生活方式的理解。无线射频识别技术（RFID）、电子产品代码（EPC）、互联网三个元素的有效组合，通过信息交换和通讯实现了产品智能化的识别、追踪、监控、定位和管理，这种新型的网络，就是"物联网"[98,99]。

物联网是继计算机、互联网后，信息产业的新一轮革命，它描绘了一个智能化的世界。物联网技术可以应用在各行各业，如智能交通、农业生产、物品流通、环境保护、家居、个人保健等多个领域。如今，物联网技术已经相对成熟，并且随着越来越多的专家投入其中，不断有科研成果面世。无线传感技术是物联网技术的核心，我国很早就开始了传感网技术方面的研究，并且一直走在世界传感领域的前列，与德国、美国、英国等一起成为物联网国际标准制定的主导国[100]。

物联网的体系结构有着不动的技术标准，目前各国还没有统一的技术标准可参考，但是大多数的物联网结构体系比较类似，主要包括识别设备、物联网中间件、物品信息服务器，ONS（对象名解析服务）系统等部分构成[101~103]。

EPC Global"物联网"体系架构被各国公认为是目前最具有代表性的物联网体系结构，它是有美国统一代码协会（UCC）和国际物品编码协会（EAN）成立的非营利组织，于 2003 年 9 月成立，它的前身是美国麻省理工学院成立的非营利性组织 AutoID 中心，主要联合了全球七所研究型的大学，包括美国麻省理工学院、英国剑桥大学、澳大利亚阿德莱德大学、日本庆应大学、中国复旦大学、韩国信息与通信大学和瑞士圣加仑大学的实验室。

EPC 系统产生的根本目的是要为全球的每一个单品建立全球的、开放的标识标准。

6.1.3　物联网核心模块简介

物联网的结构会随着使用领域的变化而变化，并且包含的模块也不尽相同。但是，物联网所包含的核心模块并不会随着使用领域的不同而改变，核心领域主要包括识读模块、EPC 信息服务模块、对象名解析服务模块、以及实体标记信息服务器等。接下来简单介绍各个模块的基本特点。

EPC 物联网系统的体系结构主要包括 EPC 编码、EPC 标签和读写器、物联网中间件、对象名称服务（ONS）、EPC 信息服务器（EPCIS）、实体标记语言（PML）六部分组成。其中，EPC 编码体系主要用于识别物品的特定代码，EPC 标签往往是嵌入物品中或贴在物品表面，用以保存物品的编码信息，可以通过读写器来识别标签中的信息。

（1）EPC 编码体系

目前互联网资源已经很成熟，都具有统一的分级结构，但物联网还处在发展阶段，物品编码到目前为止还没有统一的划分标准。迄今为止，使用较为广泛的编码体系是由 EPC global 提出 EPC 编码，它是一种在条形编码的基础上建立起来的具有全球统一标识系统的编码体系，并在此基础上进行了扩充。EPC 编码体系可以实现对单品级的物品进行标识，是一种可以与 GTIN 兼容的编码标准[104]。EPC 代码是一组数字，主要由标头、厂商识别代码、对象分类代码、序列号等数据字段组成。

EPC 编码具有很多优点，如科学性、兼容性等，并且随着物联网不断的发展 EPC 编码越来越全面，并且具有一定的国际性等特点。EPC 编码体系具有多级分级结构，这种分级结构无法直接从 EPC 中解析得到，也就是说，往往无法直接从编码中获得它的编码结构的相关信息，只能通过版本号字段来进行相关的区分。

（2）识读模块

物联网的识别模块主要是利用物联网的感知层来实现其感知能力，主要由各类传感器、无线传感网络、RFID 等设备组成，其中 RFID 读写器和传感设备在各行各业使用都较为广泛。

RFID 是一种采用电子标签中唯一 ID 来识别物体的数据采集和传输技术，它能够高速的识别和读取标签中的相关信息，因此可以针对移动的对象进行识别、定位和监测，从而实现移动对象的位置查询和信息读取[105]。RFID 技术也是推动物联网技术发展的最大动力，正是 RFID 技术不断的被运用到实践中，才推动了物联网技术的不断发展。所以也有人说，没有 RFID 技术的不断发展，就没有如今的物联网。

RFID 标签是根据需要把相关的信息写入到标签之中，标签可以接收到解读器的射频信号，并将存储在芯片中的相关信息通过感应电流发送出去，从而实现解读物体的相关信息，判断出物体的位置和数量等实时的信息。

（3）EPC 信息服务模块

EPC 信息服务（EPC Information Service，EPCIS）由 PML 语言描述的各项服务构成，EPC 信息服务可以响应任何符合 EPC 相关的规范的信息提交和信息访问的服务。EPC 编码作为一个数据库搜索关键字使用，由 EPC 信息服务提供 EPC 所标识物品的具体信息。当用户查询某个物品的信息时，通过在物联网上提交物品的 EPC 编码到 EPC 信息服务，如果获取 PML 格式的物体相关信息，否则就到本地 ONS 上查找。

(4)对象名解析服务模块(ONS)

对象名解析服务(ONS, Object Name Service)最初是根据互联网域名解析服务来设计的，成千上万的物品通过 RFID 技术构成物联网，这种数量将远远的超过目前互联网终端设备的数量。未来物联网将会成为人类生活的主流，它将比互联网更加复杂，安全性要求也更高。因此，现有的 DNS 无法满足物联网对象名解析服务的要求。

域名解析服务对查询客户端采用"黑盒子"模式[106]，用户不需要了解 ONS 内部的原理，只需要得到查询的结果即可。通过将 EPC 关联到实体对象相关的 Web 站点或者其他的 Internet 资源来实现 ONS 的网络服务。因此，往往只需要知道物品的 EPC 编码，就可以访问 ONS 系统来获取所需要信息的网络地址。

(5)实体标记语言(PML)

实体标记语言(Physical Markup Language, PML)是一种标准化的新型计算机语言，主要用于书写物品的有用信息，它是基于可扩展标识语言(XML)发展而来的的一种简单的数据存储语言，任何程序都可以方便的对其进行读写。XML 本身就是非常适合在物联网中进行传输的，而基于 XML 基础上发展的 PML 将会得到更加广泛的应用，它被描述成所有自然物体、处理过程和环境情况的统一标准，在将来也会得到更加广泛的关注。

PML 的目标是为物理实体的远程监控和环境监控提供一种简单、通用的描述语言。PML 是通过一种标准的方法来描述我们现有的世界，它具有一个特殊的层次结构。PML 在整个 EPC 系统中扮演着不同部分的相同接口的角色。PML 能可靠传输和翻译，是因为它通过通用默认的方案，使方案之间无须进行转换。PML 为所有的数据元素提供一种单一的表示方法。也就是说，PML 会自动选择一种核实的对数据类型编码的方法。

6.1.4　物联网关键技术

(1)无线射频识别技术(RFID)

上面也提到了 RFID 是物联网系统的重要组成部分，实现了物联网的"感知能力"，可以说没有 RFID 技术的发展，也就没有物联网的产生。无线射频识别技术(RFID)从问世以来就得到了各行各业的重视，给信息服务和业务管理带来了彻底的变革，成为了自动识别技术中一个重要的分支。20 世纪 90 年代初，RFID 作为一种自动非接触式识别技术得到了广泛的重视和应用。随着 RFID 技术的不断成熟，逐渐被运用到诸如生产、仓储、加工、运输等环节，并且极大地提高了效率[107]。RFID 依靠其高精度、快速性、可靠性等优点，并且还可以对多物体同时进行识别，RFID 技术已经被应用到各行各业中。目前，从物品跟踪、高速公路不停车收费到物流供应链的管理等场合，都可以看到 RFID 的身影。现在 RFID 应用到农产品流通上，也打开了农业信息化的突破口，推动了农业的快速发展。

射频识别系统主要是由读写器和电子标签两部分组成，如果识别距离较远的话，还需要用到天线。电子标签作为信息的载体包括有源和无源两种类型，它的形式是多种多样的，包括纽扣、可贴式、卡式等。电子表情一般嵌入物体内部，当电子标签进入读写设备可识别范围时，就会自动获取其内部信息，并传输给计算机设备进行相关处理。RFID 技术的应用使得各行各业都提高了相应的效率，大大降低了成本，带来了巨大的经济效益。但是 RFID 目前还没有全球统一的技术标准，因此阻碍了 RFID 在国际市场上的规模应用[108]。

RFID 技术目前已经被广泛的使用到了农产品流通中，主要是将农产品的相关信息存储到 RFID 芯片中，包括产品名称、生产日期、生产产地等基本信息。一般 RFID 标签包括芯片和天线两部分，标签可以做成普通商品标签一样，贴在农产品的外包装上。当贴有标签的农产品进入 RFID 读写器识别范围内，RFID 读写器发出的无线信号就会被标签上的天线接收产生感应电流，从而将标签内存储的信息发送到读写器上，再传输到计算机设备中进行相关的处理。

(2)无线传感网络(Wireless Sensor Network，WSN)

有人说物联网其实就是传感网，其实这种说法是不谨慎的。物联网并不完全等同于传感网，只能说传感网是物联网的技术，是物联网的一部分。物联网除了传感网以外，还有着一些统一的技术标准、计算机技术和相应的法律支持等。

无线传感网络 WSN 是由大量的静止或移动的传感器以自组织和多跳的方式构成的无线网络，它是将随机分布的传感器等微小节点以自组网的方式构成网络，并且借助这些节点内部的传感器测量周边的环境信息，并将这些信息传达给网络的所有者[109]。

无线传感网络一般应用的环境都较为复杂，并且是多变的。这时无线传感网络完全可以通过无目的自组网的方式来适应这种多边的唤醒，通过多跳采集整个区域的数据信息并传递给控制中心。由于节点接收到的数据将要传到控制中心进行各种操作处理，一旦数据在传输过程中被泄漏或恶意篡改的话，将会影响整个物联网系统的正常工作，所以无线传感网络的安全问题显得尤为重要。数据链路层抗攻击的安全协议，物理层的高效加密算法等都是目前关于物联网安全的重要内容。

(3)海量信息处理技术

物联网的最终目的简单来说就是为了实现万物的互联，这也必将产生庞大的信息量，这些信息不仅巨大而且都要求实时处理，这就提出了较高的信息处理技术，而目前的一般的 PC 机的数据处理能力，远不能满足物联网数据处理的需求。目前备受关注的云计算(Cloud Computing)正符合物联网在信息处理方面的要求，可以通过云计算来实现海量信息的存储和处理，并利用先进的大数据中心和功能强大的服务器来实现整体系统的稳定运行。高级的计算云通常包含一些其他的计算资源，例如，存储区域网络(SAN)、网络设备、防火墙以及其他安全设备等[110]。当物联网发展到一定的规模以后，必将以云计算为依托，充分利用云计算的计算资源，来提高物联网的全球化的速度。

6.2 农田信息获取无线传感器网络技术

6.2.1 短距离无线技术的发展现状

目前我们的日常生活中到处都能用到短距离的无线通信技术，主要包括 IEEE 802.11、蓝牙、IrDA、Home‒RF、ZigBee 等。

(1)IEEE 802.11 标准

IEEE 802.11 是 IEEE(电气和电子工程师协会)制定的一种无线局域网标准，它主要被应用在局域网和校园网中，一般来说是以无线的方式接入，主要用于数据存取。IEEE

802.11 系列目前已经有多个不同的标准，它们有着不同的技术和性能。

制定的一个无线局域网标准，主要用于解决办公室局域网和校园网中，用户与用户终端之间的无线接入。IEEE 802.11 业务主要限于数据存取。IEEE 802.11 系列标准经过一段时间的发展，已经有了多个版本的标准，他们在技术和性能各有不同。IEEE 802.11a 标准的最大传输速度是 54Mb/s，采用的是原始标准的核心协议。但是，IEEE 802.11a 一般都是在直线范围内，这就要求它需要更多的接入点来协调，而且传输距离比 IEEE 802.11b 要短，更容易被吸收。IEEE 802.11b 采用 2.4GHZ 的标准频率，速度为 11Mb/s。除此之外，还有 IEEE 802.11g，传送速度为 54Mb/s。

（2）蓝牙技术

1994 年，爱立信公司推出了一种短距离的无线通信技术协议，称为蓝牙（Bluetooth），使用标准的 2.4GHz 频段，在很多领域得到了重视。蓝牙的传输速率约为 1Mb/s，它采用的是双工传输，连接范围一般在 10cm～10m 之间，可以根据需要有所延长。

蓝牙作为一种新兴的技术，主要具有以下特点：

①工作在 2.4GHz 的 ISM 频段，工作频率无须申请许可。

②抗干扰性强，采用 1 600 跳/s 的调频方式。

③采用前向纠错方式，减少传输时的干扰。

④从物理层、链路层和业务层三方面提供安全措施，保密性好。

但是，蓝牙相对于其他通信方式来说，距离较短，并且网络中容纳数量较少，一般最多为 8 个，很难满足一些特殊的场合要求，除此之外，蓝牙的研究成本也比较高。

（3）IrDA 通信技术

红外通信技术（Infrared Data Association，IrDA）也是目前使用较多的一种短距离无线通信技术，它是由红外数据协会提出的，作用范围约 2m，传输速度最高可达 4Mb/s。目前存在一种超高红外标准，速度可到到 16Mb/s，相比于传统速度高了 4 倍，并且接受角度也变大了。

红外技术的接收较为特殊，具有特殊的方向性，并且它的通信距离短，要求在通信过程中不可移动，对环境要求也很高，但是它也有很多优点，如体积小、功耗低、使用方便等，对于一些特定场合，可以很好的适应和使用。

（4）Zigbee 技术

ZigBee 是一种低成本、低功耗、近距离的无线短距离通信技术，是由英国 Invensys 公司、日本三菱电气公司、美国摩托罗拉公司以及荷兰飞利浦半导体公司成立的 ZigBee 联盟于 2004 年 12 月发布的。最早发布的是 ZigBee1.0 标准，它是由 IEEE 802.15.4 标准的 PHY 和 MAC 层再加上 ZigBee 的网络和应用支持层组成的，它集万千特点于一身，主要包括成本低、功耗小、容易实现、传输可靠等。它主要工作在 2.4GHz ISM 频段上，传输速率一般为 20～250kb/s，相对于传统无线传输方式，传输速率较小，传输距离大约为 10m～15m。它的应用领域很广泛，在各个领域都有应用，主要包括工业控制、智慧家庭、智慧医疗、自动化、电子消费等领域。在医学领域中，很多医疗器械都借助了传感器和 Zigbee 技术，可以实时的了解病人的状况，减轻了医院的负担并且提高了效率，并且可以根据病人情况发出警报，对于病危和病重患者有着更显著的效果。目前在智慧家居方面使用更为广泛，通过传感器和 Zigbee 技术连接家里的各种设备和器械，实现家居全自动化。家用的各种设备都连接在网络上，包括空调、电视、窗户、照明设备等，只需要点一点手机，就可以远程控制家里的各种设备。这种智慧系统已经得到了大力的发展，未来的家庭里将会有上百个 ZigBee 芯片被安装在点灯、抄表系统、无线报警等各种设备中，一个家庭就是一个小的网络系统。此外，在汽车上也有着各种通用的传感器，一般传感器只能内置在飞转或者发动机中，往往对这些内置设备有着较高的寿命要求，也需要更高的稳定性。

几种无线短距离技术对比见表 6-2：

表 6-2 无线短距离技术对比表

名称	Wi－Fi	蓝牙	Zigbee	UWB 超带宽	RFID	NFC
传输速度	11～54Mb/s	1Mb/s	100kb/s	53～480Mb/s	1kb/s	424kb/s
通信距离(m)	20～200	20～200	2～20	0.2～40	1	20
频段(GHz)	2.4	2.4	2.4	3.1～10.6		13.5
安全性	低	高	中等	高		极高
功耗成本(mA)	10～50	20	5	10～50	10	10
主要应用	无线上网、PC、PDA	通信、汽车、IT、多媒体等	无线传感器、医疗等	高清真视频、无线硬派等	读取数据、取代条形码	手机、近场通信技术

6.2.2 系统设计方案

(1)设计原则

①低功耗：考虑到环境的复杂性，现在很多系统都考虑采用无线传输的方式来减免布线的繁琐，因为一般采集节点都需要用电池来供电，这就对传感节点的功耗有着很高的要求，一般为了较少充电和更换电池的次数，采集节点必须由很低的功耗来确保系统在电池供电的情况下可以使用得更长久。

②可靠性：可靠性是评价一个系统好坏的最重要的指标，这也就要求我们在设计系统时要提高整个系统的抗干扰能力。考虑到很多工作环境恶劣的情况，往往我们需要考虑的干扰因素很多，包括系统的结构、元器件的选择、安装线路等因素。此外，采集的数据也会受到系统内部和外部的各种因素干扰，因此，如何提供系统的抗干扰能力是设计中的重中之重。

③自组织性，自适应性：根据用户的需要，往往采集设置的位置是不固定的，需要根据条件要求随时调整，这就要求系统需要拥有自组织和自适应性，从而保证系统可以在各种状况下稳定地工作。此外，系统某个环境瘫痪后也可以保证系统其他部分正常工作。

(2)硬件组成

无线传感网络监测系统框图如图 6-2 所示。系统主要包括各种数据采集终端，这些终端分布在整个农田用于采集各种环境和土壤指标，采集到的数据都会以多跳的形式转发到汇聚节点，继而将所有数据通过 GPRS 无线通信方式传给控制中心，进而实现数据的接受、显示、存储和分析等。

6.2.3 无线传感器网络应用于现代农业的优势

现代农业和传统农业相比，拥有更高的科技含量和效率，在减少人力物力的基础上，

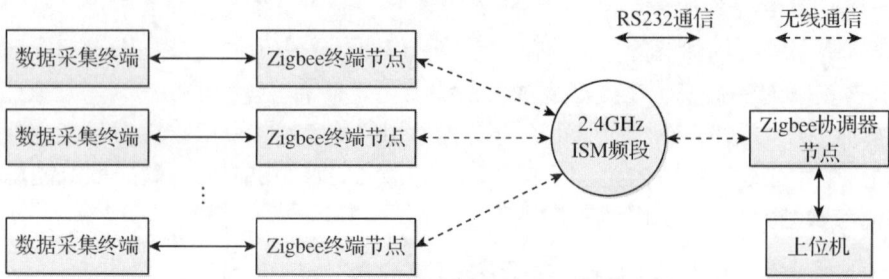

图6-2 无线数据采集系统的总体结构

更是增加了产出，提高了质量。而无线传感网络在农业中的应用主要优势有以下几个方面：

①无线传输方式相较于有线的方式，减免了布线的繁琐，也增加了整个系统的可维护性。

②无线传感网路具备自组网和自适应的特性，保证了整个系统的灵活性，可以根据特定的需要灵活的布置整个系统。

③无线传感网络特别适合环境恶劣的场合，尤其适合部署在那些人无法直接到达的区域，并且以多跳的形式将数据传达出来，实现真正的无人值守。

④无线传感器节点一般体积都较小，方便携带和部署；并且安全环保，很少会对周边的环境产生影响。

目前，无线传感网络在农业中的实际应用还不成熟，还存在许多问题需要解决，但是这必定是未来农业的趋势。

①传感器成本与功能问题。无线传感网络用在农田环境中时需要部署大量的传感器节点，用以采集农田环境和土壤信息数据，并且要求类型较多。因此，需要开发出成本较低的传感器，丰富传感器的类型，确保能全方位的采集农田中的相关信息，这也是未来无线传感网络发展和研究的重点。

②传感器节点功耗问题。因为采用的是无线传输的方式，传感器节点一般都需要依赖电池供电，这就导致可使用的电量较为有限。而且，一般农田中需要部署大量的传感节点，这就导致更换电池是不现实的。所以，如何能够降低传感器的功耗，同时研究大容量、小体积、寿命长的电池，甚至是可自充电的电池都是无线传感中的重中之重。

③网络内数据传输问题。无线传感网络是以无线方式通信，相较于有线方式来说，可能存在信号受到干扰，因此，数据可靠稳定的传输也是我们需要研究的重点，需要寻找一种适合农田环境的无线传输方式，建立安全可靠高效的数据融合机制。

④后台管理软件的功能性问题。应该充分利用先进的数据库技术、软件工程技术等，开发出具有友好人机接口的功能齐全的后台管理软件，使之能够精确地运用各种专家知识进行决策分析，实现对农业环境的精准控制。

6.3 农田温湿度信息采集系统的设计

农田环境信息采集系统需要设备能够长时间的采集周边环境和土壤指标，并且不会对环境产生影响。传感节点一般只需要部署一次就可以高效地不间断地采集需要的环境数据。此外，还要求传感器节点具有一定的自组织和通讯能力，可以将大量的数据稳定的传输到控制中心，并将数据保存到云台进行相关的处理和融合，继而传达给终端用户。便于管理人员掌握农作物的生长环境状态，及时进行调整，使农作物长久生长在适宜的环境，增加农作物的产量，提高农作物的质量。一个稳定可靠的无线传感器网络系统是农田环境监测的前提和基础，为智慧农业提供了可能。

6.3.1 农田温湿度信息采集系统的架构

农田温湿度信息采集系统旨在利用无线传感网络实现农作物生长环境温湿度的信息采集。利用传感器节点在监测区域内组建网络，将所需的数据进行采集，并将采集到的温湿度信息实时地传送给监控终端，使用户能够通过监控终端直观地看到详细的环境信息，并且还可以对数据进行存储、管理、查询等操作。

6.3.1.1 无线传感器网络体系结构概述

无线传感器网络一般由无线传感器节点、汇聚节点、现场数据收集处理决策部分及分散用户接收装置等组成。将无线传感器网络节点部署在监测区域内，每个传感器节点都可以实现数据的采集和获得信息，并采用自组织、多跳路由、无线通信的方式，将采集到的全部数据传输到汇聚节点，汇聚节点将数据进行存储汇总后，通过因特网以无线的方式传达到控制中心，继而传递给终端用户，并实时地保存至云端。其体系结构如图 6-3 所示。

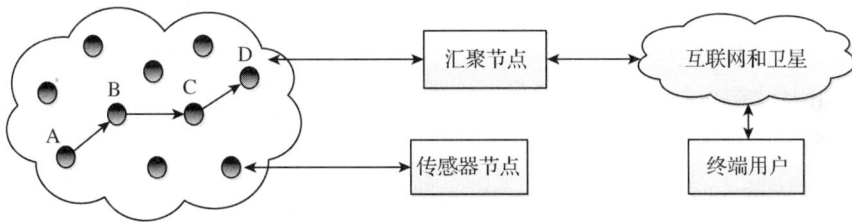

图 6-3　无线传感器网络的体系结构

传感器节点不仅进行本地环境信息的采集和数据传输，还要接收其他传感节点传输过来的数据，进行存储和转发，具备一定的路由器功能，且要与其他节点协作完成某些特定的任务。网关节点具备组网功能和数据传输、处理、存储功能，它是传感器节点和外界连接的桥梁，主要实现不同协议之间的转变，将传感节点采集到的全部数据实时地转发到外界。

6.3.1.2 农田温湿度信息采集系统体系结构

农田温湿度信息采集系统需要根据无线传感网络的基本结构和环境本身的要求进行设计，主要包括传感器节点、网关、控制中心以及用户群。在系统使用区域内，需要部署大量的温湿度传感器来进行环境数据的采集，通过传感器之间的自组网，形成无线传感网络。各传感器节点收集到的信息经网关节点(网络协调器)处理后，传送给基站完成数据的接收、汇总、处理、分析，并通过互联网传输数据给终端用户，从而实现实时监测农田环

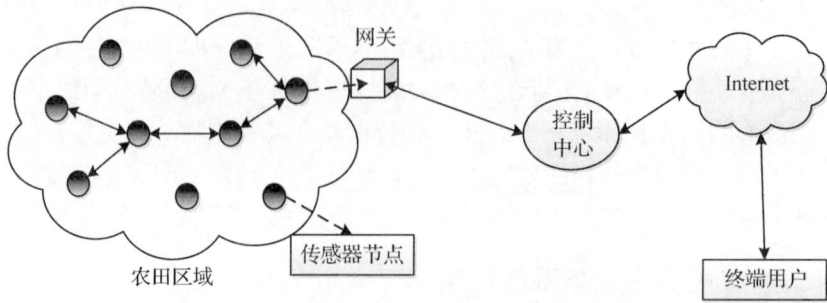

图 6-4　农田及环境信息检测系统的体系建构

境温湿度信息。农田温湿度信息采集系统体系结构如图 6-4 所示。

传感器节点一般分为两种：一种可以定义为终端节点（End Device），主要是完成农田环境信息（光照、温度、湿度等）的采集，进行初步数据处理后发送给网关节点（网络协调器）；另一种是路由节点（Router），它不进需要完成传感节点本事的采集工作，还需要作为数据转发和处理的平台，完善整个网络的规模，并且需要协助其他节点完成相关工作。

①网关节点：即网络协调器（Coordinator），用来协调无线传感器网络的组建和通信，具有较强的处理能力、存储能力和通信能力。将各传感器节点转发来的数据进行处理，并传输给基站。

②基站（汇聚节点）：包含所有汇聚节点具备的功能。主要负责收集无线传感器网络传输来的所有数据信息，并进行分析整理，保存到本地数据库中，可以使现场人员掌握实时农田环境信息并进行相应处理。同时，将收集到的数据通过 Internet 传送到终端。

③终端：用于接收基站传达的信息，进行相关的处理，包括整理、分析、融合等，并且根据信息的不同做出相关的决策。

6.3.2　传感器节点构成

无线传感网络主要由大量低功耗、小体积的无线传感节点构成，这些节点需要具备数据采集能力和通信功能，这些节点也是无线传感网络的基础，因此，传感节点的质量会影响到整个系统的好坏。构成环境温湿度采集系统的主要成员是传感器节点，它不仅负责采集环境温湿度信息和数据传输，还负责转发其他节点发送来的数据。在某些特定的环境中，传感器节点还要与其他节点协同完成特定的工作。

6.3.2.1　传感器节点概述

如图 6-5 所示，一般传感器节点包括：处理单元、传感器单元、通信单元及电源。其中，处理单元包括存储器、CPU、嵌入式操作系统，传感器单元包括传感器及相关数模转换和信号调理等。

另外，可以根据用户和环境的需求对定位系统、处理系统、移动系统和执行机构进行相关的改动和处理，需要用户自行取舍来完善整个系统。

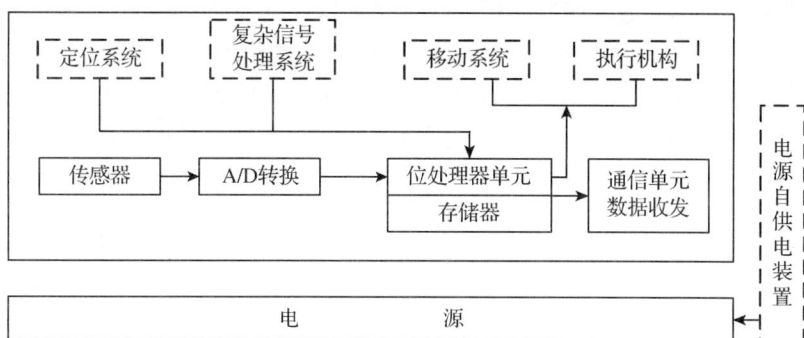

图6-5 传感器节点构成

6.3.2.2 农田温湿度信息采集传感器节点

不同的环境和要求需要有不同的应对方案，根据农田环境信息采集的需要，可以制订出适合本系统的组成方案，主要包括传感器采集节点、微控制单元、无线传输模块以及供电系统四个部分组成。这里，无线传感节点主要用于环境信息的采集和传输；微控制单元是整个系统的核心部件，用于数据的存储、分析和处理等；无线传输模块负责短距离节点间的通信，将数据可靠地传输出去；供电系统应该选取小型高容量的电池，确保节点的微型和寿命。图6-6为其节点结构示意。

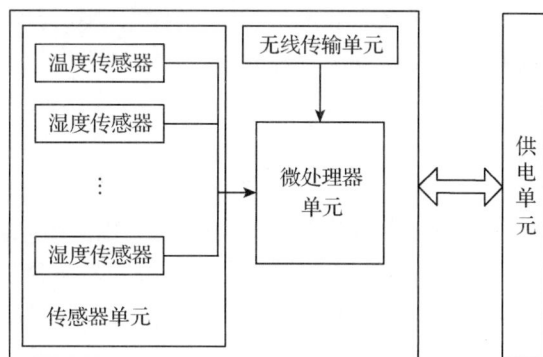

图6-6 农田及环境信息检测系统中传感器节点构成

(1)传感器单元

传感器单元主要完成无线传感器网络的数据采集，是农田环境信息采集系统的基本单元。传感器种类繁多，可以用于测量各种物理量(温度、湿度、光强、振动、气体、红外等)。被测对象不同时，传感器单元的构成也就不同。根据实际应用的需要，设计相应的传感器单元。

传感器根据传输信号的不同，可以分为数字式和模拟式两种。模拟式传感器得到的是模拟信号，需要通过 A/D 转换将得到的数字信号传输出去。数字式传感器则直接输出数字信号，不用在进行模/数转换，更加便捷。传感器节点的传输速率一般有几百 kbps，传输能力有限，但是农田地区一般范围较大，需要大量的传感器节点实现整个区域的覆盖。

这就要求传感器节点必须成本低、体积小，并且根据环境要求，传感节点需要采用电池供电，必须要尽可能地降低传感节点的功耗。综上所述，采用数字传感器最为合适。

目前，最常用的温湿度数字式传感器有 DS18B20、SHT1X 等。SHT10 是目前最常用的温湿度传感器，它是瑞士 Sensirion 公司生产的 SHTXX 系列的产品之一，是一款高度集成的温湿度数字式传感器芯片，SHT10 通过两线制的串行接口与内部的电压调整使外围系统集成变得快速而简单。该传感器品质卓越、体积微小、功耗极低、响应超快、抗干扰能力强，具有极高的性价比，很适合用于农田环境采集。

（2）无线传输单元

无线传输单元的主要功能就是通过调频将数据从天线发出，用于数据的传输和接收。信号接收电路将接收到的高频信号还原为基带信号。无线传输模块在整个系统中至关重要，传输模块的好坏会影响到整个系统的通信性能。

无线传感网络旨在实现低功耗、稳定的数据传输，而不用考虑数据的传输速率。但是数据传输速率的提高可以减少数据收发的时间，有利于节能，只是需要同时考虑提高网络速度对收发功率的影响。一般用单个字节的收发能耗来定义数据传输对能量的效率，单字节能耗越小越好。目前市场上常见的无线收发芯片有 Chipcon 公司的 CC1000、CC1100、CC2420 等。这些芯片体积微小且功能强大是开发新产品的首选。

选择无线传输单元时，应考虑以下几个方面：

①高集成度。因为需要较小体积的传感器节点，所以采用高集成度的芯片。

②低功耗。因为考虑节能的需要，所以尽量选用功耗小的元件。

③调制方式。比较常见的编码调制技术包括开关键控、幅移键控、频移键控、相移键控和各种扩频技术，如跳频、直接序列扩频等。

6.4　系统硬件设计

农田信息采集系统主要包括数据传输部分和无线传感网络两个部分，其中，数据传输依赖 GPRS 模块完成远程传输，无线传输网络主要是采用 ZigBee 网络实现环境信息的采集和汇聚。ZigBee 网络主要包括协调器、路由器和传感节点。终端节点负责接收协调器发送来的采集命令，采集各种传感器数据，适当处理后发送给协调器。协调器的作用是通过GPRS 模块实现下位机与上位机之间的通讯。路由器的作用是增加无线传感网络的工作范围，负责接收和转发数据。GPRS 模块可选择种类很多，这里采用型号为 H7200 的 GPRS模块，它具备高速、传输稳定等优点。通过 GPRS 模块可以实现数据的透明传输，能够满足我们远程输出的要求。

ZigBee 网络中不同部件的作用不同，硬件结构上也有一定的区别。图 6-7 为协调器、路由器和终端节点组成的硬件结构。

协调器负责组网以及无线传感器网络的维护工作，因此没有安排数据采集的任务。硬件机构主要由供电模块、通信模块、GPRS 模块、无线传输模块等组成。此外，协调器需要与上位机传输数据，所以增加了一个 GPRS 模块接口。

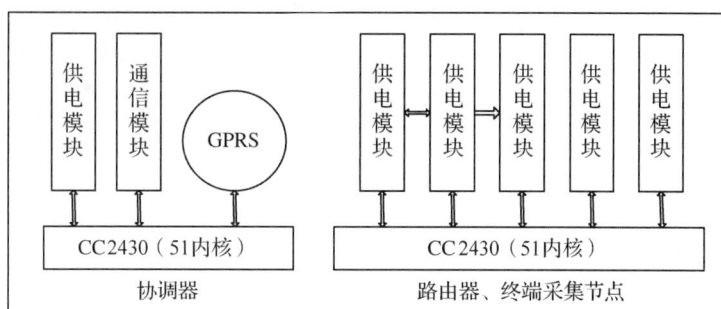

图 6-7 系统硬件结构图

6.5 无线传感网络概述

6.5.1 国外无线传感器网络的研究概况

6.5.1.1 国外无线传感器网络的兴起

最早于 1998 年，Gregory. J. Pottie 就阐述了无线传感网络的内容并介绍了未来的发展趋势和意义，在此之后 DARPA 花费巨资研究无线传感网络，正式启动了 SensIT 项目。1999 年，无线传感网络开始被大家所接受和认识，越来越多的人开始研究无线传感，开始真正地走入了"无线时代"。

美国早在移动计算和网络国际会议上就已经提出，无线传感网络将帮助人类走入另一种计算机时代，是人类计算机时代里的伟大转折。ORNL（Oak Ridge National Laboratory）指出网络就是传感器的说法，在当时社会引起了巨浪。1999 年，《商业周刊》将无线传感网络列为 21 世纪的最重要的技术之一。此后，《MIT 技术评论》又指出，无线传感网络将是改变未来的最伟大的十大新兴技术之首。紧接着，2003 年，《商业周刊》在此提出，无线传感网络会在不久的将来，会将信息科技产业推上浪潮之巅。

6.5.1.2 国外无线传感器网络的发展

20 世纪 90 年代，许多发达国家都已经开始将无线传感列为国家首要的研究计划。无线传感网络对于国家军事发展有着巨大的作用，可以有效地了解到战场上的各种态势，真正地在无形中达到知彼知己的作用，这也引起了许多国家的军事部门和相关的学术界的极大关注。很多国家都投入了大量的资金研究无线传感网络，如美国自然科学基金委员会就制订了传感器网络研究计划，正式开始研究无线传感网络。此外，很多国家的国防部和军事部门也投入了高度的重视，设立专业的研究部门，将其视为一个会影响未来的重要研究领域。

美国已经在很多军事领域都投入了无线传感网络技术，如美国研制了用于反潜的无线传感网络确定性分布系统和高级配置系统，并得到了正式的使用。此外，美国海军还研制了协同交战能力系统、远程战场传感器网络系统等，都极大的提高了美国的军事力量。其中有一种网状传感器系统，是一项依赖无线传感网络的革命性技术，简称 CEC。它是一种依赖原始雷达数据的无线网络，可以用于舰船和飞机战斗群的感知处理，使它们之间不但只利用雷达，还可以相互依赖和运用获取来的感知数据。2003 年，美国俄亥俄州在无线传感网络的基础上开发了一种"沙地直线"，可以用于侦察和定位敌方的军用设备。该系统不仅能够侦察到金属，还可以通过声音、温度等基础信息，感知到敌方的方位。

无线传感网络除了在军事上的应用外，在其他领域也都有所建硕。如环境监测领域，可以用来监测大气中的各种成分的变化，实现实时地对城市空气污染的监测；还可以监测环境和土壤内的成分的变化，更好地培育农作物，提高效率和产量。可以用来监测河水内水质的变化，实现水质污染报警和预防泥石流等工作。此外，无线传感还可以应用到对植物和动物的监测，保证他们健康的成长。总之，无线传感网络可以应用到各个领域，包括医疗保健、交通、物流、家居等等各行各业。

美国的英特尔公司、微软公司等大型信息企业巨头也都对无线传感网络表现出了极大的兴趣，并相继有所行动。2002 年，英特尔公司就建立了"基于微型传感器网络的新型计算发展规划"，并已经正式开始实施。

此外，在美国自然科学基金委员会的大力推动下，许多高校也都开始了无线传感网络方面的研究，到目前为止已经取得了很大的研究成果。有许多高校都对无线传感网络的发展提高了理论的基础和关键技术，主要包括加州大学伯克力分校、康奈尔大学、麻省理工学院等。

除了美国之外，其他国家也都对此投入了极大的热情和兴趣，包括英国、德国、意大利、日本等，都已经展开了无线传感网络的研究工作。

6.5.1.3　国外无线传感器网络在农业环境监测中的应用

无线传感网络可以应用到农田环境监测中，解决那些传统系统无法解决的问题。并且无线传感网络相较于传统的监测方法而言，不仅极大地提高了效率，更能减免布线的繁琐，提高了系统的可维护性。农田环境检测系统主要包括植物生长环境、动物的活动环境、精准农业监测、等等领域。

农田环境监测系统主要是依赖部署传感节点，通过自组网的实行实现采集农田的环境和土壤相关数据，主要包括空气温度、空气湿度、土壤温度、土壤水分、光照强度、二氧化碳等。在美国许多地方都已经建立了无线传感网络系统实现对农业环境的监测，如美国在一个高 70m 的红杉树上部署了很多传感器，用于监测周边环境的变化以及红杉树本身的相关数据。此外，也可以利用无线传感网络监测农场牧场中动物，保证它们健康成长，甚至防止动物间的相互争斗产生的损伤。系统中的节点都是动态的，这就要求系统需要稳定的通讯方式和较高的速率。

在美国俄勒冈州的一个葡萄园中，就采用了英特尔公司提供的智能监控系统，通过部署了大量的无线传感节点，实时地监测葡萄园中的环境数据变化。

印度西部地区为了减免泥石流造成的损失，采用低成本的传感节点部署在山体附近，构成无线传感网络，每过一段时间就采集一次最新的数据，并将这些数据发送到控制中心，最后传达给终端用户，实现对泥石流的预测功能。

6.5.2　国内无线传感器网络的研究概况

6.5.2.1　国内无线传感器网络的兴起与发展

无线传感器网络的研究始于 20 世纪 90 年代，中国的经济发展迅猛，研究机构不断完善。几乎是在发达国家开始无线传感器网络研究的同时，我国也开始了相关方面的研究。在 1999 年，中国科学院就已经在相关的研究报告中提出，利用无线传感网络实现对特定灾区进行实时地监测和报警，进一步减免灾害对我国的影响。

早在 2004 年，我国国家自然科学基金委员会就已经针对无线传感网络规划了重点的研究项目，并投入了大量的资金进行相关的研究。此后，国家自然基金委员会将研究重点转向无线传感网络的基础力量和关键技术。2005 年，《国家中长期科学和技术发展规划纲要（2006—2020）》确定了关于信息技术的三个方向，其中两个都和无线传感网络有关，包括智能感知技术和自组织传感网络技术，体现了国家对无线传感网络技术的重视。

国内的众多科研单位开始了无线传感器网络的研究，包括中国科学院、上海市计算机研究所等国家重点研究机构，都在无线传感领域进行了深入的研究，并展开了多项方向性研究项目。与此同时，国家在多个地方都搭建了无线传感网络的研究平台，目前已经在多个领域都取得了巨大的成果，并且部分成果都已经运用到了实际当中。

此外，各大高校也都对无线传感网络表现出了极大的研究热潮，其中许多高校都是国内有名的，包括清华大学、哈尔滨工业大学、重庆大学等。他们主要针对无线传感的嵌入式开发、无线传感定位技术、数据关系系统研究等方面进行了深入。另外，包括中兴等一些企业也投入到了无线网络研究的队列中，并且他们预言未来的 20 年，将是无线传感网络的时代。

6.5.2.2　国内无线传感器网络在各领域中的应用

目前，国内无线传感器网络主要应用于军事、工业控制、环境污染监测、矿井安全监测等方面，在农业方面的应用尚处于初级阶段。

无线传感网络在我国很多领域都有所建硕，如宁波政府基于无线传感网络搭建了应急指挥系统、智慧交通系统等，此外在很多温室、机场也都有所应用。另外，在电力、水利设施维护等领域也得到了广泛应用。在上海浦东国际机场防入侵系统中，部署了大量的只有火柴盒大小的传感器节点，用来传输振动、声响、磁力、微波、等信息，且能完成对移动物体的定位，为安保人员提供了直接的依据，确保了航空工作的安全。

煤矿安全问题一直是我国重点注意的首要问题，目前已经将无线传感网络技术应用到了煤矿中，在煤矿工作人员身上部署了传感器和摄像头，可以保证工作人员的安全，也能全面的了解整个煤矿的工作情况，实现实时的监视，可以保证出现问题及时处理。

在很多农用温室大棚内也都已经使用了无线传感网络环境监测系统，主要通过在温室内部署各种传感器，通过网关、中继等设备实现数据的采集和稳定的传输。相较于传统的采集方式，极大的提高了效率和稳定性，也减免了布线的繁琐。此外，通过采集的大量数据可以对底层的农户进行相关的指导，并且真正的实现温室的全自动化。

中国的无线传感技术几乎与世界的很多发达国家一同起步，但从总体上看来，中国相对于发达国家在无线传感器网络方面的研究还较为薄弱。尤其是在农业领域，很多国家都已经走入了全自动化，我国在这方面，还有很大的进步空间。

思考题

　　1. 物联网关键技术有哪些?

　　2. 说明物联网的概念及其特点。

第 2 篇

现代农林业精细化管理应用案例

第 7 章

基于 Zigbee 的无线传感节点开发设计

本章主要介绍臭氧传感器无线节点、二氧化碳传感器无线节点和无线控制器节点的开发过程，以此为案例来扩充农业现场信息获取无线传感器网络的传感功能和控制功能，以备读者后续学习参考。

传感器无线节点开发案例基于北京六和万通微电子技术股份有限公司开发的 ZigBee 教学实验箱平台，此平台选取意法半导体（ST）公司推出的一款完全集成的系统级无线射频芯片 STM32W108 作为 ZigBee 无线微处理器模块的核心芯片，该芯片是一个基于 ARM Cortex - M3 内核的 MCU 与无线射频（RF）结合的 SoC，内部既有一般 MCU 的通用资源和外设，也有特殊的射频模块。该芯片集成了符合 IEEE802. 15. 4 标准的 2.4GHz 收发器、32 位 ARM Cortex - M3 微处理器、Flash 闪存、RAM 存储器以及基于 ZigBee 系统使用的很多通用外设，如 GPIO、通用定时器、串行接口、内外部中断等。

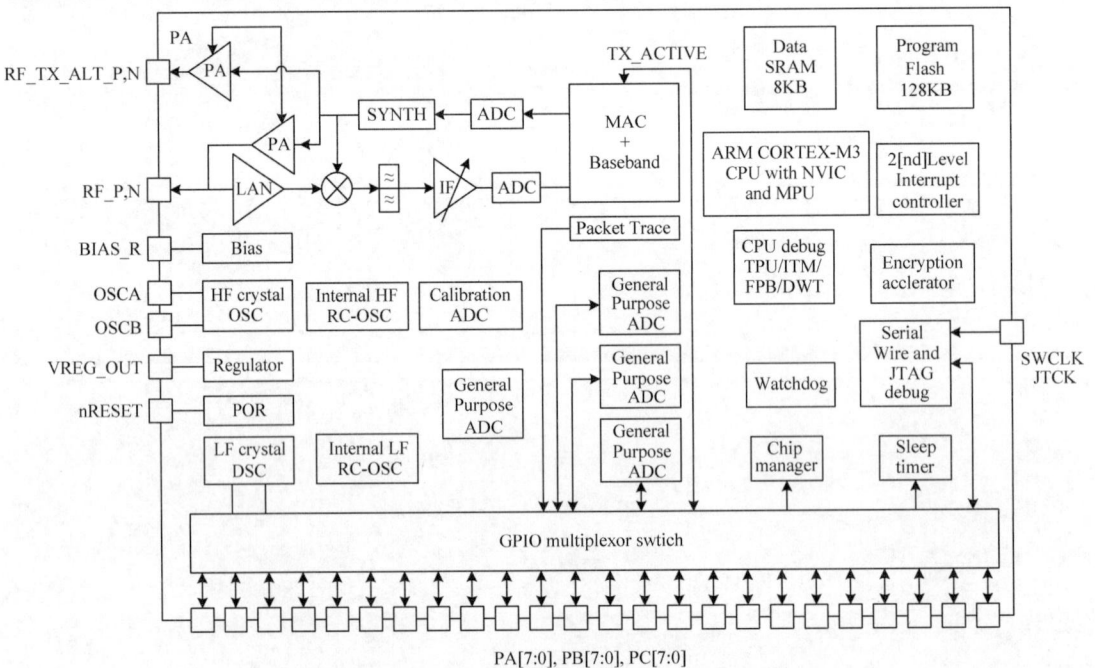

图 7-1　STM32W108 内部结构框图

STM32W108 与目前市场上其他的 2.4GHz SoC 芯片相比，最大的优势主要表现在：①在保证低功耗的基础上，采用了 ARM Cortex – M3 作为 MCU 内核，有别于其他 8 位、16 位处理器，大大提高了芯片的处理能力，并且有众多的 ARM 开发工具和群体支持；②芯片内部带有功率放大器(PA)，发射功率可达 +7dBm，无需外部增加功放即可达到较大的通信距离；③芯片的不同版本分别固化了 802.15.4MAC、ZigBee、RF4CE 等协议栈，使用者无须开发网络协议，即可以进行符合相关协议标准的无线网络产品开发与应用。

STM32W108 的系统模块包括电源、电源管理、复位、时钟、系统定时器、加密引擎、调试口等，其内部结构如图 7-1 所示[111]。

7.1 臭氧传感器无线节点

选择 MQ131 臭氧检测传感器模块在北京六和万通微电子技术股份有限公司开发的 Zig-Bee 教学实验箱平台上进行拓展开发，图 7-2 为 MQ131 臭氧检测传感器模块的功能简介图和引脚说明。

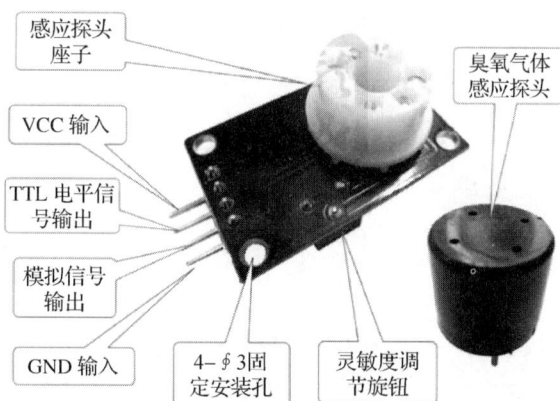

图 7-2 MQ131 功能简介图

(1) MQ131 臭氧检测传感器模块的简单介绍

①尺寸：32mm×22mm×30mm（长×宽×高）；

②主要芯片：LM393，MQ131 气体感应探头；

③工作电压：DC 5V；

④特点：

- 具有信号输出指示灯指示。
- 双路信号输出(模拟量输出及 TTL 电平输出)。
- TTL 输出有效信号为低电平；（输出低电平时信号灯亮，可接单片机 IO 口）。
- 模拟量输出随浓度增加而增加，浓度越高电压越高。
- 对臭氧气体具有很高的灵敏度，（探测浓度范围 10ppb～2ppm）。
- 具有长期的使用寿命和可靠的稳定性。
- 快速的响应恢复特性。

⑤ 应用：多用于家庭和大气环境中的臭氧气体探测装置。

（2）开发过程

通过软硬件调试，在开发平台上利用模数转换器（ADC），将传感器模块的模拟量输出作为主芯片的模拟电压输入信号转换为一个数字信号，然后根据传感器基本测试电路和MQ131 的灵敏度特性曲线得到电压值和臭氧浓度的关系式，最后通过软件实现浓度值在PC 串口工具上的显示。

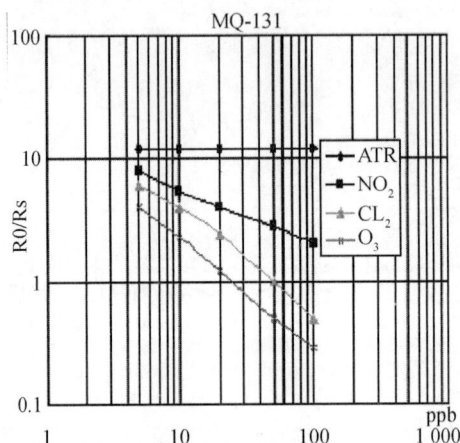

图 7-3　MQ131 的灵敏度特性曲线

（3）模数转换器 ADC

STM32W108 的模数转换器（ADC）是一个一阶 $\sum - \triangle$ 转换器，具有以下特点：

- 分辨率可达 12 位。
- 采样转换时间最快 5.33μs（188kHz）。
- 6 个外部输入通道和 4 个内部通道，可进行差分和单端转换。
- 两个电压范围（差分）：- VREF 到 + VREF，及 - VDD_ PADS 到 + VDD_ PADS。
- 可选择内部和外部的基准 VREF：内部的 VREF 可输出。
- 数字偏移和增益校正。
- 专用 DMA 通道，单次或连续传输模式。

虽然 ADC 模块支持单端和差分输入，但 ADC 的输入级始终工作在差分模式。单端转换是把一个差分输入连接到 VREF/2 来实现的，而差分转换则使用两个外部输入。

在高电压模式下，输入缓冲器（有 0.25 的增益）可能会出现长期漂移，从而影响 ADC的精度，在这种情况下，只能使用输入范围为 1.2V 的 ADC 模式。如果需要测量大于1.2V 的信号，那么应该使用外部衰减。

ADC 功能描述

①配置。下面为 ADC 的使用步骤：

- 配置 ADC 用到的所有 GPIO 引脚为模拟输入。
- 配置参考电压（内部或外部）。
- 设置偏移和增益值。
- 复位 ADC 的 DMA，确定 DMA 的缓冲区，并以合适的传输模式启动 DMA。

- 如果需要使用中断，配置 ADC 中断和特定的屏蔽位。
- 写 ADC 配置寄存确定输入端、电压范围、采样率，并启动转换。

②GPIO 使用。作为 ADC 的输入端或参考电压的 GPIO 引脚必须配置为模拟模式，这点可通过向相应的 GPIO_ PnCFGH/L 寄存器的 4 位字段写入 0 来实现。注意，在模拟模式下的 GPIO 引脚不能使用任何数字功能，如果软件读取该引脚状态，总是读到 1。ADC GPIO 引脚使用见表 7-1。

表 7-1   ADC GPIO 引脚使用

模拟信号	GPIO	配置控制
ADC0 输入	PB5	GPIO_ PBCFGH[7：4]
ADC1 输入	PB6	GPIO_ PBCFGH[11：8]
ADC2 输入	PB7	GPIO_ PBCFGH[15：12]
ADC3 输入	PC1	GPIO_ PCCFGH[7：4]
ADC4 输入	PA4	GPIO_ PACFGH[3：0]
ADC5 输入	PA5	GPIO_ PACFGH[7：4]
VREF 输入或者输出	PB0	GPIO_ PBCFGH[7：4]

③参考电压。ADC 的参考电压(VREF)可以内部产生或通过 PB0 接入外部电压源。如果是内部产生，可以选择从 PB0 输出。

如果使用外部电压作为参考电压，从复位或深睡眠唤醒后，必须调用 ST 系统功能，PB0 必须通过 GPIO_ PBCFGH[3：0]配置为模拟模式。

④偏移/增益校正。当一次转换完成，16 位转换数据要经过偏移/增益逻辑进行校正：

- 基本的 ADC 转换结果加上 ADC 偏移寄存器(ADC_ OFFSET)中 16 位有符号(2 的补码)的值。
- 偏移量校正后的数据再乘以 ADC 增益寄存器(ADC_ GAIN)的值产生一个 16 位有符号的结果。如果这个结果大于 0x7FFF(32767)或小于 0x8000(-32768)，它将被限制为这 2 个极限值(饱和运算)，并置位寄存器 INT_ ADCFLAG 的 INT_ ADCSAT 位。

ADC_ GAIN 是一个无符号 16 位值：ADC_ GAIN[15]是增益的整数部分，ADC_ GAIN[14：0]是小数部分。所以 ADC_ GAIN 的值可以表示从 0 到(2~2^{-15})的范围。

复位初始化偏移量为零(ADC_ OFFSET =0)，增益因子为 1(ADC_ GAIN =0x8000)。

⑤ADC 的 DMA 功能。ADC 的 DMA 通道，会把经过偏移/增益校正后的转换数据写入 RAM 的 DMA 缓存区。

ADC 的 DMA 缓冲区由以下两个寄存器定义：

- ADC_ DMABEG 是缓冲区的起始地址，并且必须是偶数。
- ADC_ DMASIZE 指定 16 位(双字节)采样值的缓冲区大小，或者是字节数的一半。

进行 DMA 通道操作前，要先通过写及存取 ADC_ DMACFG 中的 ADC_ DMARST 位来复位它，然后通过置位寄存器 ADC_ DMACFG 中的 ADC_ DMALOAD 位，使 DMA 开始工作在线性模式或自动回卷模式。寄存器 ADC_ DMACFG 中的 ADC_ DMAAUTOWRAP 位用来选择 DMA 的模式：0 表示线性模式，1 表示自动回卷模式。

● 在线性模式下，DMA 将数据写入缓冲区直到由 ADC_ DMASIZE 确定的采样数完成。然后 DMA 停止，并置位寄存器 INT_ ADCFLAG 中的 INT_ ADCULDFULL 位。如果在 DMA 复位或 ADC 被禁止前完成了一次 ADC 转换，则寄存器 INT_ ADCFLAG 中的 INT_ ADCFOVF 位（溢出）被置位。

● 在自动回卷模式下，DMA 将数据写入缓冲区直到写满为止，然后复位指针到缓冲区的起始地址继续写入采样数据，直到 ADC 被禁止或 DMA 被复位，DMA 传输才停止。

当 DMA 要填充缓冲区的下半部分和上半部分时，将分别置位寄存器 INT_ ADCFLAG 中的 INT_ ADCULDHALF 位和 INT_ ADCULDFULL 位。通过读寄存器 ADC_ DMACUR 可以确定 DMA 正在写的当前位置。

⑥ADC 的配置寄存器。ADC 的配置寄存器（ADC_ CFG）设置大部分的 ADC 操作参数。

a. 输入：ADC 的模拟输入有多个来源，由寄存器 ADC_ CFG 中的 ADC_ MUXP 和 ADC_ MUXN 位来配置。具体输入选择和配置请参考芯片 STM32W108 的 Data Sheet。

b. 模拟输入范围：ADC 输入可以通过缓冲器来增大输入电压范围，输入缓冲器的增益是固定的（0.25），缓冲器的输出就是 0.25Vin。

输入缓冲器禁止时，单端输入范围是 0 到 VERF，差分输入的范围是 –VREF 到 + VREF；输入缓冲器使能时，单端输入范围是 0 到 VDD_ PADS，差分输入范围是 –VDD_ PADS 到 + VDD_ PADS。

分别置位寄存器 ADC_ CFG 中的 ADC_ HVSELP 位和 ADC_ HVSELN 位，可以使能 ADC 的 P 和 N 输入缓冲器，但是使用输入缓冲器会降低 ADC 的精度。

c. 采样时间（转换时间）：ADC 的采样时间是通过选择采样时钟频率和每个采样信号的始终数量来设定的。

● 采样时间可以是 1MHz 或 6MHz。如果寄存器 ADC_ CFG 中的 ADC_ 1MHZCLK 位清零，则使用 6MHz 时钟；如果 ADC_ 1MHZCLK 位置位，则使用 1MHz 时钟。6MHz 的采样时钟提供更快的转换时间，但是采用 6MHz 的时钟 ADC 的有效分辨率会低于采用 1MHz 时钟时的情况。

● 每个采样的时钟是由寄存 ADC_ CFG 中的 ADC_ PERIOD 位决定的。ADC_ PERIOD 的值可在 32 ~ 4096 中选择。更长的采样时间可以产生更多的有效位数。不管采样时间是多少，转换结果总是一个 16 位左对齐的值。

注：ADC 采样定时在使用 24MHz 晶振和 12MHz 高速 RC 振荡器时是一样的，这便于 CPU 从深睡眠中唤醒后，不用切换晶振就可以使用 ADC。

⑦ADC 的使用方法。置位寄存器 ADC_ CFG 中的 ADC_ EN 位可以使能 ADC，一旦使能，ADC 会持续转换直到被禁用。如果 ADC 原来处于禁用状态，那么在 ADC 在开始转换前会产生一个 21μs 的模拟启动延迟，这个延迟时间由硬件产生并会叠加到第一次 AD 转换时间中。

当 ADC 第一次使能，或使能后寄存器 ADC_ CFG 被更改，则 ADC 结果输出的时间将是正常采样时间的两倍，这是因为 ADC 的内部设计会丢弃启动或配置更改后的第一个转换结果。这是硬件自动完成的，除了结果时间延长，软件发现不了。处理器时钟在 RC 振荡器和晶振之间的切换也会引起 ADC 进入这个启动周期。如果 ADC 是刚使能，则模拟延迟时间（21μs）会被追加到双倍采样时间中。

如果修改 ADC_ CFG 时，DMA 正在执行，则 DMA 不会停止，所以 DMA 缓冲区中可能既会有旧配置下产生的转换结果，又会有新配置下产生的转换结果。

下面的过程说明了一个简单使用 ADC 的方法。完成这个过程后，最新转换结果被写入 DMA 的当前位置。假设 GPIO 引脚和参考电压已经配置完成。

- 申请一个有符号的 16bit 的变量（例如 analogData），用来存放 ADC 的输出。
- 向 INT_ ADCCFG 写入 0，禁止 ADC 中断。
- 初始化 DMA，将 ADC 转换结果输出给变量 analogData。

复位 DMA：置位 ADC_ DMACFG 中的 ADC_ DMARST 位。

定义一个采样缓冲单元：将变量 analogData 的地址写入 ADC_ DMABEG，并设置 ADC_ DMASIZE 为 1。

- 写所需的偏移和增益校正值到寄存器 ADC_ OFFSET 和 ADC_ GAIN。
- 启动 ADC 和 DMA。

写所需的转换配置，同时置位 ADC_ CFG 中的 ADC_ EN 位。

清除 ADC 的缓冲区满标志：将 INT_ ADCULDFULL 写入 INT_ ADCFLAG。

在自动回卷模式下启动 DMA：置位 ADC_ DMACFG 中的 ADC_ DMAAUTOWRAP 位和 ADC_ DMALOAD 位。

- 当寄存器 INT_ ADCFLAG 中的 INT_ ADCULDFULL 被置位后，即可从 analogData 中读取结果。

如果要用这种方法转换多个输入，就重复步骤 4 步到 6 步，在第 5 步写所需的输入配置到 ADC_ CFG。若输入可以使用相同的偏移/增益校正，则只需重复步骤 5 和 6。

⑧校准。在一些对绝对精度要求比较高的应用场合中，内部连接 GND、VREF/2 和 VREF 的采样允许 ADC 进行偏移和增益校准。偏移误差由最小输入（0 点）计算得出，增益误差由整个输入范围（满量程点）计算得出。推荐用 VREF 进行修正，因为 VREF 是由 ST 公司的软件部分以 VDD_ PADSA 基准校正的，而 VDD_ PADSA 则由工厂微调到 1.80V ± 20mV。如果对绝对精度有更严格的要求，ADC 可以配置使用外部参考。该 ADC 校准是单端测量，差分信号的两个输入端都需要修正。用于计算增益和偏移校正值得公式详见芯片 STM32W108 的数据手册。

ADC 中断

ADC 有自己的 ARM Cortex - M3 优先级可编程向量中断。ADC 中断通过写寄存器 INT_ CFGSET 中的 INT_ ADC 位来使能，通过写寄存器 INT_ CFGCLR 中 INT_ ADC 位来清除。

有 4 种 ADC 事件可产生 ADC 中断，每种事件都在寄存器 INT_ ADCFLAG 中有一位作为标志，由此可判断中断的原因：

- INT_ ADCOVF：ADC 转换结果已经准备好，但 DMA 被禁用（DMA 缓冲区溢出）。
- INT_ ADCSAT：增益校正乘法超过了一个有符号 16 位数的范围（增益饱和）。
- INT_ ADCULDFULL：DMA 写到了缓冲区的最后位置（DMA 缓冲区满）。
- INT_ ADCULDHALF：DMA 写到了缓冲区前半部分的最后位置（DMA 缓冲区半满）。

寄存器 INT_ ADCFLAG 中的位可以通过写 1 被清除。寄存器 INT_ ADCCFG 控制寄存器 INT_ ADCFLAG 中的位是否可以申请 ADC 中断，只有在 INT_ ADCCFG 中为 1 的位对应的时间才会产生中断。

对于非中断的 ADC 操作，可以设置寄存器 INT_ ADCCFG 为 0，并读取 INT_ ADC-FLAG 中的位来判断 ADC 的状态。

模数转换(ADC)寄存器

①ADC 配置寄存器(ADC_ CFG)；

②ADC 偏移寄存器(ADC_ OFFSET)；

③ADC 增益寄存器(ADC_ GAIN)；

④ADC DMA 配置寄存器(ADC_ DMACFG)；

⑤ADC DMA 状态寄存器(ADC_ DMASTAT)；

⑥ADC DMA 起始地址寄存器(ADC_ DMABEG)；

⑦ADC DMA 缓冲区长度寄存器(ADC_ DMASIZE)；

⑧ADC DMA 当前地址寄存器(ADC_ DMACUR)；

⑨ADC DMA 计数寄存器(ADC_ DMACNT)；

⑩ADC 中断标志寄存器(INT_ ADCFLAG)；

⑪ADC 中断配置寄存器(INT_ ADCCFG)；

具体模数转换寄存器介绍见芯片 STM32W108 的数据手册。

(4)硬件调试

学习了 STM32W108 的模数转换器 ADC 的相关知识后，确定 ADC GPIO 引脚，在教学试验箱开发板上选择适当的扩展接口进行硬件调试，如图 7-4 所示。

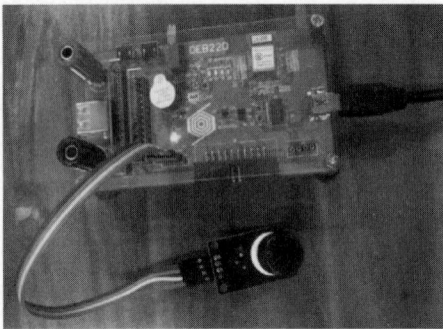

图 7-4　臭氧传感器无线节点硬件调试图

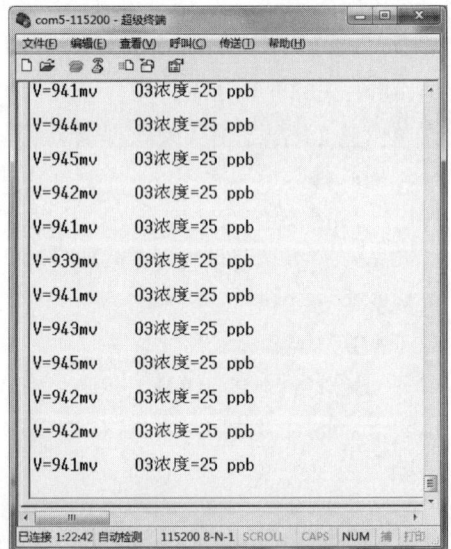

图 7-5　臭氧浓度数据串口显示

(5)软件实现

配置相关的 GPIO 引脚和相应寄存器，完成 ADC 校正，读取模拟电压值，根据模拟电压值和臭氧浓度的关系式得出臭氧浓度数据，臭氧浓度数据的 PC 串口显示如图 7-5 所示。

7.2　二氧化碳传感器无线节点

选择 MH－Z14 NDIR 红外气体传感器模块在北京六和万通微电子技术股份有限公司开发的 ZigBee 教学实验箱平台上进行拓展开发，图 7-6 为 MH－Z14 二氧化碳检测传感器模块的图示。

图 7-6　MH－Z14 NDIR 红外气体传感器模块示意

(1)MH－Z14 NDIR 红外气体传感器模块简介

①概述：MH－Z14 NDIR 红外气体小模组是一个通用型、小型传感器，利用非色散红外(NDIR)原理对空气中存在的 CO_2 进行探测，具有很好的选择性，无氧气依赖性，寿命长。内置温度传感器，可进行温度补偿；同时具有数字输出与模拟电压输出，方便使用。MH－Z14 是将成熟的红外吸收气体检测技术与精密光路设计、精良电路设计紧密结合，制作出的通用型红外气体传感器。

可广泛应用于暖通制冷与室内空气质量监控，工业过程及安全防护监控，农业及畜牧业生产过程监控。

②主要功能及特点：

* 高灵敏度、高分辨率；
* 低功耗；
* 提供 UART、模拟电压信号、PWM 波形等多种输出方式；
* 响应时间快；
* 温度补偿，卓越的线性输出；
* 优异的稳定性；
* 使用寿命长；
* 抗水汽干扰；
* 不中毒。

③技术参数：

* 测量范围：0～5 000ppm/0～2 000ppm(量程可选择)；
* 分辨率：5ppm(0～2 000ppm)10ppm(2 000～5 000ppm)；
* 精确度：±50ppm；

- 重复性：±30ppm；
- 响应时间：小于 30s；
- 预热时间：3 min；
- 工作温度：0 ~ 60℃；
- 工作湿度：0% ~ 90% RH(无凝结)；
- 存储温度：- 20 ~ 60℃；
- 工作电压：4 ~ 6V；
- 工作电流：最大电流小于 100mA，平均电流小于 50mA；
- 寿命：大于 5 年。

④管脚定义。

表 7-2　MH – Z14 NDIR 红外气体传感器模块管脚定义

管　脚	功　能
Pad1、Pad15、Pad17	Vin(电压输入 4.5 ~ 6V)
Pad2、Pad3、Pad12、Pad16	GND
Pad4	DAC2
Pad5	DAC1
Pad6	PWM output
Pad7、Pad9	NC
Pad8	HD(校零，低电平有效)
Pad10、Pad13、Pad19	UART(TXD) 0 ~ 3.3V 数据输出
Pad11、Pad14、Pad18	UART(RXD) 0 ~ 3.3V 数据输入

⑤三种信号输出方式：模拟电压输出，PWM 波形输出，UART 输出。

a. 模拟电压输出

DAC1 输出电压范围(0 ~ 2.5V)，对应气体浓度(0 ~ 满量程)；

DAC2 输出电压范围(0.4 ~ 2V)，对应气体浓度(0 ~ 满量程)。

b. PWM 输出

二氧化碳浓度输出范围：0 ~ 2 000ppm；

OC 门允许最大电流：5mA maximum；

周期：1 004ms ± 5%；

周期起始段高电平输出：2ms(名义上)；

中部周期：1 000ms ± 5%；

周期结束段低电平输出：2ms(名义上)。

通过 PWM 获得当前二氧化碳浓度值的计算公式：

$$C_{ppm} = 2\ 000 \times (T_H - 2\text{ms})/(T_H + T_L - 4\text{ms}) \tag{7-1}$$

式中　C_{ppm}——通过计算得到的 CO_2 浓度值，单位为 ppm；

T_H——一个输出周期中输出为高电平的时间；

T_L——一个输出周期中输出为低电平的时间；

c. UART 通讯协议

数据获得程序和硬件用串口通讯。

UART 配置为：波特率 9 600，8 位数据，1 位停止位，无校验位。

每帧数据 9 个字节，以 0xff 开头，校验值结尾。

校验值 = [取反(DATA1 + DATA2 + … + DATA7)] + 1

- 读传感器浓度值与温度值：

主机在发送读传感器浓度值时发送命令格式见表 7-3。

表 7-3 主机读数据命令格式

0	1	2	3	4	5	6	7	8
起始位 0xFF	传感器编号 0x01	命令标志位 0x86	00	00	00	00	00	校验值

从机返回数据格式见表 7-4。

表 7-4 从机返回数据格式

0	1	2	3	4	5	6	7	8
起始位 0xFF	传感器编号 0x01	通道高位	通道低位	温度通道	00	00	00	校验值

气体浓度值 = 通道高位 × 256 + 通道低位，传感器编号为：0x01。

环境温度值 = 温度通道。

- 零点校准时发送：0xff，0x87，0x87，0x00，0x00，0x00，0x00，0x00，0xf2

第一个字节(0xff)为起始字节，第二个字节(0x87)为重复命令，第三个字节(0x87)为命令，后五个字节为任意值，最后一个字节(0xf2)为校验和。

没有返回信息。因为是二氧化碳传感器，零点校准需通氮气 5 min。

- SPAN 点校准时发送：0xff，0x88，0x88，0x00，0x00，0x00，0x00，0x00，0xf0

第一个字节(0xff)为起始字节，第二个字节(0x88)为重复命令，第三个字节(0x88)为命令，第四个字节为 span 高位值，第五个字节为 span 低位值，后三个字节为任意值，最后一个字节(0xf0)为校验和。没有返回信息。

(2)开发过程

通过软硬件调试，在开发平台上利用 STM32W 的 UART(通用异步收发器)与传感器模块进行 UART 通信，根据 MH – Z14 NDIR 红外气体传感器模块的 UART 通信协议，即可得到传感器模块的返回数据，然后根据公式即可转化为气体浓度值，最后通过软件实现浓度值在 PC 串口工具上的显示。

(3)STM32W 的 UART(通用异步收发器)

对 SC1_MODE 写 1 可以使能 SC1 UART，SC2 串行控制器没有 UART 功能。

UART 支持下列特征：

- 灵活的波特率(300 ~ 921.6b/s)；
- 数据位(7 或 8)；
- 校验位(无、奇或偶)；
- 停止位(1 或 2)；

● 假起始位或噪声过滤；

● 接收和发送 FIFO；

● 可选的 RTS/CTS 流控；

● 接收和发送 DMA 通道；

● URT 用两个信号来发送和接收串行数据：TXD(数据发送)、RXD(数据接收)；

● 如果使能 RTS/CTS 流控，会用到下列两个信号：

n RTS(请求发送)：请求对方允许 STM32W108 发送数据。

n CTS(清除发送)：如果无效将阻止 STM32W108 发送数据。

在表 7-5 中显示了那些 GPIO 引脚指定到这些信号：

表 7-5 **UART GPIO 使用**

	TXD	RXD	n CTS	n RTS
方向	输出	输入	输入	输出
GPIO 配置	复用输出	输入	输入	复用输出
SCI 引脚	PB1	PB2	PB3	PB4

①配置：UART 字符的帧格式由 SC1_UARTCFG 寄存器中的三位决定：

SC1_UART2STP 选择在发送字符中停止位的数目(在接收字符时只需要一个停止位)。如果这个位被清除，发送字符有一个停止位；如果置位，发送字符有两个停止位。

SC1_UARTPAR 控制接收和发送字符中是否包含校验位。如果 SC1_UARTPAR 位被清除，字符中不包含校验位，否则，包含校验位。

SC1_UARTODD 特指发送和接收校验位使用奇校验还是偶校验。如果该位被清除，为偶校验，如果置位则为奇校验。偶校验位是所有数据位的异或值，而奇校验位则是偶校验值的反相。如果 SC1_UARTPAR = 0，则 SC1_UARTODD 位不起作用。

UART 字符帧按顺序包括：

● 起始位；

● 最低有效数据位；

● 其他的数据位；

● 如果奇偶校验位使能，校验位；

● 停止位，1～2 位。

图 7-7 显示了 UART 字符帧格式，并指出了可选择位，根据不同的情况选择字符帧格式，每个字符帧的长度可以从 9～12 位。

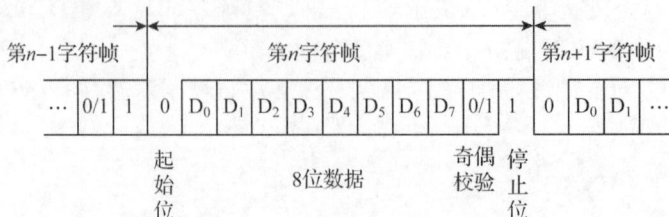

图 7-7 **UART 字符帧格式**

注意：异步串行数据可能在字符间有任意长度的空闲段。当空闲时，串行数据（TXD或 RXD）保持为高电平，在每一个字符帧开头的起始位，串行数据线跳变为低。

② UART FIFO：通过 UART 发送和接收的字符先被缓冲到深度为 4 个字符的发送和接收 FIFO。当软件对 SC1_DATA 寄存器写一个字符时，字符被写入发送 FIFO。类似的，当软件从 SC1_DATA 寄存器中读数据时，返回的字符是从接收 FIFO 中得到的。如果使用 DMA 通道发送和接收，则 DMA 通道也是对发送和接收 FIFO 进行读写。

③RTS/CTS 流控：RTS/CTS 流控也称作硬件流控，要使用额外的两个信号（n RTS 和 n CTS）接收和发送数据。数据流控在数据接收端可以防止接收缓冲区溢出，它可以给外部设备发送一个信号，以允许或不允许对方继续发送数据。

UART 中 RTS/CTS 流控的数据流控制是由 SC1_UARTCFG 寄存器中的 SC1_UART-FLOW 和 SC1_UARTAUTO 位决定。只要置位 SC1_UARTFLOW 位，UART 在 n CTS 为低电平（有效）前就不会开始发送一个字符。如果正在发送字符时 n CTS 变为高电平（无效），UART 会把当前字符继续发送完。

如果置位 SC1_UARTAUTO 位（自动流控），n RTS 由硬件自动控制：当接收 FIFO 还有至少两个字符的空间时，n RTS 为低电平状态（有效），否则 n RTS 为高电平（无效）。如果 SC1_UARTAUTO 位被清除，则可以通过设置或清除 SC1_UARTCFG 寄存器中的 SC1_UARTCFG 位，由软件控制 n RTS 输出。

④UART DMA：DMA 通道部分会描述怎样配置和使用串行接收和发送 DMA 通道的。接收 DMA 通道有特别的方式去记录 UART 的接收错误，当 DMA 通道从接收 FIFO 传送一个字符到一个缓冲区时，将核对记录的奇偶校验和帧错误状态标志。当有一个错误标记时，更新 SC1_RXERRA/B 寄存器，标记接收到的第一个带有奇偶校验错或帧错的字符的偏移量。类似的，如果发生接收溢出错误，SC1_RXERRA/B 寄存器也将标记错误偏移量。接收 FIFO 硬件产生 INT_SCRXOVF 中断，DMA 状态寄存器立即指出错误，但在这种情况下，错误偏移是输入到接收 FIFO 实际溢出的前 4 个字符。在这种情况下可以清除这个错误标志：在 SC1_DMACTRL 寄存器中设置适当的 SC_RXDMARST 位；或重新加载相应的 DMA 缓冲。

⑤UART 中断：下列事件会产生 UART 中断。

● 发送 FIFO 为空并且最后一个字符移出（取决于 SC x_INTMODE, SC1_UARTTXIDLE 由 0 变 1、或为高）；

● 发送 FIFO 从满变为不满（取决于 SC x_INTMODE, SC1_UARTTXFREE 由 0 变 1、或为高）；

● 接收 FIFO 从空变为非空（取决于 SC x_INTMODE, SC1_UARTRXVAL 由 0 变 1、或为高）；

● 发送 DMA 缓冲 A/B 完成（SC_TXACTA/B 从 1 转变为 0）；

● 接收 DMA 缓冲 A/B 完成（SC_RXACTA/B 从 1 转变为 0）；

● 接收到的字符有奇偶校验错；

● 接收到的字符有帧错；

● 当接收 FIFO 已满时，仍然接收而丢失（接收溢出错误）。

为了能够产生 CPU 中断，需在二级中断 INT_SC x CFG 寄存器中设置相应中断位，并通过写 INT_CFGSET 寄存器中的 INT_SC x 位，在 NVIC 中使能 SC x 中断。

（4）硬件调试

学习了 STM32W 的 UART（通用异步收发器）的相关知识后，确定 GPIO 引脚，在教学试验箱开发板上选择适当的扩展接口进行硬件调试，如图 7-8 所示。

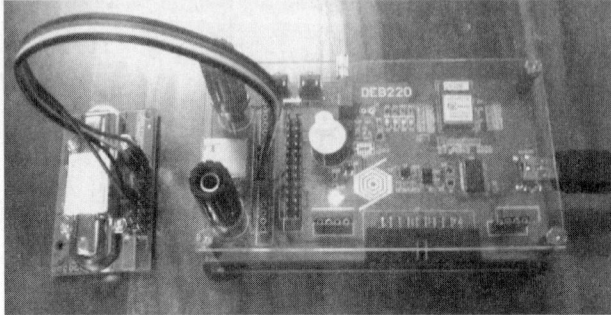

图 7-8　二氧化碳传感器无线节点硬件调试图

（5）软件实现

配置相关的 GPIO 引脚和相应寄存器，根据 MH – Z14 NDIR 红外气体传感器模块的 UART 通信协议，即可得到传感器模块的返回数据，然后根据公式即可转化为气体浓度值，二氧化碳浓度数据的 PC 串口显示如图 7-9 所示。

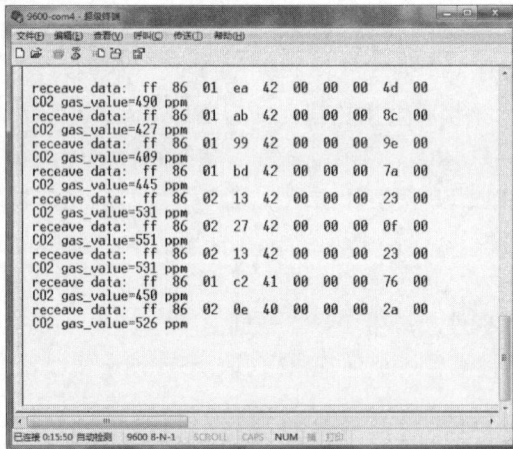

图 7-9　二氧化碳浓度数据串口显示

7.3　无线控制器节点

无线控制器节点作为智能温室远程监控系统的重要组成部分，负责对远程监控平台的控制决策作出反应，开启或者关闭外部设备（如风机、电磁阀、遮阳网等），本节以电磁阀为例，介绍无线控制器节点的开发过程。

无线控制器节点包括无线微处理器模块、电源模块、控制输出模块和电磁阀（等外部设备)四部分。如图 7-10 所示,图(a)为无线控制器节点硬件电路板的正面图示,图(b)为背面图示。电磁阀等为外部设备,所以图示中未给出。

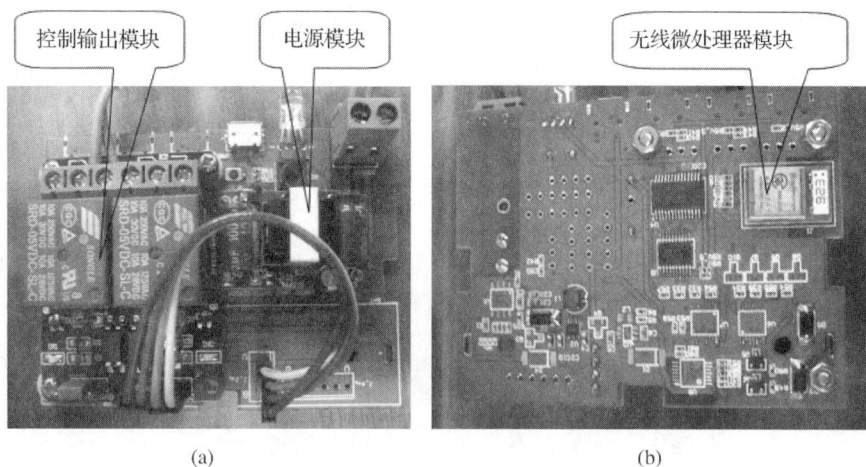

图 7-10　无线控制节点硬件电路板图示

(1)无线微处理器模块

采用无线射频芯片 STM32W108 作为 ZigBee 无线微处理器模块的核心芯片,详细内容前面已介绍,本节不再赘述。

(2)电源模块

无线控制器节点较传感器节点功耗略大,所以可采用两种方式供电,一种是 220V 电源供电,另一种是太阳能电池供电。一般来说,220V 电源供电适用于市电供应比较方便的地区,并且无线控制器节点的数量不是很多的情况下,而太阳能电池在太阳能资源比较丰富而市电供应不方便的地区比较适用。实际选择时,应综合考虑当地的环境条件及系统的成本后进行选择。本系统选用 220V 电源供电的方式,所以本节只介绍市电供应方式下的电源模块。

电源模块主要作用是为无线控制器节点进行供电,电源的输入电压为 220V 交流。输出的电压值有:5V,供给继电器控制输出模块使用;3.3V 供给 ZigBee 无线微处理器模块使用。

(3)控制输出模块

控制输出模块主要功能是:以 ZigBee 无线微处理器模块的输出信号作为输入信号,通过继电器来产生一个开关量来控制外围的设备,主要起到电路转换、安全保护和控制设备开关的作用,其上有电源指示灯和信号指示灯。

(4)电磁阀

电磁阀采用市场上普遍使用的电磁阀设备,其参数特性主要表现为:

● 密封材质:NBR 丁腈橡胶;

● 使用流体:水、气、油;

● 控制形式:通电开启,断电闭合;

● 耐压:0 ~ 0.8MPa , 0 ~ 8kg;

- 流体温度：–10～100℃；
- 常闭型：通电打开，不通电的时候一直关闭；
- 功率：AC 220V：18W，DC 24V、12V：18W。

实物如图7-11所示。

接线与安装方式：

①接线方式：把电磁阀的接线盒拆开，将两根线接进左右二个螺丝孔。依照图7-12所示的接线方式为电磁阀和无线控制器供电并连接。当无线控制器节点上的控制输出模块输出信号为1，电路闭合时，即为电磁阀进行了通电，此时电磁阀为开启状态；当无线控制器节点上的控制输出模块输出信号为0，电路开启时，即电磁阀的电源断电了，此时电磁阀为闭合状态。以此方法即可实现对温室内喷灌设备的无线远程控制。

②安装方式：阀体上面标出了水流方向，反过来安装将会不能使用，安装时一定要保证水流方向和阀体上的标志箭头方向一致，否则电磁阀设备将不能使用。

（5）无线控制器节点软件功能描述

无线控制器节点的软件部分主要包括 ZigBee 网络功能和控制功能。网络功能主要包括连接和断开网络、自组网功能、数据收发功能等，控制功能主要包括 ZigBee 数据帧与控制输出模块的信号交换，以及开关信号的解析等。

图 7-11 电磁阀实物图

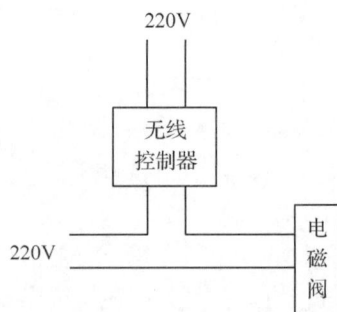

图 7-12 无线控制器与电磁阀接线示意

思考题

1. 请思考本章中介绍的两种无线传感器节点可以应用于哪些场景？
2. 若外部设备连接风机，无线控制器节点该如何接入电路中？风机的供电电路应如何改装？

第 **8** 章

温室大棚精细化管理示范案例

8.1 系统总体概况

本文中所设计的智能温室监控系统在一个 2 400m² 的连栋温室下测试使用，温室内种植草莓和铁皮石斛两种作物，采用立体种植架种植，如图 8-1 所示。考虑到铁皮石斛是喜阴植物，种植在温室立体种植架的最底层，可以避免阳光暴晒，其产量和质量受光照强度和温湿度影响很大。而草莓作为喜光植物，却又比较耐阴，被种植在立体种植架的上面四层。除此之外，温室内还养殖了少许的蜜蜂，对温湿度要求也较高。所以，如何调整温室内合理的光照和温湿度等环境指标来保证两种作物都能健康生长，是温室待解决的首要问题。

图 8-1　建德红群农业科技有限公司温室内场景

根据建德红群农业公司的需求，针对其面积约 2 400m² 的温室大棚环境监控要求，搭建无线传感网络对环境参数实行检测及自动控制，以实现草莓温室大棚智能化生产。

第一阶段首先完成大棚内视频及环境参数监测，架设了视频监控系统与无线传感网络，实现了 8 个节点的环境参数采集与特殊位置的视频监控。主要安装设备包括：

①高清视频监控设备。

②WSN 智能控制箱。

③WSN 中继和智能网关设备。

④无线传感器节点。

第二阶段目标为实现温室的自动控制，主要指温室大棚内现场执行设备的自动控制，控制对象包括内外风机、微喷、滴灌等，控制系统根据无线传感网络采集到的环境参数进行自动控制。主要搭建设备包括：

①专用电气控制柜。

②控制设备，包括无线继电器、有线备用开关等。

第三阶段旨在与建德红群农业有限公司及建德市气象局合作，整合温室物联网设备以及棚内外小型气象站，搭建属于气象局专用的气象服务系统。主要搭建设备包括：

①棚内小型气象站，包含空气温湿度、不同深度的土壤温湿度、二氧化碳、光照等。

②棚外气象站，包含空气温湿度、风速风向、小时降雨量等。

③气象专用服务系统。

8.2 系统布局设计

该实施方案设计原则是：

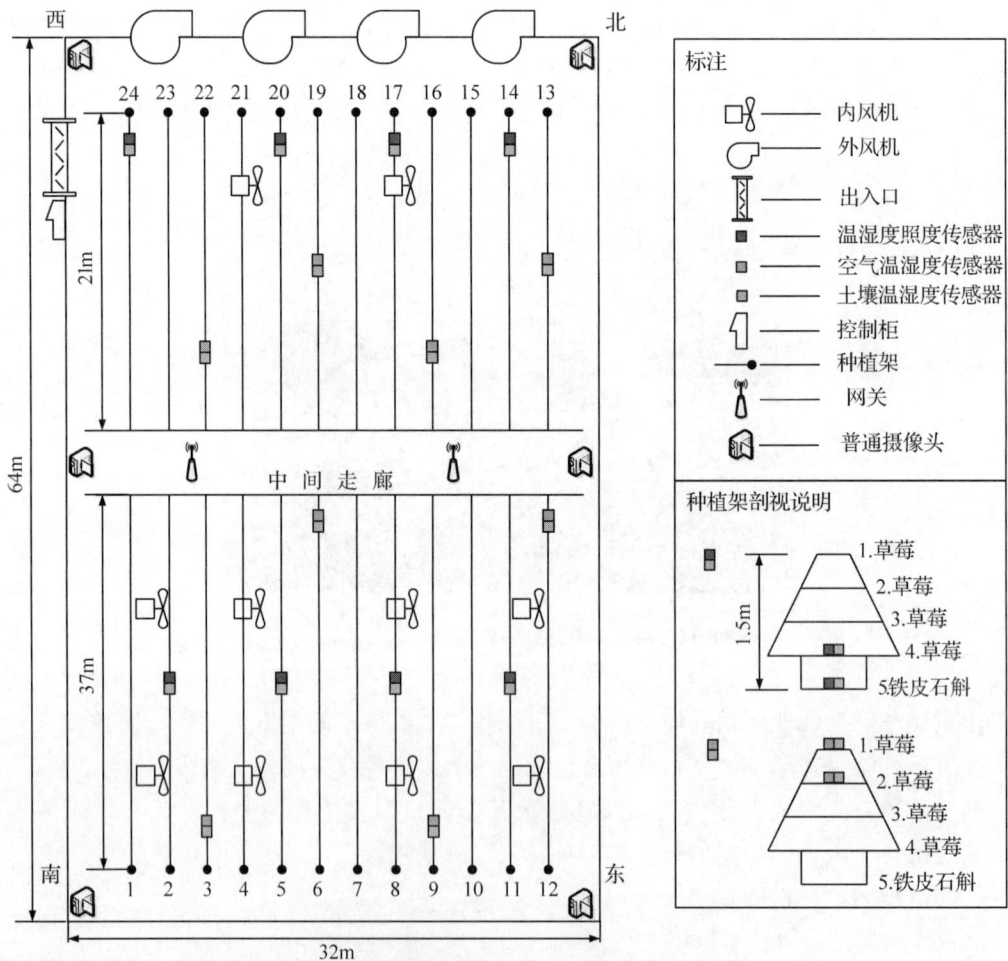

图 8-2 建德草莓大棚无线传感监控网络布局

①传感器点要覆盖整个温室大棚，考虑到种植架最下面两层光照强度不足，需要重点检测最下面两层的照度。

②要参照内外风机以及门的位置，确定传感器位置，尽可能覆盖所有特殊点，使整个系统稳定可靠。

③摄像头要能覆盖整个大棚。

④相关控制器为了便于管理与安装，可以统一设置，放置在温室门口处。

建德草莓大棚无线传感网络布局图如图 8-2 所示。

8.3 系统架构设计

无线传感监控系统遵循先进性、实用性、灵活性、经济性的设计原则。现阶段已完成的视频与环境参数采集系统，利用无线传感器网络技术，通过布置传感器节点，以无线的方式自组网，实时采集温室内温度、湿度、光照强度，以及土壤温度湿度。后续工作将根据客户需求增加空气中二氧化碳浓度、空气中臭氧浓度等环境参数和植物生长信息，并以图表方式显示给用户。

系统根据环境数据与作物信息，指导用户进行正确的栽培管理，并能根据用户的设定参数和监测参数对相关设备进行智能化控制。为实现温室综合生态信息参数的自动监测、温室环境的自动控制和智能化管理提供科学依据和装备。系统架构如图 8-3 所示。

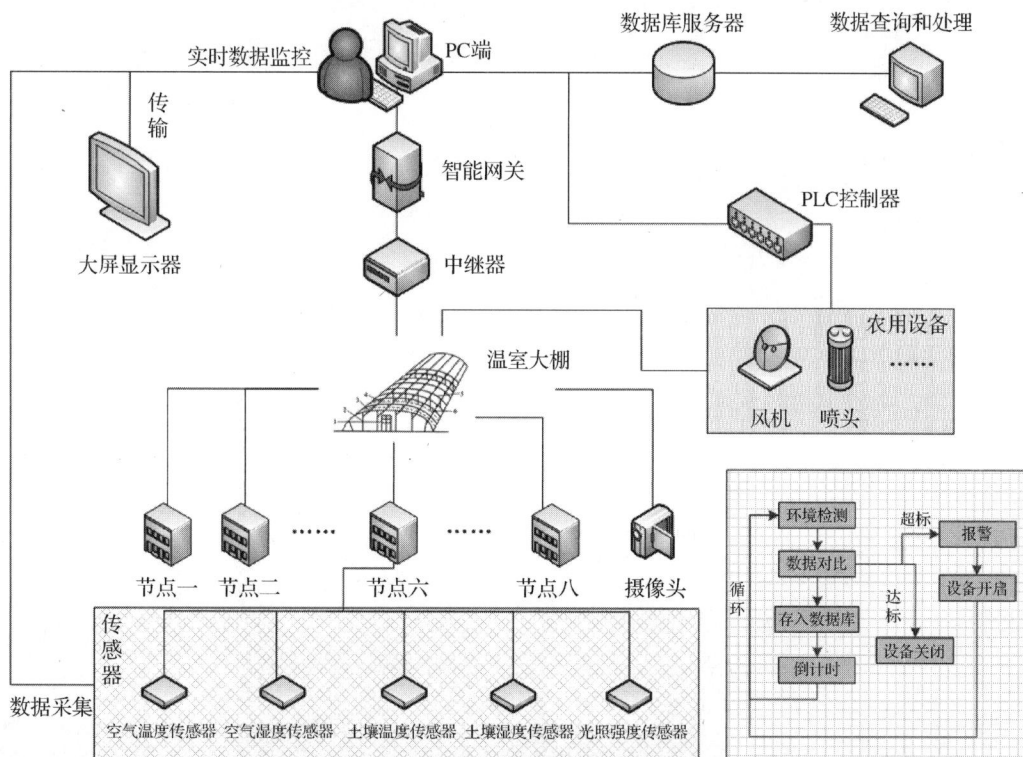

图 8-3 系统架构示意

8.4　系统硬件介绍

8.4.1　设备清单

根据设计的方案，该系统要用到的设备清单见表 8-1。

表 8-1　设备清单

序号	名称	数量	备　　注
1	控制箱	1	①漏电保护及开关 ②WLAN 路由器及电源 ③PLC 接入点
2	监控设备(摄像头)	6	①摄像头/安装支架 ②PLC 传输设备(IPC100)
3	工控机	1	
4	液晶显示屏	1	50 寸
5	WSN 传感器 SEB511	4	空气温湿度二合一无线传感器
6	WSN 传感器 SEB531	4	空气温湿度照度三合一无线传感器
7	WSN 扩展传感器 SEB591	8	温度传感器芯片 DS18B20
8	WSN 网关	1	防雨外壳
9	WSN 中继	4	防雨外壳

8.4.2　设备性能

8.4.2.1　无线传感器节点

用于温室大棚内/外空气温湿度、土壤温湿度、光照强度等数据采集，五个传感器集成为一体，可实现数据的采集及传输。设备具有外形小巧、易安装、易扩展、能耗低等特点，采用 ZigBee 无线传输模式进行数据通信，采用可充电式锂电池进行供电，可移动性强(图 8-4)。

图 8-4　空气温湿度、照度
　　　　传感器 SEB531

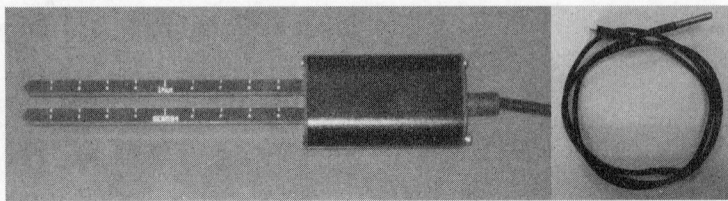

图 8-5　扩展用土壤水分传感器(左)和土壤温度传感器(右)

其特点是：

①采用气象专用轻型百叶箱和防结露 PE 防护套，测试结果准确。

②照度测量范围 1 ~ 65 535lx，准确度 15% 。

③温度范围 −40℃ 至 +120℃，精度 ±0.5℃；湿度范围 0 ~ 100RH，精度 ±4.5% RH。

④采用业界通用的 100MHz 高频信号实时测量土壤水分，简便安全、快速准确；内置高性能 12bitADC 低功耗 32bit 微处理器，测量精度约为 ±3% 。

⑤低功耗、高性能 Zigbee 无线数据传输，设置位置可自由移动。

⑥采集的传感信息数据可无线远传，也可保存（最大 96kb）。

⑦内部锂电池备份可单独连续工作 6 个月，内设太阳能电池对锂电池充电电路，具有电量状态无线监控及无线报警功能。

8.4.2.2　高性能无线传感 WSN 中继设备

WSN 中继是传感节点和网关之间的桥梁，可以延长无线通信距离，具有 ZigBee 无线传输网组网、数据转发等功能，是大型无线传感网络中不可缺少的设备（图 8-6）。

• ZigBee 无线网络中继设备，延长 ZigBee 无线通信距离；

• 支持识别传感器节点，自组网、移动组网；

• 防雨型温室专用。

图 8-6　智能中继

8.4.2.3　WSN 数据收集及远传 GPRS/WiFi 网关

所有的无线节点通过无线连接到网关。网关将相关信息进行融合汇总，在温室内的环境参数等信息将通过 WiFi 直接传给控制中心服务器。具有 ZigBee 网络组网、数据聚合、数据融合、数据转发等功能（图 8-8）。

• 支持 ZigBee 、WiFi 、GSM/GPRS 无线传输功能；

• 具有 ZigBee 网络、WiFi 网络、GSM 网络数据转换功能；

• 支持 WEB 访问功能；

• 设备支持软件升级功能；

• 支持（9V/2A 供电接口功能）；

• 带有 WiFi 天线、ZigBee 天线、GSM 天线接口；

• 支持 LED 指示功能；

• 传感器数据保存功能；

• 传感器数据聚合功能；

• 具有视频 WDS 模式传输功能。

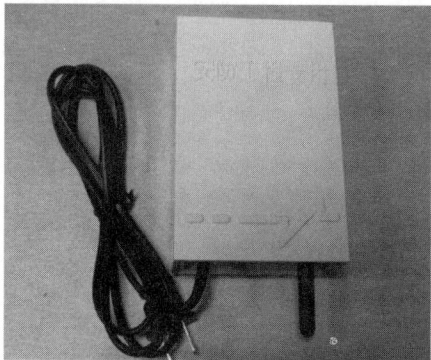

图 8-7　防雨型 WSN 智能网关

8.4.2.4 WSN 无线控制器

无线控制器主要用于农业相关设备的无线控制，可扩展 4 路以上继电器，实现多路同时控制。控制器集中在小型控制箱中，并且通过无线方式实现控制，避免了现场大量的布线。

所有的 WSN 无线控制器节点通过 ZigBee 协议无线连接到网关。控制节点通过接收上层的控制命令，从而对温室内的设备(风机、喷灌、天窗、卷帘等)进行控制(图 8-8)。

- 带有 ZigBee 无线传输模块，支持无线组网；
- ZigBee 模块工作电压为 3.3V；
- 设备带有软件升级和软件复位功能；
- 设备带有扩展 4 路控制单元模块；
- 带有 220V 转 5V 电源模块；
- 带有 2 路弱电控制、强电继电器模块；
- 继电器额定电流为 10A。

图 8-8 WSN 无线控制器节点

8.4.2.5 气象监测站

棚外气象监测站具有空气温湿度、4 组不同深度土壤温湿度、光照强度、风速风向、雨量采集功能，具有专用太阳能电源及锂电池充电供电选择器，具有 WiFi/GPRS 可选择无线传输功能。气象传感器如图 8-9 所示，其特点：

①外观结构设计合理、美观大方，体积小，安装简便。

②测量精度高，量程范围宽，稳定性好。

③防雨型外壳适合野外工作。

④支持 WiFi 或 GPRS 无线通信，支持低功耗、高性能 Zigbee 无线数据传输，以及各通信协议的相互转换。

⑤采用气象专用风速风向传感器，启动风速 0.4 ~ 0.8m/s，有效风速测量范围 0 ~ 60m/s，系统误差 ±3%。

⑥采用翻斗式雨量传感器，符合 GB/T 21978.2—2014《降水量观测器 第 2 部分：翻斗式雨量传感器》规范及标准要求。

⑦内设太阳能电池对锂电池充电电路，具有电量状态无线监控及无线报警功能。

棚外气象站实际使用效果如图 8-10 所示。

考虑到系统的稳定性，主电源采用锂电池供电及备份。若附近有 220V AC 电源，则利用 220V AC 电源进行充电(供电)；若无 220V AC 电源则采用太阳能电池板充电(供电)。

由于太阳能电池易受天气情况影响，故设置了稳压系统对电量进行监控，降低蓄电池的充放次数，高效收集太阳能。

图 8-9 风速传感器(左)、风向传感器(中)和雨量传感器(右)

图 8-10 风速风向雨量气象站(左)和不同深度的土壤温湿度(右)

图 8-11 供电太阳能板

8.4.2.6 高清视频监控

温室内的视频监控系统，在指定地点收集视频信息并传输到控制中心服务器。监控点布置可遥控 360°旋转 18 倍调焦的 200 万像素(1080)高清红外网络视频监控设备(图 8-12)。具体技术参数如下：

①采用高强度铝合金 7 寸外壳，高档表面处理工艺。

②1/2.5" CMOS 图像传感器芯片，有效像素：200 万(1920×1080)。

③视频制式：25fps@ 1920×1080；25fps@ 720×480；25fps@ 288×192。

④最低照度：0.5 lx@ F1.6(彩色)，0.09 lx@ 1.6(黑白)，红外模式 0 lx。

⑤光学倍率：18 倍，自动聚焦，焦距 4.5 ~ 84mm。

⑥日夜模式自动 IR – CUT 切换。

⑦内置云台水平 360°连续旋转，垂直 0° ~ 90°自动翻转 180°。

⑧支持最新 Onvif2.2 协议，预置点 128 个。

⑨具备宽动态、背光补偿操作功能。

⑩内置浪涌及雷击保护装置。

⑪恒温控制，工作温度在 − 25 ~ 70℃。

⑫大功率点阵红外灯，自动控制。

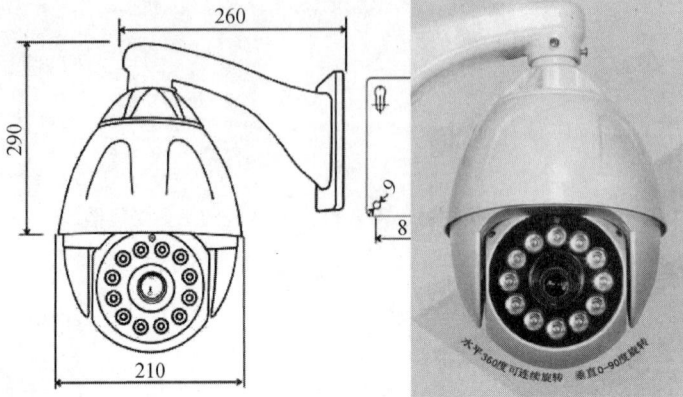

图 8-12 200 万像素网络球形高清摄像头

从控制箱到各个监控点布置 220V AC 电源线，供视频监控系统用电及视频数据通信。通信将采用电力载波通讯（Power line Communication，PLC）系列电力线通信设备，不需布置网线及同轴电缆，减免布线的繁琐。此外，服务器上装有视频集成管理软件管理监控视频，能够根据需求设定保存相关视频信息并进行回放、转发等操作。

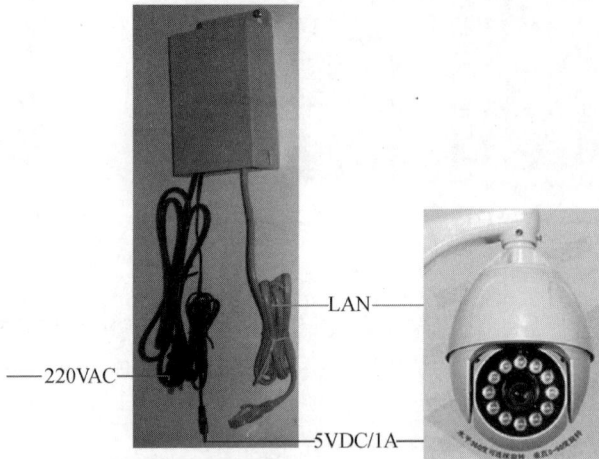

专用数字视频传输设备
IPC100

图 8-13 视频监控方案

8.5 系统效果展示

根据布局设计进行方案实施，实施过程中可以根据用户要求更改传感节点的位置。另外，软件设计可以在应用过程中不断完善，配合硬件部分更好的实现智能温室的远程监控

图 8-14 监控系统安装效果

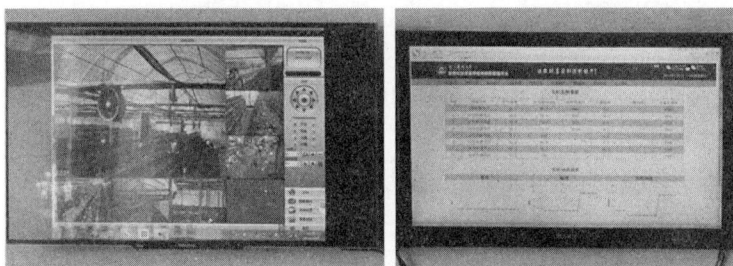

图 8-15 控制中心

效果。系统搭建效果如图 8-14 和图 8-15 所示。

温室智能控制系统管理软件是在客户要求基础上，结合系统的构成和特性，开发的一种致力于农业温室智能化、友善化的系统平台。系统开发过程中，考虑到是农民用户在使用，采用 QT 软件，建立了友好的用户界面，可以零基础对软件进行使用。而且软件设置了直观的报警系统，可以让用户更简单方便的针对整个系统完成智能化操作。

系统的主要功能模块有系统登录模块、用户管理模块、实时数据显示模块和历史数据查询模块等，如图 8-16 所示。

管理平台是基于 C/S 结构搭建起来的网页平台，用户在有网络的地方就可以实现对管理平台的控制，简化了客户端电脑载荷，也减轻了系统维护与升级的成本和工作量。

智能温室集成管理平台，通过实际运行检验逐步完善平台，针对不同的应用场合，已经有多个不同的版本，如气象服务系统、物联网管理系统等。和传统管理软件相比，本文所设计的集成管理平台更加人性

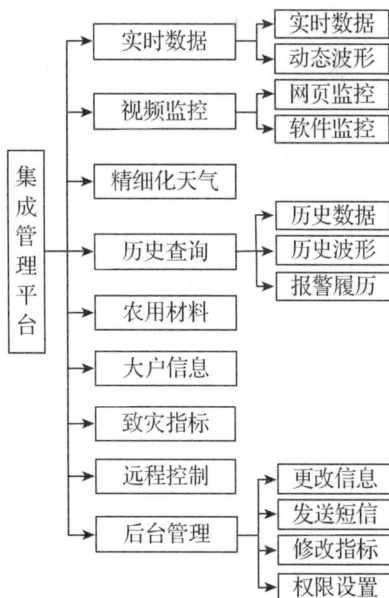

图 8-16 监控软件的功能模型

化，通过 JavaScript 图表工具 Highcharts 将数据通过动态波形显示，当数据超出报警阈值

时，通过改变数据颜色并发出告警声音提示用户。利用 Ajax 技术更新实时数据，不需要频繁的刷新，提高了系统的稳定性。用户可以根据需要查询和导出历史数据，包括数据和波形两种形式。除此之外，管理平台根据用户实际需要，集成了诸多功能，以满足连栋温室日常管理需要，如视频监控系统、在线聊天系统、新闻信息系统、短信群发系统、远程控制系统等。系统还引入移动端管理平台，可以实现移动设备远程查看和控制。下面针对气象服务系统进行详细的介绍，该系统旨在与建德红群农业有限公司及建德市气象局合作，整合温室物联网设备以及棚内外小型气象站，搭建属于气象局专用的气象服务系统。

8.5.1 实时数据模块

实时数据模块主要实现将底层传感器采集的实时数据通过数据和波形的形式显示出来，同时显示出对应的传感器实物图片。实时数据模块是管理平台的核心模块，需要美观且友好，该模块构架如图 8-17 所示。

根据图 8-17，本文设计的实时数据模块如图 8-18 所示：图(a)为棚内 1.5m 和 0.5m 高度下，温湿度实时数据和 24 小时波形；图(b)为不同深度的土壤温度数据和 24 小时波形。数据和波形的结合，可以形象地将温室环境展示给用户。除了数据和波形外，还给出了传感器的场景图，使整个界面更加形象生动。

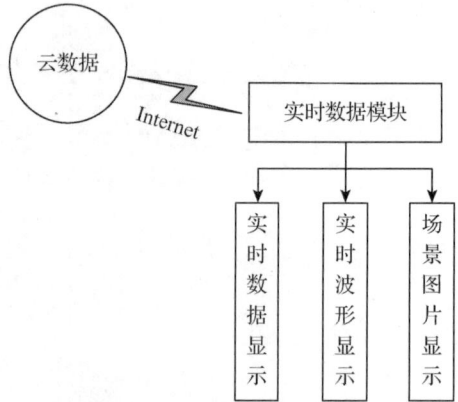

图 8-17　实时数据模块构架

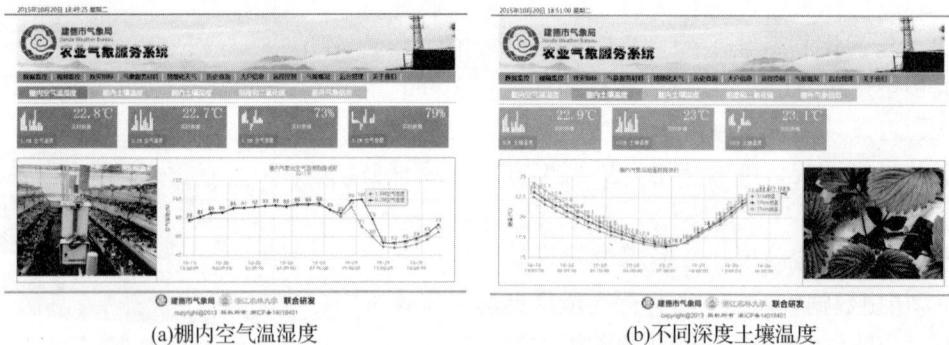

(a)棚内空气温湿度　　　　　　　　(b)不同深度土壤温度

图 8-18　棚内环境实时数据

实时数据模块中会将实时数据对比后台设定的阈值，当实时数据超过或低于阈值时，会提示报警。如图 8-18(a)所示，棚内空气湿度要高于设定的阈值，实时数据后面会添加"↑"标志提示用户，并且会给用户发送短信提醒。除了棚内数据外，还包括棚外气象数据。棚外气象主要包括空气温湿度、每小时降水量、风速风向等。

8.5.2 实时视频模块

实时视频模块主要是通过网页平台实现远程视频的观看和控制，考虑到系统采用高清网络球机，依赖网页内嵌视频解码器和播放器来实现视频的观看较为困难，容易卡顿且不能控制。所以，本文中采用网页远程控制来实现远程观看，能够满足系统要求也易于实现。实时视频模块构架如图 8-19 所示。

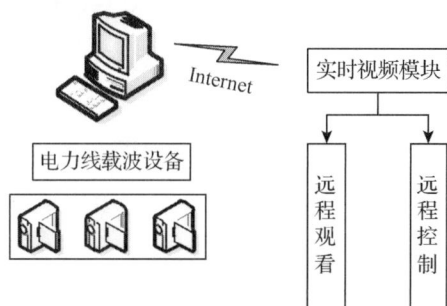

图 8-19 实时视频模块构架

视频监控模块使用效果如图 8-20 所示，可以通过远程控制云台近距离观察到作物表面纹理。

图 8-20 视频监控模块使用效果图

8.5.3 历史数据模块

历史数据模块是查询调用云端数据库数据，通过数据和波形两种形式展现给用户，用户也可以根据需要导出历史数据和波形。历史数据模块构架如图 8-21 所示。

历史数据模块使用效果如图 8-22 所示：图(a)为历史数据查询，主要查询环境信息的采集时间及对应的数值；图(b)为历史波形查询，可以更形象的观看数据变化趋势，如图所示，点击图中导出按钮，可以实现数据导出。

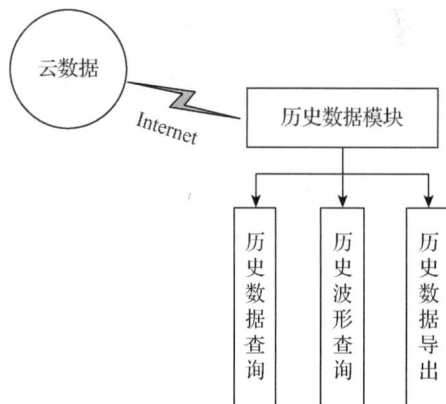

图 8-21 历史数据模块构架

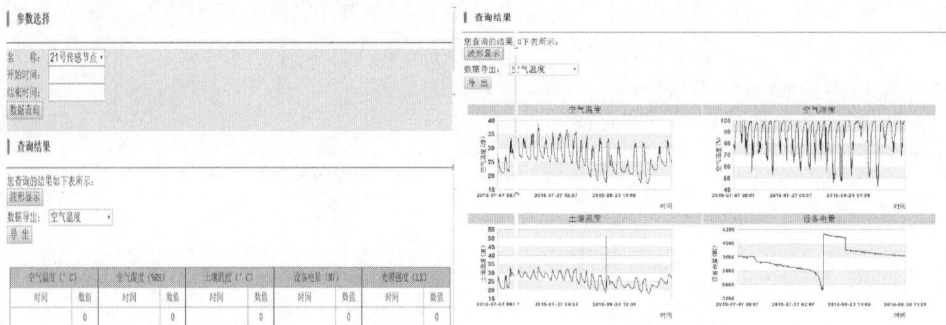

(a)历史数据查询

(b)历史波形查询

图 8-22　历史查询模块

8.5.4　农用材料和大户信息模块

农用材料模块是为了配合气象局、合作社等单位发布和宣传相关政策和信息，而大户信息模块是有助于他们更好地了解和管理区域内的农户。农用材料与大户信息模块构架如图 8-23 所示。

如图 8-24 为农用天气预报材料，主要是将本周天气信息下达给农户，预防恶劣天气，用户可以直接在线打开观看，也可以选择下载。

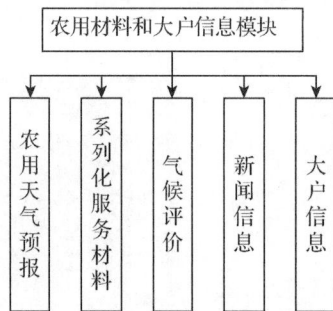

图 8-23　农用材料和大户信息模块构架

图 8-24　农用天气预报材料

除了农用天气预报外，还包括系列化服务、气候评价、新闻信息等，主要用于宣传和推广。用户可以通过该模块了解别人，也可以宣传自己。

大户信息是展示管辖范围内所有的农户信息，根据其种植品种进行分类，便于管理和宣传。大户信息包括企业名称、负责人、种植品种、详细地址等，管理人员也可以从后台了解到相关负责人的电话。系统会根据采集到的实时数据来评定气候条件，并给相关的大户发送短信提示。

8.5.5 致灾指标模块

致灾指标模块是为配合实时数据模块实现报警和相关的自动控制，如图 8-25 所示，用户可以后台设置阈值和适用月份和时间，实现报警和自动下达控制指令。除了设置阈值外，用户还可以设置提示信息，当实时数据超过阈值时，给指定用户发送短信提示报警。

图 8-25　致灾指标模块

8.5.6 精细化天气模块

精细化天气模块取自浙江省气象局，数据准确可靠，如图 8-26 所示，用户可以在该模块下查询未来 48 小时和未来一周的天气预报，包括温度、降水量、风速等气象指标。在模块左边选择需要查询的地区，可以精确到县，选择后可在模块右边看到对应的数据和波形。

图 8-26　精细化天气模块

8.5.7 远程控制模块

远程控制模块主要用于远程控制温室内相关农用设备，如内外风机、喷灌、天窗等，如图 8-27 所示，点击图中按钮即可实现对设备的控制。该模块需要用户验证身份后才能使用，并且添加了保密机制，确保了整个系统的安全性。此外，远程控制模块与致灾指标模块结合，通过分析对比数据后，可以实现温室环境的自动化。

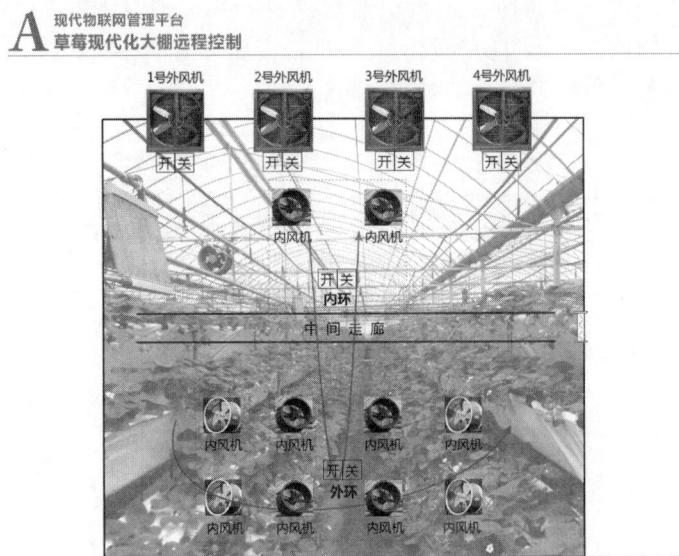

图 8-27 远程控制模块

8.5.8 后台管理模块

后台管理主要用于管理前台各个模块，需要验证身份后才能进行相关操作，如图 8-28 所示。该模块主要包括致灾指标管理、适宜指标管理、气候材料发布、气象服务材料发布、气候评价材料发布、天气预报材料发布、大户信息管理、短信发布管理、气候概况管理、悬浮窗管理、用户管理等。

图 8-28 后台管理模块

8.5.9 移动端管理平台

除了搭建 PC 端管理平台外，为了配合用户使用，系统还设计了移动端管理平台，主要适用于手机、平板等移动设备，如图 8-29 所示。移动端管理平台功能相较于 PC 端较弱，主要包括实时数据查询、实时波形查询、历史数据查询、历史波形查询、新闻信息查看等功能。

图 8-29　移动端管理平台

思考题

1. 该案例中应用到的无线传感设备有什么特点？
2. 试画出温室大棚监控系统原理图。

第9章

果园精细化管理技术应用示范

9.1 概述

农业产业化进程已经进入到智能化阶段。通过农业物联网技术在农产品生产经营、管理和服务中的合理运用，各类传感器可以广泛地采集大田种植环境信息、视频监控信息和农产品物流等农业相关信息，建立一个可管理的海量综合数据库。通过信息技术及互联网技术，将获取的海量农业信息进行分析处理，实现农业产前、产中、产后的过程监控、科学管理和即时服务，进而实现农业生产集约、高产、优质、高效、生态和安全的目标。

在这农业产业智能化大趋势背景中，我们根据用户的实际需求，建议采用先进的无线物联网技术，实现河南省郑州市荥阳县高村乡石榴示范种植区中环境信息和视频信息的实时采集，并传输至控制中心服务器进行存储及分析。根据分析结果，控制中心自动或手动发出指令控制相应的灌溉系统，实现石榴园内灌溉系统的智能化控制。

由于利益驱动，不法商贩以次充好出售假冒品牌石榴产品。我们建议制订合适的石榴种植相关操作规程、质量标准和包装标识，并通过二维码扫描和移动互联网技术，追溯查询每颗石榴的生产来源和培育过程。在控制中心服务器建设石榴种植区产品的产前、产中、产后的各项信息数据库，支持相关农产品的追溯查询，以保障消费者和种植户的利益及品牌建设。

9.2 果园精细化管理建设内容

本项目是在北京六合万通微电子公司多年研发"万通 WLAN""万通 WSN"和"万通 PLC"系列产品的基础上，搭建一个适合于郑州市荥阳县高村乡石榴示范种植区（30 亩约 20 000 m²）的环境监测、监控和控制系统，实现石榴园土壤墒情等作物生长环境条件的感知、信息收集、特定位置的视频监控和灌溉控制的自动化及农产品溯源查询。

图 9-1 为本系统构成示意。

道路的左侧是石榴园，右侧上方的办公大楼内有作为控制中心的办公室，该办公室将设置服务器，可直接利用联通或移动的宽带接入 Internet 服务。

控制中心的道路对面，将设置控制箱连接控制中心和石榴园监测监控系统。从办公室控制中心拉设 LAN 网线至控制箱，同时从办公区域拉设 220VAC 电力线到控制箱，作为系统电源。

控制箱具有石榴园监测监控系统供电负载过载漏电保护功能。监控视频数据和园内墒情气象站数据，以及滴灌喷淋指令转发也是通过控制箱进行的。

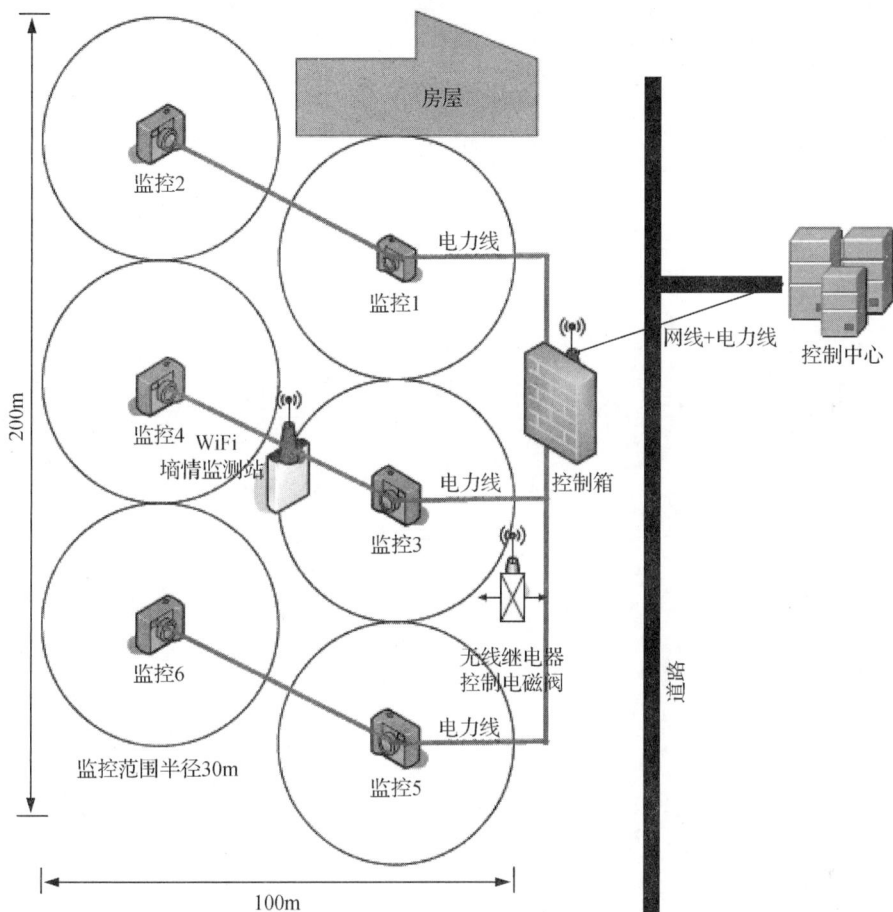

图 9-1 系统构成示意

在示范石榴园内,均等地布设 6 处视频监控点(图 9-1)。在半径 15m 范围内可以旋转拉近,清晰地观察石榴树树叶、花果。在半径 50m 范围内可清晰地识别人脸。石榴园内的状况基本可以掌控。

6 处视频监控点将从控制箱处拉设 220V AC 电源线作为监控设备电源,同时,该电力线将承载视频数据、云台/调焦控制信号的传输。电力线将埋设于地下,具体施工方法可参考相关作业指导书。

在示范园中心部位将设置 1 套墒情气象监控站,实时监控土壤温湿度墒情、空气温湿度照度、风速风向和雨量,并通过 WiFi 无线传输至控制中心服务器,该墒情气象站的电源将就近从监控设备电力线拉设。

在示范园合适的位置布置滴灌和喷灌控制电磁阀。该电磁阀可从控制中心遥控发出开闭指令。电磁阀喷灌、滴灌开闭指令可以通过设置墒情气象数据满足预定的条件而自动发送,也可以人工手动指示。无线电磁阀的电源,将就近从监控设备电力线拉设。

9.3 果园精细化管理技术路线

本项目主要由石榴园环境信息(墒情气象)采集系统、视频监控系统、灌溉控制系统和控制中心这4大部分组成,具体见表9-1。

表 9-1 系统组成

序号	名称	系统概要
1	环境信息(墒情气象)采集系统	该系统集成了: 1)温湿度照度无线传感器节点 2)土壤温湿度传感器扩展探头 3)雨量、风向风速传感器 4)锂电池/太阳能供电系统 5)无线网关及配套网络管理专用软件
2	视频监控系统	该系统集成了: 1)云台高清数字摄像设备6台 2)专用宽带视频传输设备6套 3)视频储存管理配套软件
3	灌溉控制系统	该系统集成了: 1)无线继电器控制节点 2)灌溉用电磁阀 3)专用配套控制软件
4	控制中心: 1)控制箱 2)管理系统 3)产品溯源系统	控制箱: 集成漏电保护器和开关,交换机/WLAN 接入点和电力线通信 PLC 接入点
		管理系统包括: 1)高性能专用服务器1台 2)专用数据库系统管理软件 3)智能手机浏览管理软件等
		溯源系统包括: 1)二维码打印机1台 2)专用二维码生成/打印软件 3)溯源查询数据库及应用管理软件 4)智能手机浏览管理软件

9.3.1 环境信息(墒情气象)采集系统

在示范园内建设一处环境信息(墒情气象)采集系统,并在其他指定位置(距离示范石榴园2km)建设二处环境信息(墒情气象)采集系统,并把信息传输、保存到控制中心服务器中。

该系统主要由空气温湿度照度传感器无线节点,土壤温湿度传感器无线节点,风速风向雨量传感器和数据收集及远传 GPRS/WiFi 网关,供电系统等4个部分构成。

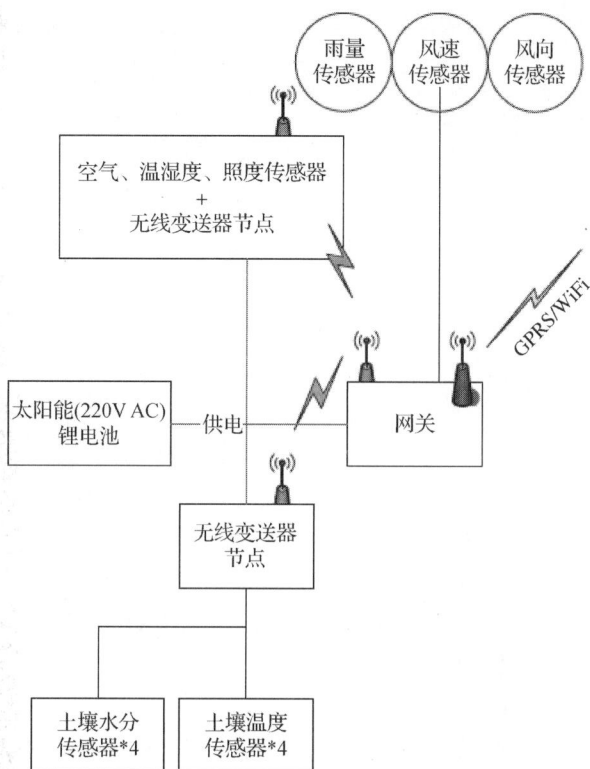

图 9-2 环境信息(墒情气象)采集系统

(1)土壤温湿度传感器无线节点

4 个土壤水分、4 个土壤温度传感器和无线变送器组成的无线土壤墒情监测站。

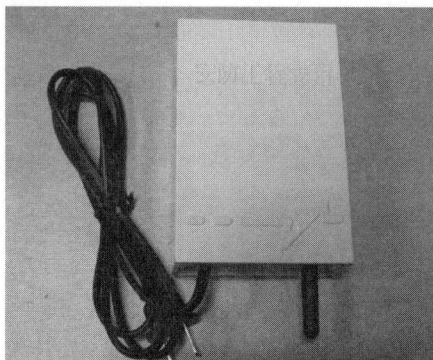

图 9-3 无线节点

通过扩展口连接万通 WSN 系列产品土壤温度传感器(4 个,型号:SEB591)、土壤湿度(水分)传感器(4 个,型号:SEB594),实时监控采集 4 层土壤温度和水分。

其特点是:

①土壤水分传感器根据频域(Frequency Domain Reflectometry,FDR)原理,采用业界通

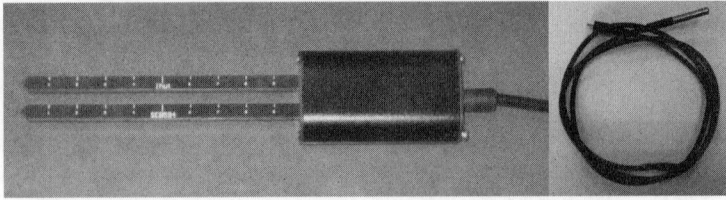

图 9-4 水分传感器 SEB594(左)和温度传感器 SEB501(右)

用的 100MHz 高频信号实时测量土壤水分,简便安全、快速准确。

②土壤水分传感器内置高性能 12bitADC 低功耗 32bit 微处理器,测量精度约为 ±3%。

③土壤温度传感器采用美国 DALLAS 公司数字温度传感器芯片 DS18B20,温度范围 -40~120℃,精度 ±0.5℃。

④低功耗、高性能 Zigbee 无线数据传输,设置位置可自由移动。

⑤采集的传感信息数据可无线远传,也可保存(最大 96kb)。

⑥系统采用高性能太阳能电池供电。

⑦内部锂电池备份可单独连续工作 3 个月,内设太阳能电池对锂电池充电电路,具有电量状态无线监控及无线报警功能;

(2)空气温湿度照度传感器无线节点

百叶防护的空气温湿度及照度传感器和无线变送器组成 3 位一体无线空气温湿度、照度传感器节点。

图 9-5 是预定采用万通 WSN 系列产品百叶型空气温湿度照度一体化无线传感器(型号:SEB531)实时监控采集空气温度、空气湿度、光照。

其特点是:

①采用气象专用轻型百叶箱和防结露 PE 防护套,测试结果准确。

②采用日本 ROHM 公司的数字光照度传感器芯片 BH1750FVI,照度测量范围 1~65 535 lx,准确度 15%。

③采用瑞士 SENSIRION 公司数字温湿度传感器

图 9-5 空气温湿度照度传感器 SEB531

芯片 SHT10,温度范围 -40~80℃,精度 ±0.5℃;湿度范围 0~100RH,精度 ±4.5% RH。

④低功耗、高性能 Zigbee 无线数据传输,设置位置可自由移动。

⑤采集的传感信息数据可无线远传,也可保存(最大 96kb)。

⑥系统采用高性能太阳能电池供电。

⑦内部锂电池备份可单独连续工作 3 个月,内设太阳能电池对锂电池充电电路,具有电量状态无线监控及无线报警功能;

(3)WSN 数据收集及远传 GPRS/WiFi 网关

土壤墒情信息和空气温湿度照度等信息通过无线连接到网关。网关将相关信息进行融合汇总，在示范园内的墒情等信息将通过 WiFi 直接传给控制中心服务器，其他 2 处的墒情等信息将通过 GPRS 向控制中心服务器传输规定的墒情气象信息。图 9-6 为防雨型网关。

网关通过传感器扩展口，连接风速传感器（型号：SEB620）、风向传感器（型号：SEB621）和雨量传感器（型号：SEB610）（图 9-7）。

图 9-6　防雨型网关
GWB210/GWB310

图 9-7　风速传感器 SEB520（左）、风向传感器 SEB621（中）
和雨量传感器 SEB610（右）

其特点是：

①主芯片采用台湾 ASIX 公司的 100MHz RISC 单片 SoC 芯 AX11025，内嵌 512kb Flash，16kb SRAM。防雨型外壳适合野外工作。

②支持 WiFi 或 GPRS 无线通信，支持低功耗、高性能 Zigbee 无线数据传输，以及各通信协议的相互转换。

③采用石家庄思云电子公司的 JL – FSX2 风速风向传感器，启动风速 0.4~0.8m/s，有效风速测量范围 0~60m/s，系统误差 ±3%。

④采用石家庄思云电子公司的翻斗式雨量传感器，符合 GB/T 21798.2—2004《降水量观测仪器 第 2 部分：翻斗式雨量传感器》规范及标准要求。

⑤系统采用高性能太阳能电池供电。

⑥内设太阳能电池对锂电池充电电路，具有电量状态无线监控及无线报警功能。

图 9-8　太阳能采集板

（4）供电系统

考虑到系统的稳定性，主电源采用锂电池供电及备份。在附近有 220V AC 电源，则利用 220V AC 电源进行充电（供电）；如无 220V AC 电源的，则采用太阳能电池板充电（供电）。

由于太阳能电池随天气变化且易受环境影响，故设置了前置超级电容能量收集模块，高效收集太阳能（图 9-8）。

9.3.2 视频监控系统

示范园内的视频监控系统,是在指定的 6 个固定地点收集视频信息并传输到控制中心服务器。

这 6 个不同的监控点布置可遥控的 130 万像素(720P 以上)高红外网络视频监控设备(图 9-9)。

①采用高强度铝合金 7 寸外壳,高档表面处理工艺。

②1/3″ CMOS 图像传感器芯片,有效像素 130 万(1280 × 720)。

③视频制式:25fps@ 1280 × 720;25fps@ 720 × 480;25fps@ 288 × 192。

④最低照度:0.5lx@ F1.6(彩色),0.09 lx@ 1.6(黑白),红外模式 0lxx。

⑤光学倍率:18 倍,自动聚焦,焦距 4.5 ~ 84mm。

⑥日夜模式自动 IR – CUT 切换。

⑦内置云台水平 360°连续旋转,垂直 0°~ 90°自动翻转 180°。

⑧支持最新 Onvif2.2 协议,预置点 128 个。

⑨具备宽动态、背光补偿操作功能。

⑩内置浪涌及雷击保护装置。

⑪大功率点阵红外灯,自动控制。

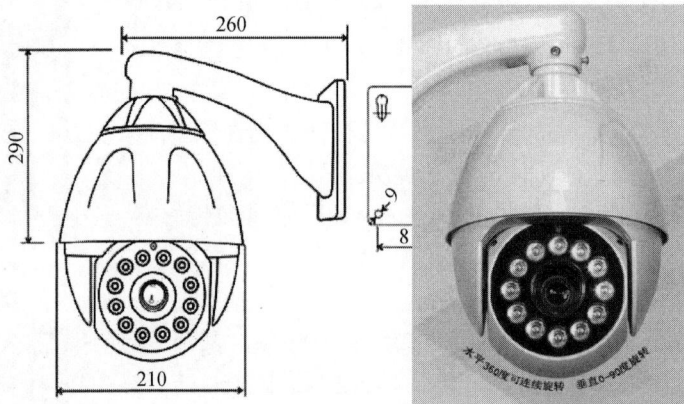

图 9-9 摄像头

从控制箱到各个监控点布置 220V AC 电源线,供视频监控系统用电及数据通信(图 9-10)。通信将采用本公司研发的万通 PLC 系列电力线通信设备(型号:IPC100),不需布置网线及同轴电缆。

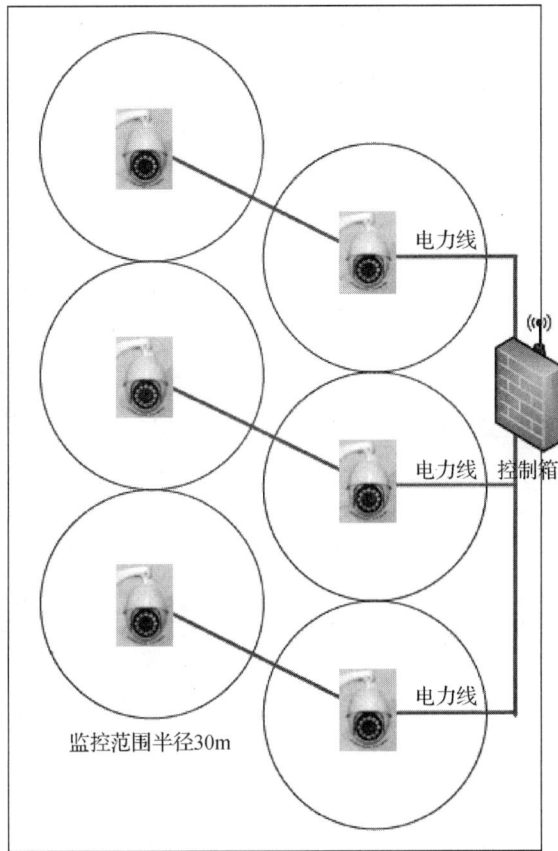

图 9-10 视频布施图

9.3.3 灌溉控制系统

示范石榴园中的滴灌和喷淋控制系统，由无线继电器和无线中继设备组成。通过控制中心或手机无线遥控开启或关闭。或者与墒情采集系统联动，自动开启或关闭滴灌系统或喷淋系统。控制中心分析环境信息（墒情气象）得出开启或关闭相关灌溉设备结论后下发控制信息。灌溉控制信息通过控制箱、无线智能网关、无线中继，从控制中心下发给无线继电器，也可从手机或 Internet 下发。

本系统也可预设温湿度等墒情条件，实现自动灌溉。灌溉用电磁阀的具体尺寸及型号将根据现场实际情况选择（图 9-11）。

9.3.4 控制中心

控制中心硬件主要由控制箱、专用服务器（包括显示器、二维码打印机等）及互联网接入设备组成。服务器中设置有环境信息（墒情气象）采集及灌溉控制系统专用管理软件、视频监控管理软件和溯源管理专用软件。

（1）控制箱

控制箱设置在控制中心的道路对面，连接控制中心和石榴园监测监控系统。控制箱具有石榴园监测监控系统供电负载过载漏电保护功能。监控视频数据和园内墒情气象站数据及滴灌喷淋指令转发也是通过控制箱进行的(图9-12)。

①控制箱有 220V AC 输入和输出，LAN 接入，WLAN 天线接入。由变压器或配电盘处引入 220V AC 电源输入至控制箱，最好是单独引入，不要与干扰较大的设备公用同一线路。220V AC 输入经过漏电保护器和开关后，输出供给石榴园内监控设备，同时，提供交换机/WLAN 接入点 AP 和电力线通信 PLC 接入点(Master)。

②控制箱内部设有带漏电断路器的小型空气开关(正泰 DZ47LE2P60A C60)和集成 4 口 100Mb/s 交换机的 WLAN 接入点，电力线通信 PLC 接入点(LHWT)设备。

③从控制箱内的交换机处拉网线(5类线)至邻近办公室控制中心。总线长约在 50m，不超过 100m。网线布在室外的部分，需要注意防护。

④WLAN 接入点 AP 通过天线无线接收石榴园内 ZigBee 网关发过来的环境传感信息，并通过网线输出给控制箱内部交换机。

⑤电力线通信接入点设备通过连接石榴园内部的电力线接收设在石榴园内部 6 处监控点的专用数字视频传输设备(LHWT 产万通 PLC 系列，型号：IPC100)发过来的数字视频数据，并通过网线输出给控制箱内部交换机。

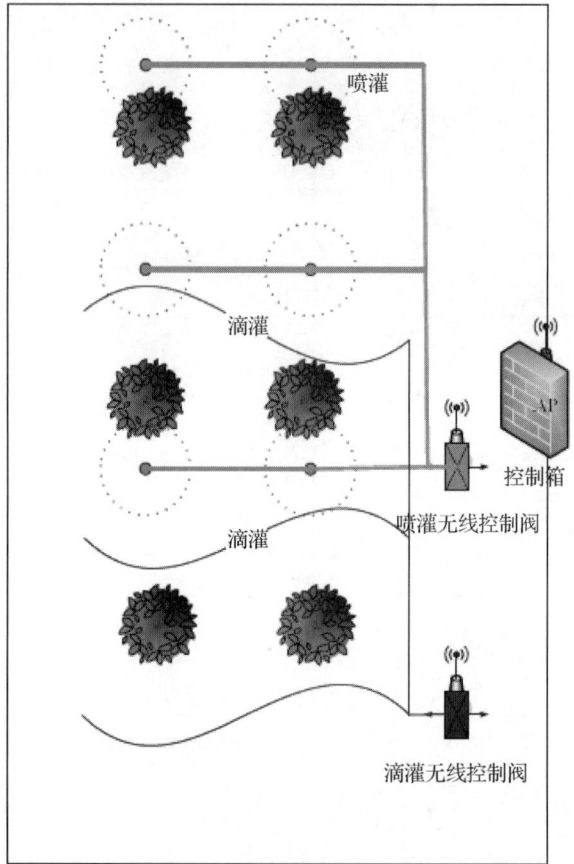

图 9-11　滴灌和喷淋系统布施

(2)服务器

服务器将采用 Intel 公司的高性能 CPU，2TB 硬盘、4GB 以上内存。专用服务器安装有墒情数据库及专用系统管理软件，支持灌溉的远程控制操作。同时集成视频监控、回放、存储等功能。管理专用软件等将工作在微软操作系统之上。

环境信息(墒情气象)采集系统及灌溉控制专用管理软件的页面如图 9-13 所示，左面表示各类设备的链接关系及状态，右面表示各设备传感器的当前传感值。

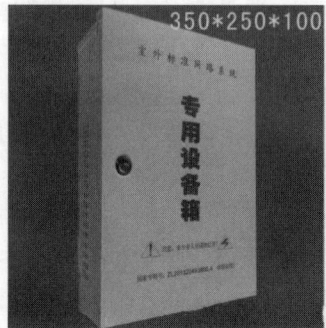

图 9-12　控制箱 CBOX100

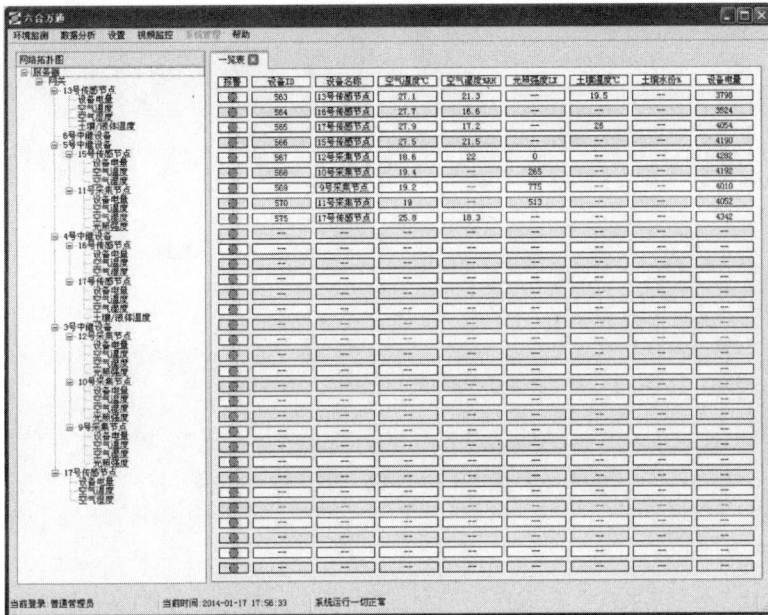

图 9-13　环境信息管理界面(1)

图 9-13　环境信息管理界面(2)

思考题

1. 该案例中应用到哪些智能化的技术和设备?

2. 该案例中的图像是如何实现电力线传输的?

第 *10* 章

现代农林业精细化管理技术在大田中的应用

10.1 概述

    大田农业指的是在大面积场地上种植作物的农业生产(图 10-1)。主要的作物种类有小麦、水稻、玉米等,在我国都有大面积的种植,可以称作大田农作物,例如,东北大型农场上种植的玉米就是我国大田农作物的代表。大田农业主要体现农业生产的规模化,是我国农业现代化的必然选择。

    大田生态环境是有关社会和经济可持续发展的生态系统。保护大田生态环境,实现可持续发展是现代农业中必须坚持的一项基本方针。传统农业的生产模式中,人们获取农田信息的方式主要人工测量,获取数据非常有限,且获取过程需要消耗大量的人力。大田生态环境监测点少、效率低、数据不准确已经成为现代农业可持续发展的重要障碍。

    随着现代农林业精细化管理技术的发展,随着感知芯片、嵌入式技术等在现代农业中的不断扩展,其温度、湿度、大气、风力、降水量,以及有关土地的氮浓缩量、土壤 pH 值、湿度等信息在监视农田生态环境中被收集,从而实现科学监测与种植、农业生产中的数字化、标准化、网络化。

    大田中的现代农林业精细化管理主要针对大田农作物种植分布广、监测点多、布线和供电困难等特点,利用低功耗物联网技术,采用精准土壤温湿度传感器和智能气象站,在线远程采集土壤墒情、气象信息等,实现智能预报、智能决策、远程控制灌溉设备等功

图 10-1　现代化大田

能，进而实现合理灌溉、精耕细作、准确施肥等目的。

大田农业物联网系统可以根据各个地区的农业生产条件，例如，土壤类型、气候条件、灌溉水源以及种植作物等划分不同类型区，再在各类型区域里选取典型地块，安置含有土壤温湿度、地下水位、降水量等信息的可以自动采集和传输的监测点。同时通过灌溉预报系统和信息监测时报系统，计算取得农作物最佳时间和灌溉用水量，并定期向群众发布，科学指导农民灌溉[112]。

10.2　农业物联网

进入新世纪以来，我国和欧美等一些国家相继开展了农业领域的物联网应用示范研究，在农业资源利用、农业生态环境监测、农业生产、农产品安全监管等领域取得了一定的成果，同时推动了相关新兴产业及其标准化的发展。

10.2.1　农业物联网应用发展现状

在农业资源监测和利用领域，美国和欧洲主要利用资源卫星对土地利用信息进行实时监测，并将其结果发送到各级监测站，进入信息融合与决策系统，实现大区域农业的统筹规划。例如，美国加州大学洛杉矶分校建立的林业资源环境监测网络，通过对加州地区的森林资源进行实时监测，为相应部门提高实时的资源利用信息，为统筹管理林业提供支撑。我国主要将 GPS 定位技术与传感技术相结合，实现农业资源信息的定位与采集；利用无线传感器网络和移动通信技术，实现农业资源信息的传输；利用 GIS 技术实现农业资源的规划管理等。例如，杭州电子科技大学学者研究了基于无线传感器网络的湿地水环境数据视频监测系统，该系统可实现对湿地全天候的实时监测，具有数据分析与处理，并对污染等突发事件和环境急剧变化所影响的水域的水环境状况实时报警等功能。

在农业生态环境监测领域，美国、法国和日本等一些国家主要综合运用高科技手段构建先进农业生态环境监测网络，通过利用先进的传感器感知技术、信息融合传输技术和互联网技术等建立覆盖全国的农业信息化平台，实现对农业生态环境的自动监测，保证农业生态环境的可持续发展。例如，美国已形成了生态环境信息采集—信息传输处理—信息发布的分层体系结构。法国利用通信卫星技术对灾害性天气进行预报，对病虫害进行测报。我国研制了地面监测站和遥感技术结合的墒情监测系统，建立了农业部至各省、重点地县的农业环境监测网络系统等一批环境监测系统，实现对农业环境信息的实时监测。例如，我国每年通过农业环境监测网络开展农业环境常规监测工作，获取监测数据 10 万多个；融合智能传感器技术的墒情监测系统已在贵阳、辽宁、黑龙江、河南、南京等地推广应用。

在农业生产精细管理领域，美国、澳大利亚、法国、加拿大等一些国家在大田粮食作物种植精准作业、设施农业环境监测和灌溉施肥控制、果园生产不同尺度的信息采集和灌溉控制、畜禽水产精细化养殖监测网络和精细养殖等方面应用广泛。例如，2008 年，法国建立了较为完备的农业区域监测网络，指导施肥、施药、收获等农业生产过程。荷兰 VELOS 智能化母猪管理系统在荷兰以及欧美许多国家得到广泛应用，能够实现自动供料、自动管理、自动数据传输和自动报警。泰国初步形成了小规模的水产养殖物联网，解决了

RFID 技术在水产品领域的应用难题。我国在涉及田间环境土壤信息获取、联合收获机自动测产、农田作物产量空间差异分布图自动生产和农业机械作业监控等大田粮食作物生产方面；在设施农业环境数据采集、发布、调控等设施农业生产方面（图 10-2）；在果园监测、水肥控制、节水灌溉自动化等果园精准管理方面；在养殖环境监控、健康养殖等畜禽水产养殖等方面研发了一批系统，且应用成效显著。例如，国家农业信息化工程技术研究中心成功研制了基于 GNSS、GIS、GPRS 等技术的农业作业机械远程监控调度系统，可优化农机资源分配，避免农机盲目调度。中国农业大学建立了蛋鸡健康养殖网络系统和水产养殖环境智能监控系统。

在农产品安全溯源领域，国外发达国家在动物个体编号识别、农产品包装标识及农产品物流配送等方面应用广泛。例如，加拿大肉牛自 2001 年起使用一维条形码耳标，目前已过渡到使用电子耳标。2004 年日本基于 RFID 技术构建了农产品追溯试验系统，利用 RFID 标签，实现对农产品流通管理和个体识别。我国开展了以提高农产品和食品安全为目标的溯源技术研究和系统建设，研发了农产品流通体系监管技术。例如，北京、上海、南京、四川、广州、天津等地相继采用条码、IC 卡、RFID 等技术建立了农产品质量安全溯源系统。浙江大学、北京市农业信息中心等单位研究开发了车载端冷链物流信息监测系统。

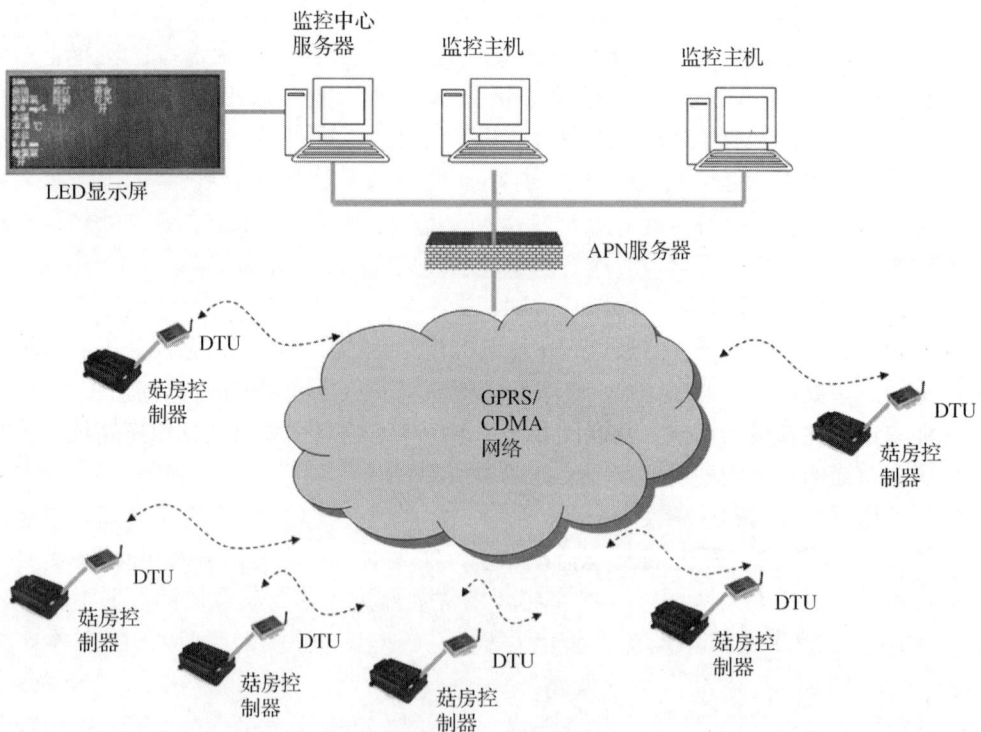

图 10-2　智能菇房监测系统

10.2.2　农业物联网产业发展现状

农业物联网产业链主要包括三方面内容：传感设备、传输网络和应用服务。

在传感设备方面，国外发达国家从农作物的育苗、生产、收获一直到储藏缓解，传感器技术得到了较为广泛的应用，包括温度传感器、湿度传感器、光传感器等各种不同应用目标的农用传感器。在农业机械的试验、生产、制造过程中也广泛应用了传感器技术。RFID 广泛应用在农畜产品安全生产监控、动物识别与跟踪、农畜精细生产系统和农产品流通管理等方面，并由此形成了自动识别技术与装备制造产业。据美国市调公司 ABI research 2007 年度第一季报告显示，2006 年全球 RFID 市场为 38.12 以美元，其中亚太地区已跃为全球最大市场，规模为 14.07 亿元，预计 2011 年全球市场可达 115 亿美元。

在传输网络方面，国外已在无线传感器网络领域初步推出相关产品并得到示范应用。如美国加州 Grape Networks 公司为加州中央谷地区的农业配置了"全球最大的无线传感器网络"；2002 年，英特尔研究中心采用跟踪方法采集了缅因州海岸的大鸭岛上的生态环境信息。国外互联网与移动通讯网在农业领域得到广泛的应用。2004 年，佐治亚州的两个农产已经用上了与无线互联网配套的远距离视频系统和 GPS 定位技术，分别监控蔬菜的包装和灌溉系统。美国已建成世界最大的农业计算机网络系统，该系统覆盖美国国内 46 个州，用户可通过计算机便可共享网络中的信息资源。

在应用服务方面，SOA(Service Oriented Architecture)即服务导向架构，自 1996 年 Gartner 提出以来受到了 IT 业界的热捧，产业化进程不断加快。2006 年以来，IBM、BEA、甲骨文等一批软件厂商开发推出了一系列实施方案并部署了一些成功案例，使得 SOA 进入现实的脚步在不断加快。同年，IBM 全球 SOA 解决方案中心在北京和印度成立，定制各个行业的模块化 SOA 解决方案，并结合 IBM 服务咨询和软件力量全方位实施，这意味着 IBM 已经在 SOA 产业化方面抢先一步。BEA 也宣布推出"360 度平台"以进一步巩固其在中间件领域的优势，而微软和甲骨文也纷纷发力中间件市场，竞争进一步加快 SOA 产业化进程。

10.2.3 农业物联网应用相关标准化进程发展状况

物联网的标准化将成为占领物联网制高点关键之一。总的说来，在农业物联网标准化方面，全球几乎处于同一起跑线上。目前，我国虽有很多传感器、传感网、RFID 研究中心及产业基地都在积极参与建立物联网标准，但由于对物联网本身的认识还不统一，有些还停留在战略性粗线条层面，物联网标准制定进程缓慢。

在感知设备方面，1994 年 3 月，美国国家技术标准局 NIST 和 IEEE 共同组织了一次关于制定智能传感器接口和连接网络通用标准的研讨会，讨论 IEEE1451 传感器/执行器智能变送器接口标准。1995 年 4 月，成立了两个专门的技术委员会：P1451.1 工作组和和 P1451.2 工作组。IEEE 会员分别在 1997 年和 1999 年投票通过了其中的 IEEE1451.2 和 IEEE1451.1 两个标准，同时成立了两个新的工作组对 1451.2 标准进行进一步的扩展，即 IEEE P1451.3 和 IEEE P1451.4。关于 RFID 标准的制定方面，其争夺的核心主要在 RFID 标签的数据内容编码标准这一领域。目前，形成了五大标准组织，分别代表不同团体或者国家的利益。EPC Global 由北美 UCC 产品统一编码组织和欧洲 EAN 产品标准组织联合成立，在全球拥有上百家成员，得到了零售巨头沃尔玛，制造业巨头强生、宝洁等跨国公司的支持。而 AIM、ISO、UID 则代表了欧美国家和日本；IP－X 的成员则以非洲、大洋洲、亚洲的国家为主。

在传输网络方面，2006 年 9 月 27 日，ZigBee 联盟宣布 ZigBee 标准的增强版本完成并可以供成员使用。ZigBee 联盟已经吸引了分布在六大洲 26 个国家超过 200 个成员公司的支持。IEEE 制定的 IEEE802 涵盖了互联网和移动通信网络方面的标准，主要包括无线通信领域的 802.11 系列无线局域网标准、802.15 无线个域网标准、802.16 宽带无线接入（无线城域网）标准和有线接入领域的 802.3 以太网标准。

在应用服务方面，物联网标准的关键主要在于基于软件和中间件的数据交换和处理标准，即物物相连的数据表达、交换和处理标准。首先需要定义一批 XML 数据表达与接口标准，然后开发出支撑这个标准的配套运行环境和中间件业务框架，使用户能够快速开发出垂直应用业务系统，让标准落到实处，推动产业高速发展。微软、IBM、Apple 等公司均建立了与物联网应用服务的多种标准，有些已经占领了垄断地位。在我国，同方从 2004 年就开始研发这方面的产品和标准，推出了 M2M 物联网业务基础中间件产品和 OMIX 数据交换标准。中国移动建立了基于 WMMP 标准的 M2M 营运平台。

10.3　大田农业物联网系统组成

现代大田农业物联网系统可分为四个平台，分别是智能感知平台、无线传输平台、运维管理平台以及应用平台。这四个平台功能相对独立，系统网络相互连接，共同组成现代大田农业物联网系统。

10.3.1　智能感知平台

智能感知平台是整个大田农业物联网系统中的基础平台，它直接对农作物生长需要的阳光、湿度、温度等所需外在条件开展监测，是整个系统的基础和第一层链条。这个平台主要包括：①传感器服务基站，即环境监测感器和视频传感器，主要对农作物生长环境条件进行监测。②智能气象服务站，主要对农作物生长外在的温度、降水量、风以及照射情况等。智能气象服务站可以监测各种气象信息，因此它的作用比较综合，服务范围较广。例如，在水稻种植中，农田水位、水温等条件都可以通过智能感知平台直观的反映出来。

10.3.1.1　环境监测传感器的应用

农田生态环境对于农作物的生长有重要影响，不同农作物在不同的生长阶段需要不同的土壤及环境条件，农作物最终的产量和品质是各个阶段农田生态环境综合影响的结果。因此，有效地监测各种农田生态环境对于指导农业生产具有重要作用。应用无线通信、电子等技术，构建一套包括土壤温湿度、空气温湿度、风速风向、降水、辐射等在内的农田环境监测传感器，并集成无线通信技术，形成具有无线接口的农田环境监测传感器。

以水稻、大豆和玉米为应用对象，以农田土壤水分、土壤温度、土壤电导率、地下水位和农田气象等信息的感知为目标，针对农田生态环境监测中多点测量和区域测量等问题，构建土壤水分、土壤温度和降水、风速风向传感器等农田生态环境监测系统。

应用示范：在 31 个作业站，布置 5、10、15、20cm 4 个深度的土壤水分、土壤温度和土壤电导率传感器 100 组；在 6 个作业区和示范园区，布置田间气象因素空气温度、空气湿度、风速、风向、降水和太阳辐射指标传感器 7 套（表 10-1）。

表 10-1 传感参数

具体参数	测量范围	精度	分辨率
空气温度(℃)	-40~80	±0.5	0.05
空气湿度(%)	0~100	±3 9/6	0.5
风速(m/s)	1~67	1 或 ±5 中较高值	0.1
风向	0~360	±7。	1
降水(mm)	0~13 107	±4	0.2
太阳辐射(W/m²)	0~1 800	±5	1
土壤湿度(%)	0~100(体积分数)	±3	1
土壤温度(℃)	-20~80	±0.2	
土壤电导率(mS/m)	0~200	1.0	±10
地下水位	0.98~980.67kPa(100mmH₂O~100mH₂O)(水位高/深度)	0.5 FS	

10.3.1.2 视频传感器的应用

作为数据信息的有效补充,视频信息可以更加有效地展示农田环境、作物生长状态等信息。视频监测具有更加直观的效果,但是目前适合农业现场应用的低功耗、高可靠性视频传感器还很少。针对这一问题,通过 CCD 与 CMOS 图像传感器,集成像素阵列、定时电路、模拟电路、无线通信电路、全球定位系统等,构建低功耗、小体积的无线视频传感器,实现对作物在线实时监测,为作物生产过程提供直观、有效的视频感知设备。

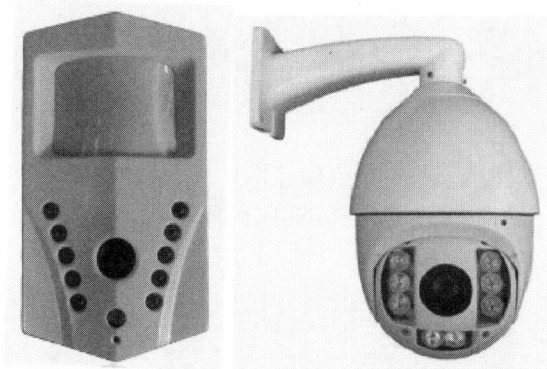

图 10-3 视频传感器展示

针对视频传感器功耗高、体积大等问题,依据农田在线监测需求,采用小型 CMOS 图像传感器和数字摄像技术,通过将 CMOS 图像传感器与处理器结合,利用图像系统级芯片的像素阵列,定时电路,模拟调理电路,A/D、DSP 与数字接口电路,实现对图像压缩和流数据处理,从而构建小型化、自主的、高集成的经济性视频传感器。

应用示范:在 6 个作业区 31 个作业站,布置 100 套视频传感器,其中,高清视频传感器 10 套;在现代化农机展示区,大功率拖拉机安装 2 套、变量喷药机安装 1 套、大功

表 10-2　具体参数值

参　数	值
视频分辨率	>720×576
最高帧频(fps)	120
子窗口采样最高(fps)	750
全分辨率功耗(mW)	80
平均功耗(mW)	20
无线传输功耗(mW)	10
互联距离(m)	>10

率收获机安装 2 套高清视频传感器[113]。

10.3.2　无线传输平台

无线传输平台也称传输网络平台,承担信息的传输。无线传输平台与智能感知平台紧密联系,是整个系统平台的第二链条。根据物联网的传输介质不同,无线传输主要有:①GPRS、CDMA、3G 无线网络。这类移动通讯载体,具有无布线、易布置、可流动情况下工作的特点,恰好可以应用于不利于布线布网的野外大田农作物种植场合。②WLAN 无线网络。属于区域内的无线网络,它兼有以太网、宽带网的优点,又具备 GPRS、CDMA、TD 等网络的部分无线功能,将是大田农业物联网系统中无线传输平台的发展方向之一(图 10-4)。

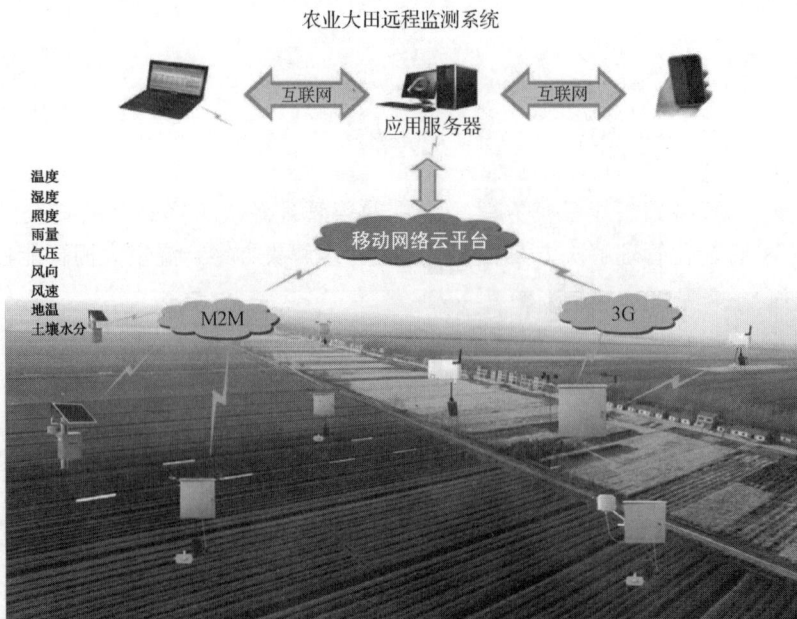

图 10-4　无线传输平台

10.3.3 运维管理平台

运维管理平台属于管理平台，与无线传输平台紧密联系，是一种智能管理系统，属于整个系统平台的第三链条。运维管理平台主要包括灌溉远程控制、灌溉自动控制、墒情预测、旱情预报以及农田水利管理等。通过无线传输平台传递过来的农作物及其环境信息可以在运维管理平台开展平台管理，调度指挥。例如，通过旱情预报反映上来的信息，可以决定实施远程灌溉，远程灌溉时间长短、用水量大小等都可以在运维管理平台实现。再如，农田水利管理涉及众多方面的内容，只有智能化的运维管理平台才能为其提供科学、精确、高效的管理。

10.3.4 应用平台

应用平台与运维管理平台紧密相连，属于整个系统平台的第四链条，是一个终端平台。应用平台主要包括两部分：①是网络技术应用平台，主要包括手机短信、彩信，WAP平台以及互联网访问等，信息终端可远程了解和处理监测信息、预警信息等；②是网络应用主体平台，主要包括政府部门，如农业、水利、气象等部门，这些部门能通过该平台对大田农业生产实施专业指导，提升农情、农业气象、农田水利等综合管理水平，从而实现农业生产的专业化、精细化、科学化。

10.4 大田农业物联网系统应用案例分析

托普物联网是浙江托普仪器有限公司旗下的重要项目。浙江托普仪器是国内领先的农业仪器研发生产商，依据自身在农业领域的研发实力，和自主研发的配套设备，在农业物联网领域崭露头角！

托普物联网以客户需求为源头，结合现代农业科技、通信技术、计算机技术、GIS信息技术，以及物联网技术，竭力为传统行业提供信息化、智能化的产品与端到端的解决方案。主要包括：大田种植智能解决方案、畜牧养殖管理解决方案、食品安全溯源解决方案、食用菌种植智能化管理解决方案、水产养殖管理解决方案、温室大棚智能控制解决方案等。

中国是自古以种植水稻为大宗的农业大国，稻区覆盖辽阔，主产区分布于秦岭淮河一线以南(如长江中下游平原、珠江三角洲、东南丘陵、云贵高原、四川盆地等地)，种植总面积大约在4.3亿~4.4亿亩之间。水稻种植从原始人畜耕作到机械耕种是农业发展的一大进步，但基于稻田分布广泛、人工成本高、耗时长、耕作信息采集残缺、不及时等特点，新型物联网种植的出现，使现代农业实现了又一次质的飞跃。

10.4.1 基于物联网技术的大田水稻智能化种植管理解决方案

10.4.1.1 功能分析

物联网种植系统的完善，可根据不同区域的土壤类型、种植作物、灌溉水源及灌溉方式等划分。基于物联网的大田种植智能管理系统针对农业大田种植分布广、监测点多、布线和供电困难等特点，利用物联网技术，采用高精度土壤温湿度传感器和智能气象站，远程在线采集土壤墒情、酸碱度、养分、气象信息等，实现墒情(旱情)自动预报、灌溉用水量智能决策、远程、自动控制灌溉设备等功能，最终达到精耕细作、准确施肥、合理灌溉的目的。

该系统根据不同地域的土壤类型、灌溉水源、灌溉方式、种植作物等划分不同类型区，在不同类型区内选择代表性的地块，建设具有土壤含水量、地下水位、降水量等信息自动采集、传输功能的监测点。通过灌溉预报软件结合信息实时监测系统，获得作物最佳灌溉时间、灌溉水量及需采取的节水措施为主要内容的灌溉预报结果，定期向群众发布，科学指导农民实时实量灌溉，达到节水目的。图 10-5 为水稻智能育秧。

图 10-5 水稻智能化育秧

10.4.1.2 系统构架

托普物联网稻田信息采集可分为地面信息采集和地下或水下信息采集两部分:

(1)地面信息采集

①使用地面温度、湿度、光照、光合有效辐射传感器采集信息可以及时掌握水稻生长情况，当水稻因这些因素生长受限，用户可快速反应，采取应急措施。

②使用雨量、风速、风向、气压传感器可收集大量气象信息，当这些信息超出正常值范围，用户可及时采取防范措施，减轻自然灾害带来的损失。例如，强降雨来临前，打开稻田蓄水口。

(2)地下或水下信息采集

①可实现地下或水下土壤温度、水分、水位、氮、磷、钾、溶氧、pH 值的信息采集。

②检测土壤温度、水分、水位是为了实现合理灌溉，杜绝水源浪费和大量灌溉导致的土壤养分流失。

③检测氮、磷、钾、溶氧、pH 值信息，是为了全面检测土壤养分含量，准确指导水田合理施肥，提高产量，避免由于过量施肥导致的环境问题。

（3）视频监控

视频监控系统是指安装摄像机通过同轴视频电缆将图像传输到控制主机，实时得到植物生长信息，在监控中心或异地互联网上即可随时看到作物的生长情况。

（4）报警系统

用户可在主机系统上对每一个传感器设配设定合理范围，当地面、地下或水下信息超出设定范围时，报警系统可将田间信息通过手机短息和弹出到主机界面两种方式告知用户。用户可通过视频监控查看田间情况，然后采取合理方式应对田间具体发生状况。

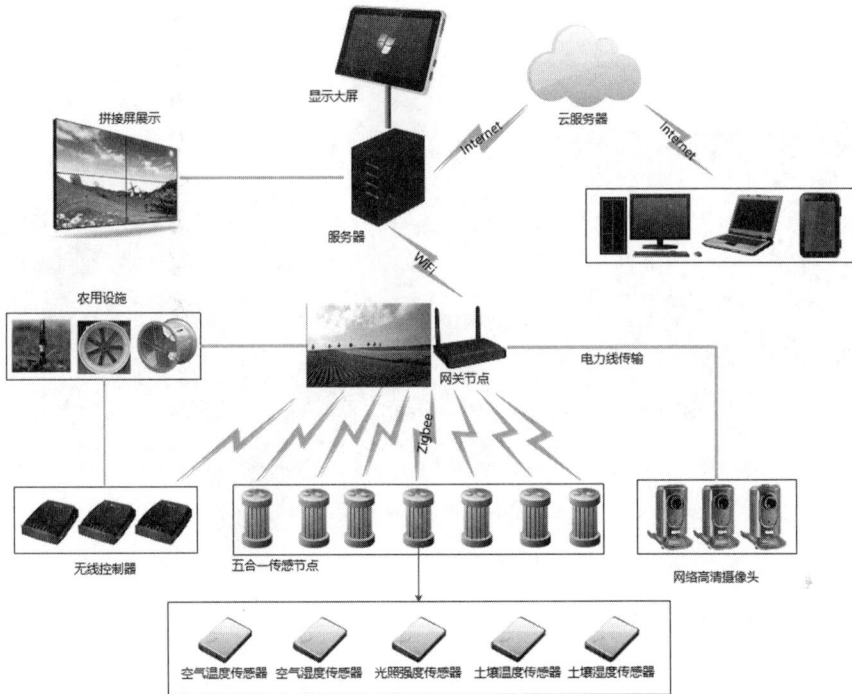

图10-6 大田信息监测系统

10.4.1.3 配置构成

（1）信息采集系统

①地面配置：温度、湿度、光照、光合有效辐射、雨量、风速、风向、气压等设备。

②地下或水下配置：土壤温度、水分、水位、氮、磷、钾、溶氧、pH值等设备。

用途：用于实时采集在作物生产中，影响其生长的重要环境因子参数。

（2）无线传输系统

用于远程无线传输采集数据。

（3）视频监控系统

查看作物实时生长情况，病虫害防治及园区大棚监控。

（4）软件平台

远程数据实时查看功能，自动化控制功能，各类预警功能。

10.4.2 现代农业大田自动灌溉系统

在中国农业用水量约占总用水量的80%，由于农业灌溉效率普遍低下，大部分地区仍然采用浇灌，而且传统喷灌系统水的利用率也不高，因而，解决农业灌溉用水的问题，对于缓解水资源的紧缺是非常重要的。智能灌溉系统不仅可以提高水源利用率，缓解水资源日趋紧张的矛盾，还可以增加农作物的产量，降低农产品的成本(图10-7)。智能灌溉系统涉及传感器技术、自动控制技术、计算机技术、无线通信技术等多种高新技术。因此，基于传感器技术的智能灌溉系统是中国发展高效农业和精细农业的必由之路。

图 10-7 大田自动灌溉

10.4.2.1 功能简介

托普物联网在广泛的市场调研和技术开发的基础上，依靠自身的技术实力，推出了灌溉工程自动控制系统；采用目前主流的工业自动化控制网络，实现系统的 Internet 网络管理方式。该系统采用了先进的计算机网络技术、工控组态技术、PLC 和恒压变频供水技术，可以在监控室通过电脑监视屏观察到灌溉系统的运行情况，并自动对系统的运行情况进行记录、分析，以及实现故障排除等实际有效的功能，实现了泵站现场的无人值守，减少了管理人员，节省了管理费用，提高了经济效益，真正做到节能、环保、节约用水的目的。

10.4.2.2 灌溉工程自动控制系统原理

蔬菜种植大棚智能控制系统是针对蔬菜大棚的控制要求配置的远程监控与管理系统，采用无线传感器技术，基于传统的蔬菜大棚生产工艺，提供一套更适合蔬菜大棚的，具有高可靠性、安全性、灵活性、可扩展性、易操作性的一套软硬件系统。实时监测蔬菜大棚内的温度、湿度、水槽水位、电动卷帘状态、水泵状态的采集(还可以采集土壤墒情、二氧化碳浓度等详细信息)，以及对水泵、阀门的启停、电动卷帘、通风窗的开闭等控制，通过无线通讯方式与蔬菜大棚管理中心计算机联网，实时对各蔬菜大棚单位进行监管和控制。

10.4.2.3 自动监控系统概况

随着社会的发展和进步，人们对生产的要求也越来越高，要求生产能实时，连续地监控。正是基于这种需求，开发了全自动化灌溉监控系统。

全自动化灌溉监控系统采用了当今社会最流行的组态软件技术，利用组态软件为用户开发提供了良好的人机界面，直观易懂。能够实时、连续地将整个灌溉系统的生产，运行情况在集中监控室中显示，并进行记录、分析，以及实现故障排查等实际有效的功能。

出于设备和人员的安全考虑，自动监控系统系统能够根据所收集的信息确定泵房内的灌溉设备的运行状况良好与否。对于超出安全标准或工艺要求的数据要设置报警功能，并且要按照既定的操作规程尽可能快速的采取措施，排除故障或危险，或恢复系统正常运行。

10.4.2.4 自动监控系统功能

①采集现场环境的状况如温度、湿度、照度、大气压等。

②接收各泵站内的电磁流量计所产生的流量信号，进行计算累加和统计打印。

③接收各泵站内的差压传感器所产生的压差信号，并在压差达到设定值时，自动启动除沙器和过滤器的电磁阀进行排污冲洗。

④可在中控室对泵房的水泵及电磁阀进行自动启停和频率设定，并对水泵及电磁阀的工作状态自动监控并动态模拟显示各泵站的水泵、电磁阀、电磁流量计、除沙器、过滤器的工作状态。在中控室可用监控画面与大屏幕投影仪同时模拟显示灌溉系统泵房位置，与各泵站水泵工作状态，显示各级输配水管路布置系统及灌溉田间苗木种植结构平面图。

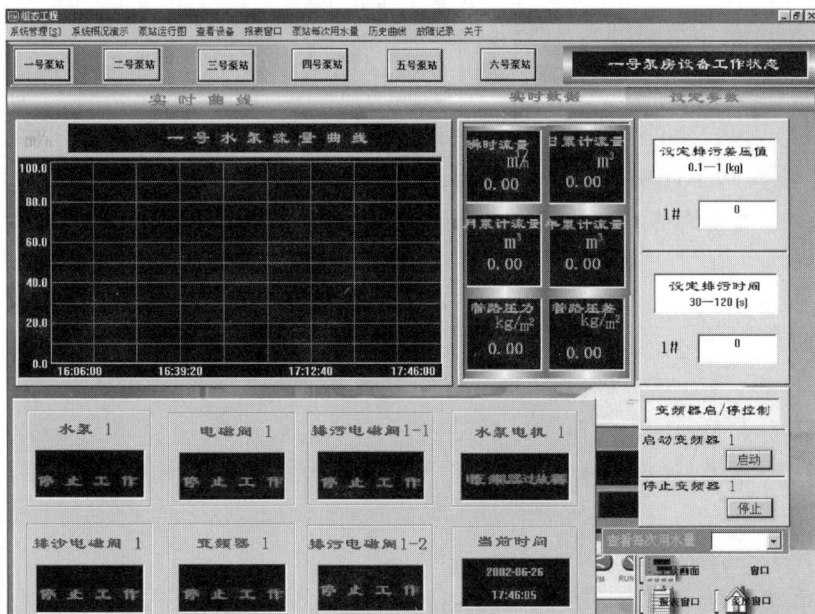

图 10-8 自动监控系统

⑤各泵房的水泵及电磁阀、除沙器、变频系统均设置报警装置，若在运行中有一处控制设备出现故障，则警灯闪亮、发出报警声并在瞬间自动切断电源，停止水泵运行并显示、记录、打印故障；并能通过手机短信的方式通知维护人员处理。

监控系统采用人机对话操作，根据画面提示，按步骤操作就可实现各项控制功能，操作简单、容易掌握(图10-8)。

10.4.2.5 可编程控制器

可编程控制器已广泛用于工业自动控制，它性能稳定，抗干扰性强。我们采用PLC接收来自现场采集站的数据同时处理接受到的信号后发出驱动信号。大量的应用案例已证明了PLC的可用性、可靠性。它安装简便，现场接线迅速，节省工作人员大量时间；产品结构紧凑，组合灵活，扩展方便；总线接口控制模块采用标准的Profibus总线通讯协议，Profibus总线通讯协议，速度为2Mbps，最远传输距离为7.8km，能够满足监控系统通讯的要求；Profibus总线的通讯介质要求是屏蔽双绞线，因而降低工程施工造价，节省了投资；可编程控制器产品的编程简单，标准的梯形图编程使得工程人员易学易用。

可编程控制器通过Profibus现场总线接受到现场泵房的压力、压差、流量等模拟量信号，并经过模拟量转换处理器处理后通过电缆传给主机(即监控计算机)，同时，通过网卡传给计算机进行显示、设定压差值、计算各泵房的流量及自动换算累加。

10.4.2.6 组态软件技术

监控计算机采用计算机网络组态软件技术。组态软件是自动化监控领域流行一种软件开发包，由于它能够提供丰富而又形象的图形资源，简单易学的编程环境，强大的扩展能力，并且随着生产、经营的不断需求，它在数据处理、网络通讯等方面的能力也日益增强。我们采用全中文工控组态软件，这个软件的特点和主要功能如下：

(1)软件特点

①全中文、可视化、面向窗口的组态开发界面，真正的32位程序，支持多任务、多线程，可运行于Windows95/98/Me/NT/2000等多种操作系统。

②庞大的标准图形库、完备的绘图工具集以及丰富的多媒体支持，能够快速地开发出集图像、声音、动画等于一体的漂亮、生动的工程画面。

③全新的ActiveX动画构件，包括存盘数据处理、条件曲线、计划曲线、相对曲线、通用棒图等，能够更方便、更灵活地处理、显示生产数据。

④支持目前绝大多数硬件设备，同时可以方便地定制各种设备驱动。此外，独特的组态环境调试功能与灵活的设备操作命令，使硬件设备与软件系统间的配合天衣无缝。

⑤简单易学的类Basic脚本语言与丰富的MCGS策略构件，能够轻而易举地开发出复杂的流程控制系统。

(2)软件主要功能

①强大的数据处理功能，能够对工业现场产生的数据以各种方式进行统计处理，使管理人员能够在第一时间获得有关现场情况的第一手数据。

②方便的报警设置、丰富的报警类型、报警存储与应答、实时打印报警报表，以及灵活的报警处理函数。

③提供了一套完善的安全机制，用户能够自由设定菜单、按钮及退出系统的操作权限。此外，还提供了工程密码、锁定软件狗、工程运行期限等功能，以保护组态开发者的成果。

④良好的可扩充性，可通过 OPC、DDE、ODBC、ActiveX 等机制，方便地扩展。

⑤使用 WWW 网络版组态软件，能够方便地实现设备管理与企业管理的集成。在整个企业范围内，使用 IE 浏览器就可以方便地浏览到实时和历史的生产信息。

10.4.2.7　双机热备份技术

调度监控站直接采用工业控制计算机和 Profibus 总线控制卡构成。为了确保系统的长期稳定工作，做到万无一失，可以使用两套工业控制计算机构成双机热备份系统，当一台计算机有问题时，另外一台自动接替工作。使用双机热备份的解决方案把传统意义的中间工作站和上位监控站合二为一，是当今极为流行和实用的解决方案，本方案既保证了系统的可靠性，又简化了系统的构造。使整个系统的可维护性、可扩充性和可管理性得到大幅度提高，使系统的第三层——上位企业管理层能够快速方便地实现。

现场总线是在最近五六年内在自动化领域兴盛起来的新概念、新模式，它融合了自动控制、计算机、网络、通讯等高科技的核心技术，为自动化系统的开发、应用提供了新的实现方法和工作机制。现场总线的特点是：

①所有的检测信号、控制信号都是以数字量的形式传输，速度更快，抗干扰能力更强。

②真正的网络拓扑结构，使得数据的共享更方便，系统的组合更方便，通讯服务的效率与可靠性更高。

目前许多的大公司都能够提供完善的，可靠的现场总线产品，如西门子、三菱、通用、霍尼韦尔、欧姆龙等。经综合比较，我们选择了德国西门子公司的 Profibus 现场总线系列产品，构成一个三层结构(现场采集层、调度监控层、上位管理层)的解决方案。这是一种典型的分布式数据采集系统，为数据的安全、可靠提供了保证，并且具有良好的扩展性。

10.4.2.8　自动监控系统工作原理过程

监控计算机通过 Profibus 现场总线与数据采集工作站通讯，接收每个数据采集站发送上来的数据，对于报警等意外情况，上位机系统能够给数据采集工作站发出合适的操作命令。同时，利用组态软件开发的监控应用软件，可以实时、动态地显示灌溉系统的实际运转情况，也可以对灌溉设备的数据完成存储，统计分析，报表显示，打印记录等处理工作。通过网络可将监控计算机上灌溉系统的数据和图像在将来建成的企业内部网上发布，基地的各级管理部门可以根据不同的权限，通过局域网浏览和下载自己所需要的信息。通过投影仪将监控计算机上灌溉系统运行画面以及其他宣传资料投影到大屏幕上，供参观者浏览。

①恒压供水控制：通过安装在管网上的压力传感器，把水压转换成 4~20mA 的模拟信号，通过 PLC(可编程控制器)处理同时发出输出信号传递给变频柜里变频器内置的 PID 控制器，来改变电动水泵转速，从而达到恒压供水目的。

②自动除沙过滤控制：通过接受差压传感器测得的压差信号，并且在压差达到设定值时，自动地启动除沙器和过滤器，达到排除沙石和悬浮渣滞的目的，使灌溉系统能顺畅运行。

③自动施肥控制：通过调节施肥调压阀，达到自动施肥目的。

思考题

1. 农业物联网产业链主要包括哪几方面内容？
2. 简述农业物联网智能化平台组成。

第 **11** 章
现代农林业精细化管理技术在山林中的应用

11.1 精准林业概况

农业是国民经济的基础，林业是大农业的重要组成部分。我国是个农业大国，农业、农村和农民问题一直是关系到我国改革开放和现代化建设的重大问题。农业科技的发展将直接影响着传统农业向现代农业转变、粗放经营向集约经营转变的进程。林业同样是国家生态环境建设的重要组成部分，是国家重点建设的工程，我国林业正在实现两个转变，即由计划经济向市场经济转变，由粗放经营向集约经营转变。为此党中央、国务院对我国农村、农业发展和林业发展提出了新目标，明确了科教兴农、科教兴林的发展战略[114]。

过去几十年来，我国的农业发展和粮食产量取得了举世瞩目的成就，但同时出现了一系列问题，实践证明，单纯依靠开发有限的土地资源，大量增加物质及化学产品投入，过度消耗土壤有机质和矿物养分来获得经济高增长的生产模式必将引起土地退化、生物多样性损失、生态环境破坏等严重后果。变革传统生产方式，通过高新技术推动农业生产的可持续发展已成为了历史的必然。精准农业正是在这样的时代背景下产生的，与其相对应的精准林业的概念，同精准农业有着相同的内涵，相似的技术支撑，又有一定的区别。精准农业的研究已有 20 余年的历史，目前还处于研究发展阶段，部分技术、产品已趋成型。精准林业是由北京林业大学冯仲科首先提出，其理论与技术体系目前尚在准备和探索阶段，已进行了一些离散性的实验和基础性工作[115]。

20 世纪以来，随着经济建设的高速发展、人口不断增加、生态环境压力的逐步增大，森林的重要作用越来越受到人们的重视，森林的自然资源和环境资源双重属性，以及森林资源的有限性与生态环境质量的重要性，越来越受到人们的重视，林业对改善生态环境和促进经济发展起着双重的促进作用，因此，保护、恢复和发展森林资源是人类社会可持续发展的迫切要求。《全国林业信息化发展"十二五"规划》中明确提出信息化是现代林业建设的重要突破口，同时要逐步建立起功能齐备、互通共享、高效便捷、稳定安全的林业信息化体系，更好地促进林业决策科学化、办公规范化、监督透明化和服务便捷化[116]。

11.2 精准林业的概念与特点

所谓精准林业，指尽可能地采用现代高新科学技术(如林木遗传工程、"3S"技术、数字通讯、林业机械自动化、传感器技术建立森林土壤类型分析、林地适应性评价、立地类型与立地条件分析、森林生态环境模拟、林木育种、施肥、生长监测、病虫火害防治及森林收获等)建立一体化、智能化、数字化的现代林业技术体系，进而使森林最大限度地发挥生态、经济和社会效益，实现森林可持续经营和区域可持续发展。

精准林业仅仅处在概念建立和做了少量分散式实验阶段，远远未达到令人满意的程度，林业生产同农业生产有诸多不同，周期长，干扰多，区域大，变异大，条件复杂。这就决定了精准林业不同于精准农业的特点：

①精准农业的研究对象是农田、农物，而精准林业则是小班林木。小班是林业上一个经营单位，即相同的经营条件属于同一个小班。

②精准农业与精准林业共同的研究目标是低投入、低能源、低消耗、高产出、信息化、智能化以及保护生态环境。

③精准农业的技术核心是建立具有 $1m^2$ 分辨率的田间信息实时采集装置，目前开发难度系数大，它可以很好地处理事后状态，但是难以做到实时和近实时的处理。精准林业一般以小班为信息采集单位，对此也有不同意见。

④DGPS 作为空间位置数据采集器，现阶段已经十分成熟，RS 可以提供高分辨率的土地信息和作物光谱信息，这对精准林业也是十分必要的。

⑤GIS 配合农业专家系统用于农田土地管理。土壤数据、气候条件、作物苗情、病虫害发生趋势、作物产量的空间分布、分析、制图等领域也十分成熟，从而为精准农业提供了 $1m^2$ 分辨率的差异性和实施调控的处方信息，进而实现科学种田，精准农业、精准作业以及充分生长，这也是精准林业所需要的。作物栽培管理辅助决策系统与作物生产管理及长势预测模型，以及投入产出分析模拟模型和农业专家系统，通过对产量差异性做出可行性判断，提出科学处方，消除和减少差异，进而实现高产、稳产，这也是精准林业的目标。

⑥精准林业的技术核心是利用 RS、GPS、GIS、ES 建立林地管理、营林区管理、林班管理、小班管理、土壤数据、小班坡向、坡度、坡位、自然条件、立地分析、造林模式决策支持、森林光谱数据、病虫害信息、森林生长与空间结构信息系统，进而研究森林生长的空间结构性和空间差异性，采取优化的森林空间结构调整理论和方法以减少和消除这些差异，实现森林的健康和可持续经营。

⑦精准农业的技术难题主要是在农业机械和其他机械运动状态下对田间信息（主要是土壤信息，如水分、杂草和病虫害，作物苗情识别的传感器开发）进行实时采集，这些信息的采集只能建立在以后的实验室分析基础上才能运行。对于精准林业，在未造林区、更新区也存在与精准农业相同的问题，但我国的林区大多是山地，在这些山地进行机械运行将十分困难，故这些问题相对于精准农业而言不是十分突出。精准林业的技术核心是对森林的生长实现精准地计测和监测。

11.3　精细化林业资源管理

精细化林业资源管理是指利用先进的现代高新科技，建立数字化、一体化、智能化的现代林业技术体系，进而可以进行森林经营与分析、森林生态保护、立地类型与条件分析、林业生态环境模拟、林木生长监测、野生动植物保护、病虫害防治等操作，从而最大限度地提升林业的经济效益、社会效益和生态效益，实现林业的可持续经营和发展[117]。

精细化林业资源管理建立在"空间差异"数据采集的实时处理之上，便于节约资源，降低成本[118]。它是基于不同尺度的环境及生物生长信息采集、传递、反馈，包括大尺度下的基于"3S"的信息和生物生产认知水平的全过程精细判别，以及基于智能生产设备的精准控制。精细化林业资源管理将信息技术和人工智能技术等现代高新技术集成应用在优化管理林业生产系统上，目的就是要利用现代地理空间信息技术获取林区内影响林木生长和蓄积量的各种因素的时空差异，避免因盲目投入或投入不当造成资金人员的浪费[119]。

它的基本思路是采用一切可能的高新技术（如生物遗传工程、农机自动化、"3S"技术和数字通讯等）进行从土壤类型分析、土地适应性评价、生态环境模拟到作物育种、灌溉施肥、苗情监测、病虫害防治乃至大面积作物收获等一体化、智能化、自动化的现代农业生产流程。与传统农业相比，精准农业具有以下几方面的特点：

（1）低投入，高产出

通过一些高新技术可以降低农业生产投入而获得最多收益。例如，生物克隆技术进行植物育苗可大大降低种子的消耗，同时由于所有种苗具有完全相同的生物特性，这样在选择质量最好的种苗进行克隆繁殖时，克隆出的每颗种苗都具有最旺盛的生命力，最大限度地保证该植物结出最多的果实，从而使整块农田可以获得最大的生产效益。

（2）低能源，低消耗

通过农业工作者对每块农田的土地类型分析、土地适应性评价、作物育种、作物病虫害管理等进行模型模拟，从而对作物栽培、施肥、微渗漏灌溉、管理实施定点、定量投入（或称处方农作），这样可以大幅度降低农业生产资料（如种子、肥料、农业用药、水等）的消耗。

（3）信息化，智能化，自动化

充分利用新技术进行高水平的农业生产管理是现代农业的发展趋势，其显著特点是：土地资源与生态环境信息化、生产管理智能化、农田作业自动化。

（4）保护生态环境

精准农业在进行农业生产时充分注重生态环境，达到农田管理与环境保护相协调。因此，精准农业又在一定程度上称为生态农业或绿色农业。

（5）区域可持续发展

精准农业以可持续发展战略为中心，遵循自然规律，从而使土地资源、生态环境和农业生产达到完美的统一。

11.4 "3S"技术的集成应用

11.4.1 "3S"技术在林业生产管理领域的现实意义

林业生产领域的管理决策人员面对着各种数据，如林地使用状况、植被分布特征、立地条件、社会经济等许多因子的相关数据，这些数据既有空间数据又有属性数据，对这些数据进行综合分析并及时找出解决问题的合理方案，借用传统方法不是一件容易的事，而利用 GIS 方法会显得十分简单。当下社会经济迅速发展，森林资源的开发、利用和保护需要随时跟上经济发展的步伐，掌握资源的动态变化，及时做出合理的决策就显得十分重要。常规的森林资源监测，从资源清查到数据整理成册，最后制订经营方案，需要的时间长，同时，可能造成经营方案和现实情况不相符。这种滞后现象势必会出现管理方案的不合理，甚至无法接受。利用 GIS 就可以完全解决这一问题，及时掌握森林资源及有关因子的空间时序的变化特征，从而对症下药。在我国上万个基层林业生产单位中，森林资源清查、各种经营方案的设计（如造林规划、抚育间伐、伐区设计等）常常需要大量的人力、物力、财力。

"3S"技术中，作为单项的 GPS、RS、GIS，它们在林业中已各自取得辉煌的成就，例如，GPS 用于飞播造林辅助导航、样地野外定位、伐区测定边界和面积、林业工程测量等，取得了良好的经济效益。RS 在我国林业中的应用更是令人瞩目，对于"三北"防护林遥感综合调查项目，此项目在两年时间内查清了占全国 60% 面积的"三北"地区中森林、土地、草场等再生资源的数量，并对"三北"的生态环境进行了评价。使国家有关部门在短时间里掌握了如此大面积的资源状况及变化情况，对人迹稀少、常规方法难以调查的地区，RS 更显其威力，西藏自治区森林资源调查就是用遥感技术完成的。GIS 的应用也由当初的简单查询和制图制表功能发展成为森林经营管理的重要工具，除了完成常规的数据管理功能外，还可方便地在空间属性数据基础上建立生长、预测、经营、决策等专业模式方案，通过对各种经营过程进行模拟比较和评价，选择出最优经营方案，并通过与 RS 的结合作出了许多区域性的森林资源、土地资源的动态化监测。随着"3S"技术的日益成熟和实用化，其具有实时或准实时获取信息、处理信息的能力，必将给林业生产开拓一块崭新的天地。

利用"3S"技术的优势可表现在：

（1）节省经费

①节省二类调查经费：制作一张林相图，过去利用人工制作，大约要 7d，而利用 GIS，不到 1h；整理内业工作，从勾绘草图、小班求积、清样、标注、描色、数据分析、统计等都可以实现计算机化，与人力相比 GIS 在总体上可节省 5 倍的经费。

②利用已有的林相基本图和数据，GIS 可以随时制作任何林业专题图，如造林规划图、土地分布图、经营抚育实施图、成熟林分布图等，节省专题图制作费。

③节省林区设计经费。

④节省外调查经费，利用 GIS 更新后的林相、制作立体林相图，更有利于外业调查。

（2）提高工作效率

①提高制图速度、缩短作业时间。

②提高二类、伐区和其他专题调查的效率。

③提高制作经营决策方案的效率。

（3）使林业经营管理更趋科学化

①将空间数据作为不可缺少的因素与属性数据进行综合分析，改变单一属性数据分析的缺陷，使制作的决策方案更加合理。

②对林业森林资源的空间属性数据进行动态管理，一旦资源发生变更，即刻对资源数据进行更新，从而准确掌握资源的状况，做出有效的决策。

③制作与生长模型，决策模型等有关的专题地图提供形象化的决策分析方案，为经营方案准确有效的实施奠定基础。

11.4.2　"3S"技术国内外发展状况

GIS 在林业生产领域的应用国外起步较早，GIS 开始走向实用之前，它就进行了这方面的探索，目前在国际上已有许多成功的例子，20 世纪 80 年代中期加拿大在林业生产部门开始进行大范围的应用。目前在许多州及林业生产管理部门中，GIS 发挥了巨大作用。由于我国政府部门的重视和国际组织的援助，我国国家森林资源监测、地理信息系统的建设工作目前正在开展。这标志着林业资源管理将开始迈向一个新的里程，基层林业 GIS 的建设在我国是势在必行。

目前，美国已成功开发应用于森林资源调查的"3S"技术，加拿大、日本、印度等国，在大约 25min 内可以利用前一天接收的 MSS 和 TM 卫星遥感数据，同时按统一的指标体系和图例，输出整幅的 1∶20 万或 1∶50 万土地利用/土地覆盖图。在森林资源的调查和监测方面，目前美国已突破了传统的范围，渗透到全球环境变化监测和森林保健（FHM）监测研究。利用航天、遥感技术建立大范围的森林生态图（ECOMAP）和森林健康指数图，对森林的生物和环境因子，森林的健康状况进行连续和动态的研究和监测。自 80 年代中期以来，美国林务局在资源、流域、森林多样性保护等方面的管理监测中广泛推广应用地理信息系统、全球定位系统、遥感技术和计算机等先进技术手段，并对有关数据信息的收集、补充、储存和完善制定了统一的标准。近年来美国林务局正在组织一项综合遥感信息处理集成资源数据库的项目研究，目的是将遥感及其相关技术用于 GIS 数据库的建立。在美国，不论是科研、教学部门，还是行政管理部门，从宏观决策、资源数据存储和统计分析到日常工作，计算机应用的非常普遍，各项工作的进行都十分规范合理。

美国林业政策制定和科研立项的正确性和科学性，它们来源于各基础数据的真实性、正确性和可靠性。注重学习和研究美国数据库的长期维护、保存策略和政策；数据库开发及其质量控制保证系统，数据库的实用性开发，尤其是资源数据库为全球环境变化研究服务的途径和方法；大型数据库的建立和数字化储存技术（如用光盘作为储存介质）等。"3S"技术在林业应用，其中应用最多的单位是林业基层单位，GIS 应用最为广泛。制定森林经营决策方案方面，GIS 借助其拥有的数据库和数据管理功能等，可以很方便地在空间、属性数据的基础上建立生长、预测、经营、决策模型。通过对各种经营过程进行模拟、比较和评价；选择出最优经营方案，并形成综合或专题报告输出供决策者参考。1990年日本的伊藤达夫利用 GIS 制定森林经营开发方案，应用后取得了满意效果。

11.5　物联网在林业信息化中的应用

物联网用途极其广泛，遍及交通、安保、家居、消防、监测、医疗、栽培、食品等多个领域。作为第三次信息革命的推动者和下一个经济增长点。物联网必将成为"数字林业"建设中的决定力量。物联网可以实现物与物、物与人之间的在线连接，需要实时监测接入网络中的任何物体，采集能反映物体属性和状态的各类信息，如声、光、电、热、力、位置等，从而实现对物体的智能化感知、识别、跟踪及定位。因此，物联网涉及许多技术。国际电信联盟将其大致分为四类：感知物体的无线传感技术、标识物体的射频识别技术、表示物体的智能技术及微缩物体的纳米技术。本研究紧密结合物联网在林业中的应用，介绍前三类物联网技术。

11.5.1　传感器网络及 ZigBee 技术

传感器网络（Wireless Sensor Networks，WSN）是集分布式信息采集、信息传输和信息处理技术于一体的网络信息系统，以其低成本、低功耗、组网灵活、铺设简单及适合移动等特点受到广泛重视。传感器网络的基本功能是将一系列空间分散的传感器单元通过自组织方式进行连接，从而将各自采集的数据通过无线网络进行传输汇总，以实现空间分散范围内物理因素或环境状况的协作监控。物联网正是通过遍布在各个角落和物体上的形形色色的传感器以及由它们组成的无线传感器网络，来感知整个物质世界。传感器节点之间通常采用 ZigBee 协议进行无线通信。ZigBee 协议是基于 IEEE802.15.4 标准的无线网络技术，也是当前物联网中应用最广泛的技术。其名称来源于蜂群的通信方式：蜜蜂通过跳 ZigZag 形状的舞蹈来传递食物源的位置、距离和方向等信息。ZigBee 技术模仿蜜蜂传递信息的方式，通过相邻网络节点之间信息的接力传递，将信息以无线方式从一个节点传输到另外一个节点。ZigBee 技术作为一种低复杂度、自组织、低功耗的通信方式，非常适合通信信号的短距离无线传输（图 11-1）。

作为物联网的重要组成部分，无线传感技术近几年在信息林业中得到了广泛的应用。例如，火险天气指数系统，通过分析传感器节点传回的森林气象数据，对森林火险作出早期预警；还能从网络联通性方面来研究在森林环境监测方面用无线传感器网络的节点布置优化策略。将 ZigBee 无线传感技术应用于森林防火中，能对森林火险实时监测系统的构建、通信协议选择、节点软硬件开发等问题进行了研究。建立独特的用于森林火灾监测的传感器定位算法，为火点早期定位提供了有力的理论依据，设计了面向森林生态监测的物联网数据采集系统，通过单总线数字式温湿度传感器、烟雾传感器、CO_2 传感器和光亮度传感器来分别采集温度、湿度、CO_2 含量和光照等与林木相关的信息。

图 11-1　ZigBee 无线传感器

11.5.2 RFID 技术

RFID 即无线射频识别技术，又称电子标签技术，是一项利用射频信号实现非接触式信息传递来自动识别目标的技术。作为条形码扫描识别技术的拓展和延伸，近年来广泛应用于物流、通信、交通、智能家居等领域[120]。RFID 通常由三部分组成：标签、天线和识读器。标签由射频耦合元件及相关外围器件组成，附着在物体上用于标识目标物体，每个标签具有唯一的电子编码；天线用于发射和接收射频信号；识读器通过天线实时读取标签的信息，将射频信号解码，供后台计算机信息系统进行有关数据处理。

RFID 技术的基本工作原理是：当标签进入识读器天线的辐射范围，就可以接收到识读器发出的射频信号，内置的射频耦合元件凭借电磁感应产生感应电流激活内置芯片，后者将存储于芯片内的物件编码信息发射给识读器(图 11-2)。此外，也有另外一种类型的 RFID 标签，该标签自带电源，一般多为锂电池，以主动的方式发送某一频率的射频信号。将 RFID 技术与 Internet 相结合，用户通过 Internet 跟踪贴有电子标签的物品，组成真正意义上的"物联网"。目前，国内外林业领域已有多项 RFID 技术应用的相关研究。将 RFID 技术用于木材工业化生产过程，采用电子标签将木材的各种加工生产信息实时写入数据库系统，自动跟踪从原木采伐到木制品生产的整个过程，最大限度地提高原料利用率及木制品的产量，同时还能有效监测木材生产对环境的影响。

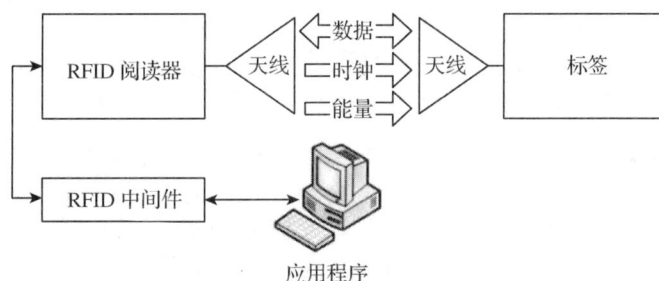

图 11-2　RFID 工作原理示意

林业系统中 RFID 技术的应用十分广泛，在农业、畜牧业、交通、食品安全、金融及海关等各个行业都能看到 RFID 技术的应用。其在林业系统中的应用主要体现在以下几个方面：RFID 技术可支持非可视识别、移动识别和多目标识别，在各种资源的信息登记和清查、定位与长期跟踪观察、查找和保护等方面都起着不可或缺的作用。木材贮运系统中的应用：对木材贮运系统来说，通过 RFID 技术可以完成对信息的准确读取和大量存储功能，可以保障仓储信息的准确统一，提高仓储运作和管理的工作效率，大幅度减少现有模式中查找楞位信息的时间，大大加快出入库的流转速度，增强仓储系统的处理能力，可使物流各环节的信息更加准确、及时和透明，提高人员的利用率，减少不必要的耗费，难以被仿冒。环保是有效解决物流业务中数据的输入、输出与共享，业务的跟踪与控制，以及减少出错率等难题的一种新技术和好帮手[121]。森林资源监测：实施森林资源监测，查清森林资源数量、结构、质量及其生态状况，监控森林资源功能效益变化，是强化资源经营管理的基础和中心工作之一[122]。

RFID 技术上能从根本上解决森林资源监测成果时效性低这个问题。从森林资源的幼苗时开始将其各种属性载入 RFID 技术的标签中，利用网络点法安放读写器或利用手持读写器，定期对其成长的全过程进行跟踪和更新，这样不仅可以从根本上解决森林资源普查和监测上的困难，同时还能对森林采伐起到指引和监督作用，为林业局在下达任务和制定相关的策略提供了稳定和可靠的数据来源。RFID 的应用不仅仅局限于对木材采伐和运输、林木种质资源管理的应用上，还应该充分发挥其优点，将其引入到珍贵野生动物的跟踪和保护(大熊猫、东北虎等)方面，动物收容所、野生动物园、珍贵古木的监视、严禁盗伐、原始山林的观光、保护和人员定位等等，其内容极为丰富，这是一个综合性的系统工程。RFID 在林业中普及受限的最主要因素是没有一个标准来规范它，使其在林业领域里的应用和发展受到了严重的制约。因此，在林业行业实施 RFID 技术，标准化的技术探讨和信息建立显得尤为重要。

11.5.3　智能技术

由于物联网具有明显的"智能化"要求和特征，而智能信息技术是保障这一特性的关键技术，因此智能技术的研究对物联网的发展具有重要的意义。智能技术包括智能信号处理、智能控制技术、先进的人机交互技术、云计算等。目前，智能信号处理技术比较成熟，在物联网中有广泛的应用。物联网的智能信号处理以多物理量检测、信号提取、信号调理、信号变换、信号分析为核心技术[123]。其处理过程既可以发生在数据采集端，如传感器节点或 RFID 芯片，也能在资源丰富的基站或服务器上实现。在数据采集端或感知层，通过信号调理及检测技术滤除信号带外噪声，提高信号的信噪比；依据信号采集的空间相关、时间相关等特点来消除冗余信号，降低网内数据流量及传输能耗。在基站及服务器上，能实现诸如分类、预测、模式识别等复杂的非线性信号处理。2008 年，TI 公司推出其第二代物联网射频芯片 CC2420 和 CC2430 来配备 ZigBee 无线收发器，具有数字滤波、扩频、数字调制解调等信号处理功能，这些功能大大增强了信号在无线传输中的可靠性和有效性。

11.5.4　物联网在其他林业相关领域的应用

11.5.4.1　物联网在森林防火中的应用

物联网在森林防火中的作用主要体现在林火监控与林火扑救两个方面。物联网能构建面向应急联动系统的临时性、突发性基础信息采集环境。通过无线传感器网络对复杂环境和突发事件的精确信息感知能力，建设基于无线传感器网络的信息采集、分析和预警体系。

一方面可以实现对突发森林火警的精确监测。传统的森林火灾监控系统主要使用前端摄像系统采集林火信息，并由视频采集模块不间断接收摄像系统的视频数据并存入服务器中，视频解码模块利用视频采集模块采集的视频信息，通过视频解码算法把视频信息转换成预定格式的图像，以便进行火警图像的识别。火警图像识别子模块根据火焰烟雾的行为特征，运用图像处理技术和识别算法，进而对视频解码模块生成的图像进行智能分析，判断图像上是否有疑似火点。这种监控方式的缺点是显而易见的：即信息量传输时需占用大量带宽;视频解码与火警图形识别的效率低下;对雾、热气等干扰的分辨率差;林火预警的自动化和智能化程度低;不能大面积应用等。利用物联网技术,可在监测区域遍布感烟、感温等传感器,传感器将周围信息通过无线网络反馈到监控中心,监控中心根据接收的信息判断是否出现火警,并通过各种方式(如手机)通知到监控人员。从上述过程可知,相比传统林火监控系统,物联网技术监测区域要大得多、传输的数据量小、火警识别更加精确快捷。

另一方面,可利用网络中具有 GPS 定位和 GPRS 通信模块的多模移动信息采集终端。提供全网节点定位和林火扑救人员的实时定位跟踪;同时,还可以结合 GIS 的技术特点,将现场动态信息与应急联动综合数据库和模型库的各类信息进行融合,依据现场环境及林火蔓延模型,形成较为完备的事件态势图,对林火蔓延方向、蔓延速率、危险区域和发展趋势等进行动态预测,进而为辅助决策提供科学依据,提高应急联动系统的保障能力,最大程度地预防和减少森林火灾及其造成的损害。

11.5.4.2　物联网在古树名木管理中的应用

古树名木有重要的科学价值、历史价值和生态价值。经济的高速发展,伴随而来的是城市规模的急剧扩大,古树名木的生长环境受到了不同程度的破坏,传统的古树名木保护与养护模式越来越不能适应现代城市发展与规划的需要。物联网技术的出现,为古树名木的管理找到了新的方向。古树名木管理人员可以把带有识别信息(ID 号码)和相关属性、养护等信息的电子标签植入到植物特定位置。通过阅读器可以将标签中的信息识别出来,并将数据传输到古树名木管理信息系统,借此可实现对古树名木的全程追踪,及时发现异样状况,及早处理(表 11-3)。同时,它还将帮助护理人员进行古树名木的防虫、防盗、防火等,很好地避免了古树名木遭受不同程度的伤害。例如,某株古树一旦生病,专家足不出户,便可完成以下工作:在电脑上对树木的外部形态进行一次全方位的观察;然后查阅其过往资料,如何时浇的水、施过什么肥、生过什么病、是否"搬"过"家",最后给出诊

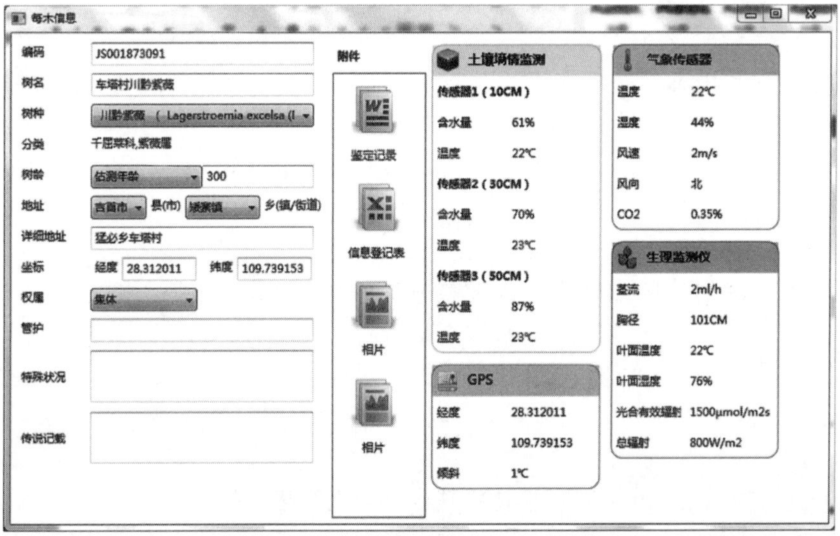

图 11-3　每木信息管理记录列表

断结果和治疗方案。当遭到人为破坏时，"电子园丁"不但能立即报警，还能不动声色地记录下肇事者的蛛丝马迹。与单一的人工维护相比"电子园丁"的更新更加及时，浇水、施肥的同时，档案就会自动更新；记录更精准，维护时间、施肥类型绝无"笔误"。

11.5.4.3 物联网在珍稀野生动物保护中的应用

世界各国对将物联网技术应用于动物养殖、保护特别重视。欧盟早在1998年就开始动物的电子身份证的研究。中国政府也于2006年10月发表了国家标准《动物射频识别代码结构》（GB/T 20563—2006）。目前，用于动物识别的电子标签形式主要有耳钉式、项圈式、植入式和药丸式，各有自身特点和适用范围。电子标签的芯片寿命一般超过30年。每个动物芯片又都有一个全球唯一识别码（UID）。所以存于芯片的该识别码可作为动物终生的电子身份识别码，通过对每一野生动物个体进行电子标识，建立电子谱系档案，有利于加强对野生动物的谱系管理，明晰其家族史，避免野生动物的近亲繁殖，促进野生动物的物种优化。同时，通过物联网可以清楚地记录野生动物当前的生存状况，例如，体貌状态记录、食料记录、交配记录、生育记录、交换记录、疫病状况等，详尽了解相关记录有利于研究人员进行科学保护与喂养，便于有关人员适时掌握野生动物的生存状态，有效地实施濒危物种保护措施。

11.5.4.4 物联网在木材追踪管理中的应用

欧盟要求木产品出口国遵守一套规则，确保产品原木的合法砍伐符合环境可持续规律，要求控制和监控流程实现透明性。一旦这些控制和流程实施到位，马来西亚政府不但可授权发布符合欧盟标准的出口证，同时也打击了非法砍伐。其中，协议的一个重要要求是采用一套全国木材追踪系统，提高木材供应链的透明性和可追溯性。

目前，当地林管部门主要通过肉眼读取树身标识上的识别码，手工清点树木。然而，手工系统不但操作复杂，而且很难追溯每一块加工后的木材，尤其是无法在整个供应链中保持完整的书面记录，进而来确保所有税款的交付及原木的合法砍伐。为此，当地政府引入物联网技术，开发了木材追踪管理系统。通过该系统可迅速查找到产品的历史高速识别原木；自动生产 RFID 报表，如库存、堆场报告等，同时，这套系统还支持森林库存和管理活动，如种植计划等，可以管理森林相关文件、树材加工、运输和出口等信息；支持警报系统；自动计算和收集税款，从而提高账面透明性，识别相关非法活动。

11.5.4.5 物联网在苗木花卉栽培中的应用

通过实时传感采集和历史数据存储能够摸索出植物生长中对温、湿、光、土壤的需求规律。提供精准的科研实验数据，通过智能分析与联动控制功能能够及时精确地分析出满足植物生长对环境各项指标的相关要求，达到大幅增产的目的；通过光照和温度的智能分析与精确干预，能够使植物完全遵循人工调节而产生高效、实用的农业生产效果（图11-4）。

在当前，物联网技术作为新兴事物，其推广尚面临诸多的难题。主要体现在：

①标准问题：物联网的标准尚在起草中，物联网产品不兼容问题已成为制约物流网发展的首要因素。

②成本：成本问题是一个两难问题，成本太高，销售价格必然较高，产品的推广难度将加大，成本压得太低，制造业又失去利润。

③安全：物联网涉及的安全问题主要包括感知节点的安全问题、网络的传输与信息安全问题、业务安全问题等。

图 11-4　温室花圃中的远程控制微喷灌溉

思考题

1. 什么是精准林业？
2. 与传统林业相比，精准林业的特点是什么？

第 *12* 章

其他现代农林业精细化管理技术应用案例

12.1 近红外光谱技术在珍稀木材鉴别领域的应用

12.1.1 概述

12.1.1.1 研究现状

珍稀木材种类繁多，不同种类的木材价格差异很大，导致做成成品后的家具价格也有巨大的差异，其中以红木家具最为昂贵。红木家具有非常强的中国文化内涵，中国国家标准《红木》（GB/T 18107—2000），将5属8类33种珍稀木材列为红木[124]。红木家具作为高档家具的代名词，集收藏品、消费品、投资品于一身，加上原料日益稀缺，其价格一路飙升。红木家具市场水涨船高，不少不良商家为了赚取利润，采用与红木有着相似特征的中低档珍稀木材冒充高档红木，或者在红木家具中掺杂其他劣质红木，严重干扰了市场秩序，损害了广大消费者的利益。据中国消费者协会调查数据显示，红木家具市场的合格率仅为30%，近年来消费者对红木家具的投诉量正在逐年上升[125]。

常见鉴别方法主要凭借专业仪器或有着丰富行业经验的专家投入大量工作才能完成。这些方法具有费时、成本高、破坏性、化学试剂污染、操作复杂等缺点，只适合实验室使用，而且目前很多木材的鉴别研究都是建立在对样本进行磨粉、切块等加工处理的基础上，检测形式多为送检或抽检，覆盖面受到很大局限，在实际应用中难以保证整个成品家具的真假。近年来与化学计量学结合的近红外光谱技术在木材检测与木材识别方面发展迅速，其无损、高效、快速、低成本、重现性好、便于在线检测等独特优势[126]，为木材鉴别提供了一种新的检测技术。目前，国内外已有大量研究表明近红外光谱技术鉴别木材的可行性，但研究还没有深入到对中国市场上一些易混淆的珍稀木材家具的近红外快速鉴别，难以适应市场的需求。随着云计算技术和物联网技术的提出和快速发展，近红外仪器的微型化和可靠性提升、云计算的实用化，这些为研究开发珍稀木材家具快速鉴别系统提供了新的思路。

（1）国内外木材识别技术

木材识别技术是指通过观察木材的宏观和微观构造特征、化学成分等，将木材鉴别为属、类（科）或种的技术。由于树木种类繁多，正确地识别木材树种，对于推动木材家具市场健康发展具有深刻意义，因此近年来国内外学者先后在木材识别技术上展开了大量的研究[127~130]。

①传统木材识别技术：传统木材识别技术主要为木材宏观与微观识别，宏观识别就是用肉眼或借助放大镜观察所能见到的木材的宏观构造特征，其主要识别特征为木材的心材、生长轮、管孔、轴向薄壁组织、木射线等，次要识别特征为木材的纹理、颜色、光泽、气味等。微观识别即借助检测仪器对木材进行切片等处理后，在光学显微镜下观察其组织与细胞的形态与排列，必须在实验室完成。

②基于计算机数字图像处理技术的识别方法：此方法是依靠显微镜获取木材切片图像，再根据图像利用计算机自动识别木材，最后将图像输入计算机检索系统。这种方法大幅度地加快了木材识别速度，但从红木家具上来说，有些商家为了增加家具的重量，在家具的上下两层采用红木，中间填充水泥、沙子等廉价材料做夹层，这时采用计算机图像识别技术就难以准确鉴别了。

③气相色谱质谱联用技术：科学家 Holmes 和 Morrell 于 1957 年首次研发出气相色谱质谱联用仪(Gas Chromatograph – Mass Spectrometer, GC – MS)。国内外研究中，罗莎等[131]利用傅立叶转换红外线光谱仪和 GC – MS 技术对大果紫檀、交趾黄檀、微凹黄檀和卢氏黑黄檀这四种红木的有机溶剂抽提物进行分析，利用统计方法分别建立这四种红木的 FTIR 及 GC – MS 指纹图谱，研究结果表明参照 GC – MS 进行木材品种分类鉴别是可行的。GC – MS 技术识别工作效率高，取样方便，但是需要将木材样品进行前处理，且实验中需要较高的精密度。

④遗传法(DNA 标记)技术：不同品种和产地的木材具有不同的 DNA，因此，可以利用 DNA 技术来鉴别木材，一些研究者先后采用 DNA 技术对一些珍稀木材进行了鉴定[132,133]。此技术鉴别过程迅速，但需对样本进行前处理，只适合实验室使用。

⑤稳定同位素分析技术：稳定同位素分析技术是指根据同一产地的木材具有唯一的稳定同位素(C、H、P、N、S)比率，可推断出木材的原产地。例如，来自德国的研究人员[134]采集北欧 233 个产地的 1651 个样本，在树干截取圆盘。另外，从东南亚钻取了 102 个产地的 487 个生长锥树芯，将其磨粉、抽提、干燥，结果表明在北欧根据木材有机物中氢的 D/H 比率，可以获知木材的原产地，同时利用 D/H 和 18O/16O 比率，准确率提高，但在热带地区较困难。该技术拓宽了木材识别的范围，提高了识别精度，但该方法需要大量的实验和样本采集，对样本具体来源有更高要求，且操作复杂，只适合实验室使用，不利于大规模快速检测。

⑥高光谱成像技术：高光谱成像技术是在电磁波谱的光谱波段获取较高光谱分辨率的图像信息的过程[135]。Hagman 等[136]采用高光谱成像技术判别针叶材挪威云杉和欧洲赤松应力木。结合偏最小二乘法和多元线性回归法建立识别模型，其识别正确率均高于 92%。因此，高光谱成像技术是图像技术与光谱技术的完美结合，精度高，但高光谱成像系统体积大，设备携带不方便，不适用于野外检测。

(2)近红外技术应用于木材的识别

①国外木材鉴别的研究现状：在木材鉴别领域，国内外的研究相对于木材性质检测较少。2003 年，日本专家利用 NIR 分析技术结合马氏距离对木材进行分类，成功识别出实验中的每类木材[137]。Adedipe 等[138]利用近红外光谱和 SIMCA 实现了红橡木和白橡木的在线快速分类和分离。Russ 等[139]研究了一种利用近红外漫反射光谱结合 PCA 以木材芯片的形式确定阔叶树种的方法。2010 年，Fujimoto 等[140]利用近红外光谱技术识别出了同种木

材的死节和活节。Pastore 等[141,142]将 4 种常用的珍贵木材：大叶桃花心木、圭亚那栋树、西班牙柏木和南美桃花心木研磨成粉并采集其近红外光谱进行分析，研究表明利用近红外光谱技术可以实现这 4 种木材的快速识别，但对样本进行磨粉等加工处理，这显然在实际应用中并不适用。因此，在进一步研究中，直接采集了木材的横切面、径切面和弦切面的光谱进行分析，结果表明利用近红外光谱技术可以实现对 4 种珍贵木材的准确鉴别。

②国内木材鉴别的研究现状：鉴于同一种类木材近红外光谱具有类似的吸收峰和吸收强度，而不同种类的木材近红外光谱的吸收峰和吸收强度就明显不同，张蓉[143]曾利用近红外光谱技术对花梨木类、黑酸枝木类、红酸枝木类以及非红木类中的杂色豆进行了分类和识别，分类效果明显。杨忠等[144]利用近红外光谱技术对红木国家标准中八类红木光谱进行研究分析，结果表明近红外光谱与红木色度学参数之间存在非常高的相关性，可以清楚地识别红木类别，但研究范围大，没有具体到红木中的 33 种。马明宇等[145]利用人工神经网络结合近红外光谱，分别使用反向传播人工神经网络（BPANN）与广义回归神经网络（GRNN）建立了非珍稀树种识别模型，结果表明 BPANN 模型和 GRNN 模型识别正确率分别在 97% 和 99% 以上。杨忠等[146]利用近红外光谱技术对针叶材杉木和阔叶材桉树进行快速识别，结果表明识别正确率达 100%，识别模型预测的相关系数为 0.99，标准误差为 0.07。杨金勇等[147]以大叶桉和 3 类松树样品作为研究对象，利用主成分分析与 Fisher 判别模型结合近红外光谱技术进行木材树种的分类识别研究。刘亚娜[148]建立常见木材树种的近红外光谱识别模型，在此基础上探讨影响木材近红外光谱识别技术的因素，并初步探讨了木材近红外光谱识别技术的机理。

目前，国内外专家学者主要研究一些原木的鉴别，且这些研究主要是对外观类似的几种木材或几类木材进行识别，建模方法比较传统。国内对国标定义的 33 种红木的鉴别研究较少，难以应用于国内市场上的家具鉴别。

12.1.1.2 研究内容

利用近红外光谱技术结合化学计量学方法，选择 25 种中国市场上主要的珍稀木材原木与家具，建立精确可靠的真假珍稀木材定标模型，实现对作假珍稀木材的快速识别，设计开发一个基于云计算的珍稀木材快速鉴别物联网系统。为木材研究领域提供一种有效、快速、无损的技术手段，使长期困扰我国的市场上各种真假珍稀木材无法鉴别的问题得到彻底解决。

12.1.1.3 研究目的和意义

实现国内市场上主要的珍稀木材家具的快速鉴别，建立基于云计算的珍稀木材快速鉴别物联网系统，对保护消费者利益、促进红木家具市场的健康发展具有重要作用。因此，研究意义如下：

①目前市场上以假乱真的珍稀木材有很多，传统识别方法受人为主观影响，且识别速度慢，因此利用近红外光谱技术结合多变量数据分析建立珍稀木材家具鉴别模型，为珍稀木材鉴别研究领域提供一种有效、快速、无损的技术手段，使长期困扰我国的市场上各种木材混乱无法鉴别的问题得到解决。

②在很多利用近红外光谱技术对木材的研究中，为了保证样本的均匀性和光谱的稳定

性，对木材进行事先磨粉处理，这些前处理工作在实际应用方面受到限制。因此，本课题试图不对木材进行处理，而是对完整木材原木和家具进行光谱采集，以提高所开发的鉴别模型的应用性。

③本研究采用微型近红外光谱仪，将物联网技术与近红外光谱技术相结合，可以实现对珍稀木材的快速、在线鉴别，且基于云计算的珍稀木材快速鉴别物联网系统平台的建立，有效地缩短了检测周期，降低了检测成本，对提升红木家具检测的能力具有重要的作用。

12.1.2 近红外光谱技术的理论基础

近红外(Near Infrared，NIR)区域按 ASTM 定义是指波长在 780 ~ 2 526 nm 范围内的电磁波。近红外光谱(Near – Infrared Spectroscopy，NIRS)属于分子振动光谱，产生于共价化学键非谐能级振动，是非谐振动的倍频和组合频，位于可见光和中红外光区之间，适用于测定含 C—H、N—H、O—H 等基团的物质，由于不同基团产生的光谱吸收峰位置和强度都不同，根据 Lambert – Beer 吸收定律，吸收光谱会随着样品成分组成或结果的变化而产生变化[149]。

近红外光谱技术，是根据近红外波段内的透射和反射光谱，对研究对象进行定性和定量分析的现代分析技术，因其具有高效、快速、成本低和绿色环保等特点，已被广泛用于食品[150]、药品[151]、林业[152]、农业[153]等领域中，是近年来分析化学领域迅猛发展的高新分析技术。

12.1.2.1 近红外光谱技术构成和测量过程

(1)近红外光谱技术构成

近红外光谱分析技术是由近红外光谱仪、化学计量学软件以及各种校正模型等构成。近红外光谱仪用于采集被测样品的近红外光谱，同时它也是分析信息的载体。化学计量学软件将采集的样品光谱与样品性质相关联。模型是已建立的定性或定量工作曲线，反映了样本光谱与其组分或性质之间的对应关系[154]。

(2)近红外光谱技术的测量过程

首先采集制备样品并通过实验室方法测定木材样品的性质，对样品进行分类，分为校正集和验证集，对校正集样本进行近红外光谱扫描，对扫描的光谱进行预处理。然后将测得的样品性质添加到样品集中，用化学计量学软件进行建模，对模型进行校正，最后用建立的模型对未知样品进行预测(图 12-1)。

12.1.2.2 近红外光谱技术的特点

与传统分析技术相比，近红外光谱分析技术主要有以下几个优点[155]：

①分析速度快：近红外光谱的采集过程一般可以在 1min 内就完成。

②分析效率高：通过一次可同时对样品的多个组成或性质进行测定，既可以定性分析又可以定量检测。

③分析成本低：近红外光谱分析在分析过程中不消耗样品，与常用的标准或参考方法相比，测试费用可大幅度降低。

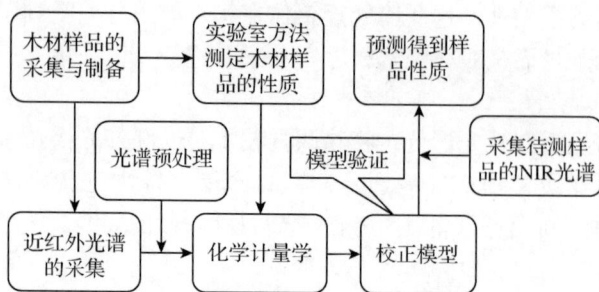

图 12-1　近红外光谱技术测量过程

④易于制样和便于测量：通过相应的测样器件可以直接测量不同物态的样品。

⑤无污染：近红外光谱的获取可以是透射或反射方式，测试过程中不破坏样品，不用试剂，故不污染环境。

⑥可实现在线分析：由于近红外光在光纤中的传输性能好，通过光纤可以实现近红外仪的远距离在线测量，而且样品也可以在恶劣环境中在线测量。

近红外光谱分析也有一定的缺点：①不是"原始方法"，而是一种间接分析技术，需要建立稳健的模型，而且模型需要维护；②测试灵敏度相对较低；③一般不用于微量分析。当然为了克服以上的缺点，各种研究工作仍在进行中。

12.1.2.3　近红外光谱仪器

近红外（NIR）光谱仪是近年来一直是沿着高稳定性、高信噪比和方便采样的方向在发展，正在采用一些最新的光学原理和加工技术，使近红外光谱仪具有体积小、重量轻、检测速度快、可批量制造等优点。

（1）近红外光谱仪器基本结构

一般近红外光谱仪由光源、分光系统、测样器件、检测器、数据处理和计算机等 6 部分组成[156]。

①光源：光源是近红外光谱仪重要的组成部分，用于提供测量所需的光能。目前在近红外仪器中最常使用的光源是卤钨灯，其稳定性好、寿命长，不过由于在近红外区域不同波长处卤钨灯的辐射能量不一致，所以要在光源和分光系统之间加上滤光片，由此可将大部分可见光滤掉，以减少杂散光的干扰。与此同时发光二极管作为一种新型光源以其体积小，发光强度一致等优势近年来正快速进入光谱分析领域。不过其价格相对较高，长波段的近红外光还需要 LED 阵列，制作工艺较为复杂。未来基于 LED 的便携式或在线近红外光谱仪器将是近红外光谱仪器的发展方向之一。

②分光系统：其作用是将光源发出的多色光转为单色光，它是近红外光谱仪的核心器件。

③测样器件：承载样品或与样品作用的器件。由于近红外光谱分析的特点，随着样品状态的不同如固体和液体，测样器件也有很大的差异。就实验室分析而言，液体样品一般采用不同尺寸的玻璃或石英样品池采集其近红外光谱；固体样品可以采用积分球或特定的其他漫反射载样附件；在线分析中通常采用的测样器件是光纤。

④检测器：检测器是由光敏元件构成，它负责将近红外光与样品发生作用后所携带的样品信息的光信号转变为电信号，并通过 A/D 转换后以数字信号输出。

⑤控制及数据处理分析系统：近红外光谱仪器的控制及数据处理分析系统一般都由仪器控制、光谱采集、光谱数据处理分析等几部分软件系统及其相应的硬件设备组成。控制部分主要是要控制近红外仪器各部分的工作状态，设定光谱采集时的相关参数和检测器的工作状态并接收检测器的光谱信号。而光谱处理分析软件是对检测器采集的光谱进行处理，实现定性或定量分析。光谱分析的基本思想就是采用化学计量学方法建立样本模型和预测，即在近红外光谱和其参考数据之间建立起对应的映射关系。

⑥计算机：近红外光谱仪采集、传输和处理光谱信号，这是操作均通过计算机得以实现。其总体过程是，由分光系统输出的单色光，经过检测器将光信号转为电信号，再通过 A/D 转换为数字信号，最后送给计算机处理。

（2）近红外光谱仪类型

近红外光谱仪类型较多[157]，按工作原理分主要有滤光片型、光栅色散型、阵列检测型、傅立叶变换型、声光可调型、多通道检测型等。按功能可分为通用型与专用型，通用型通常为宽谱区（短波、中波、长波近红外光谱区）可以测定样品的漫反射与透射光谱，主要用于实验室分析。其主要特点和应用见表 12-1：

表 12-1　各种实验室近红外光谱仪主要特点和应用

光谱仪类型	主要特点和应用
滤光片型	采用薄膜干涉的原理，有固定转盘和倾斜滤光片两种
光栅扫描型	利用光栅作为分光器，不同波长的光谱经过光栅，最大特点是可以进行全谱扫描
阵列检测型	利用半导体制造技术，光栅光谱直接照射到阵列检测器上，省去了波长扫描机械转动系统。没有移动部件，抗干扰性好，扫描速度很快
傅立叶变换型	利用了迈克尔逊干涉原理，主要特点是分析速度比较快，分辨率较高，是国内外实验室的主导产品
声光可调型	利用声光衍射技术，此光谱仪不需要移动部件，因此采样速度快，而且可以全谱扫描
多通道傅立叶变换型	利用阵列检测器扫描的空间调制干涉技术。与传统傅立叶干涉仪相比，更加小型化，费用更低，稳定性更好，能量利用率高。适用于航天遥感、野外现场等恶劣条件下的光谱测量

（3）近红外光谱仪的进展

传统分析仪器因为体积大、制样繁琐、检测速度慢、费用较高，难以满足仪器的二次开发和许多特殊环境的应用需求[158]。

随着微机电系统技术的兴起，近几年国际上出现了一些基于 MEMS 技术的新型近红外光谱技术。这些产品都是由光通信产品转型而来，虽然目前在一些技术指标上暂时不如主流产品，但却具有体积小、探测速度快、寿命长、可集成、可批量制造以及成本低等许多优点，推动了光谱仪的小型化、便携化，因而具有巨大的市场前景。

（4）微型近红外光谱仪

实验室采用的设备是杭州尼兹光电科技有限公司生产的微型近红外光谱仪 Smart-Eye1700。它是一款超紧凑、轻便、低成本的微型近红外光谱仪，如图 12-2 所示，基于将线性渐变滤光片（Linear Variable Filter，LVF）作为分光元件所设计。使用线性渐变滤光片耦合到线性探测器阵列上，就能组成一个可以提供光谱信息的微型传感器。微型近红外光谱仪 SmartEye1700 具有易于使用、快速无损检测、性价比高等优点。主要应用于食品、农业、石油化工、工业生产等领域。

图 12-2　微型近红外光谱仪 SmartEye1700

12.1.3　化学计量学软件

12.1.3.1　化学计量学软件基本结构

化学计量学是近红外分析技术重要的组成部分，它主要包括光谱的预处理、建立定量模型的多元校正方法和建立定性模型的模式识别方法。

化学计量学软件的主要作用是建立近红外光谱和组成(性质)之间的数学桥梁，建立校正模型对未知样品预测。通常分为样品集编辑、校正部分和未知样品检测三部分[159]（图12-3）。

样品集编辑是将光谱文件和性质数据一一对应起来，便于进行定量定性校正。校正部分是使用样品建立定量或定性校正模型。未知样品预测是使用模型预测未知样品光谱，给出预测结果。

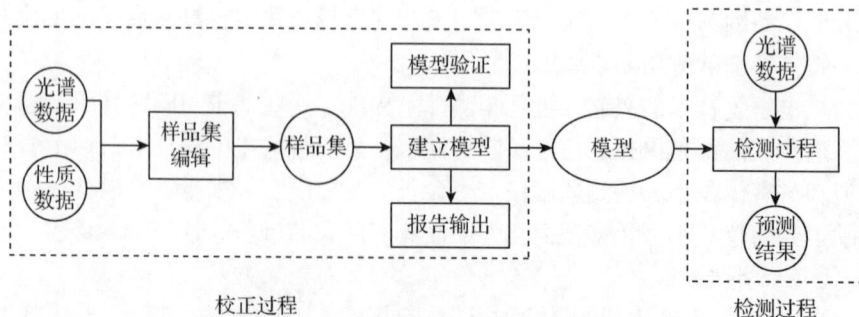

图 12-3　化学计量学软件结构图

12.1.3.2 近红外光谱预处理方法

近红外光谱仪采集的原始数据中除包含与样本化学结构相关的信息外，同时也包含会对谱图信息产生干扰的噪音信号，从而影响模型的建立和对未知样品的预测。因此，光谱数据预处理主要用于筛选数据、消除噪声和其他因素对数据信息的影响，为校正模型的建立和未知样品的准确预测打下基础。光谱预处理方法主要包括平滑、求导、归一化、标准化、均值中心化、多元散射校正(MSC)、正态变量变换(SNV)、去势运算(DT)、正交信号处理(OSC)等方法。

(1)数据平滑处理

平滑处理是消除噪声最常用的一种方法，其基本假设是光谱含有的噪声为零均随机白噪声，若多次测量取平均值便可有效地平滑高频噪声，提高信噪比。常用的信号平滑方法有移动平均平滑法和 Savitzky - Golay 卷积平滑法[160]。本文采用 Savitzky - Golay 卷积平滑法，相比移动平均平滑法，Savitzky - Golay 卷积平滑法是通过多项式来对移动窗口内的数据进行多项式最小二乘拟合，本质上是一种加权平均法，更强调中心点的中心作用。

(2)数据求导处理

由于仪器、样品背景及其他因素影响，采集的近红外光谱经常出现谱图偏移或漂移现象，且对于样品不同组分之间的相互干扰导致光谱谱线重叠的现象，可采用求导的方法进行基线校正处理。常用的光谱求导方法一般有两种：直接差分法和 Savitzky - Golay 卷积求导法。对于分辨率高、波长采样点多的光谱，采用直接差分法求导后的光谱与实际相差不大，但对于波长采样点不多的光谱，该方法所求的导数误差较大，因此可采用 Savitzky - Golay 卷积求导法计算。

(3)正交信号校正

正交信号校正(Orthogonal Signal Correction，OSC)是 1998 年 Wold 等[161]提出的一种光谱预处理方法，其基本思想是利用正交化方法，消除光谱中与预测值无关的部分，从而得到"纯净"的光谱。OSC 主要用于光谱过滤，删除数据中不理想的系统变化如基线漂移等，以提高模型的性能。

12.1.3.3 光谱特征波长的选择与提取

在近红外光谱分析过程中，当采用全波长范围建立模型时，计算量大，计算速度慢。而且由于在某些光谱范围样品的光谱信息很弱，或与样品的组成或性质不相关，引入这样的变量会导致所建模型的精度降低甚至发生错误。特征波长的选择与提取可以简化模型，更主要的是由于不相关或非线性变量的剔除，校正模型的预测率和稳定性提高了。

(1)主成分分析(Principal Components Analysis，PCA)

主成分分析是把多个变量转换成少数的几个变量的方法，是一种有效的数据降维方法[162]，光谱分析技术中常用这种数据提取优化方法。该方法基本思想是，将原来众多具有一定相关性的多维变量协方差结构进行了重新的组合，利用降维法实现了通过变量族的少数几个线性组合来描述原有指标的目的，避免了多重共线性和信息重叠，提高了模型分析精度。

（2）包络线去除法（Continuum Removal）

包络线是指逐点直线连接光谱曲线上凸出的峰值点，并使折线在峰值点上的外角大于 180°。包络线去除法是一种有效增强感兴趣吸收特征的光谱分析方法，能突出光谱曲线的吸收和反射特征，有利于与其他光谱曲线进行特征数值的比较，从而提取特征波段用于分类识别。

（3）无信息变量消除法（Uninformative Variables Elimination, UVE）

无信息变量消除是一种通过分析偏最小二乘（Partial Least Squares, PLS）回归系数，用于消除无信息变量的方法。该方法通过引入稳定性值来评价模型中每个变量的可靠性，从而进行选取。该方法已被广泛应用于光谱变量的选择，其中蒙特卡罗无信息变量消除（MC – UVE）方法效果最好[163,164]。

（4）连续投影法（Successive Projections Algorithm, SPA）

连续投影算法是在光谱矩阵中寻找含有最低限度的冗余信息的变量组，使得变量之间的共线性达到最小，最大程度地减少了信息重叠，简化了数学模型，广泛应用于样品波长的提取中[165]。

此方法是首先选择一个波长，然后采用循环选择的方式向前行进，通过计算在未选入的波长上的投影选取投影向量的最大波长，再将该向量引入波长组合，直至循环结束。

12.1.3.4　近红外光谱定性分析法

在近红外光谱分析技术的实际应用中，有时只需知道样品的种类或产地等，并不需要知道样品中的组分含量，即定性分析问题，这时需要用到化学计量学中的模式识别法。模型质量的评价使用识别率、拒绝率、正确率等指标。识别率是指某种家具样本被该种家具模型正确识别的比例；拒绝率是指某种家具样本对于不属于该种家具的拒绝程度，将不属于该种家具的样本排除在模型之外。识别率和拒绝率值越大，说明模型的鉴别能力越强。

（1）簇类独立软模式法（Soft Independent Modelling of Class Analogy, SIMCA）

SIMCA 是一种以主成分分析为基础的方法，其基本原理是对校正集中每一类样本的光谱数据矩阵分别进行主成分分析，建立每一类的主成分分析数学模型，然后对未知样本分类。

（2）偏最小二乘法判别分析（Partial Least Squares – Discriminant Analysis, PLS – DA）

偏最小二乘法判别分析（PLS – DA）是基于 PLS 回归的一种判别方法，将光谱数据和分类变量的信息进行关联分析，应用几何表达式提供许多模型参数和残差诊断工具，用于解释和建立回归模型，并对回归模型进行诊断的一种方法[166]。

其基本判别过程为：建立校正集样本的分类变量；将分类变量与光谱数据进行 PLS 分析，建立分类变量与光谱数据间的 PLS 回归模型；根据所建立的 PLS 模型，计算未知样本的分类变量的值（Yp）。

具体判别方法为：当 $Yp > 0.5$，且偏差 < 0.5，判定样本属于该类；当 $Yp < 0.5$，偏差 < 0.5，判定样本不属于该类；当 Yp 的偏差 > 0.5，则不能判定样本属于哪类[167]。

（3）最小二乘支持向量机（Least Squares – Support Vector Machine, LS – SVM）

支持向量机（Support Vector Machine, SVM）由 Vapnik 首先提出，其主要思想是建立一个分类超平面作为决策曲面，使得正例和反例之间的隔离边缘被最大化。最小二乘支持向量机[168]是在经典 SVM 上的一种改进，对函数的求解实质上是二次凸规划问题，将经典 SVM 中较复杂的二次优化问题代替为求解一组线性方程，此方法降低了计算的复杂度，提高了求解速度。

（4）概率神经网络（Probabilistic Neural Network，PNN）

概率神经网络是 D. F. Specht 博士在 1990 年首先提出的[169]，是一种基于 Bayes 分类规则与 Parzen 窗的概率密度函数估计方法发展而来的并行计算法，适用于模式分类。PNN 的层次模型，由输入层、模式层、求和层、输出层共 4 层组成。

在解决分类问题的实际应用中，PNN 与 BP 网络相比，优势在于：①PNN 过程简单，收敛速度快。②PNN 总收敛于 Bayes 优化解，稳定性高，而 BP 网络的分类规则是没有确定解释的，缺乏透明度。③样本的追加能力强，且可以容忍个别错误的样本。如果在预测过程中有新样本加入或需要除去某些旧样本，PNN 只需增加或减少相应的模式层单元，新增加的输入层至模式层的连接权值只需将新样本直接赋值[170]。

（5）极限学习机（Extreme Learning Machine，ELM）

极限学习机随机产生输入层与隐含层间的连接权值及隐含层神经元的阈值，在训练过程中只需设置隐含层中神经元的个数，便可以获得唯一的最优解。与传统的训练方法相比，该方法学习速度快、泛化性能好。

12.1.3.5 近红外光谱技术对木材的定量和定性分析过程

图 12-4 为近红外定性鉴别珍稀木材的分析流程，先采集不同种类珍稀木材的近红外光谱，然后采用化学计量学方法建立每种的最优模型，再调用建好的模型对未知样品的近红外光谱进行预测，定性判断此样品的真伪，生成鉴别报告单。

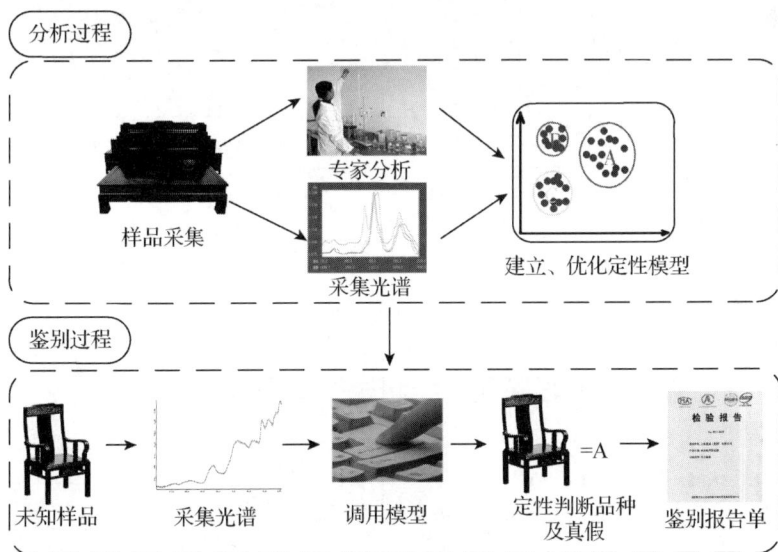

图 12-4 近红外光谱技术对木材的定性分析过程

12.1.4　近红外光谱技术对木材的检测

12.1.4.1　近红外光谱技术用于木材检测的基础

（1）化学基础

木材是一种天然高分子有机体，其中绝干木材平均含碳50%、氢6.4%、氧42.6%和氮1%。木材的主要成分为有机物，只含有少量的无机物。木材是一种具有多孔结构的生物质材料，木材的实体物质是细胞壁。各种木材的细胞壁都是由纤维素、半纤维素和木质素等高分子有机物组成的。近红外光谱主要是 C—H、O—H、N—H 等含氢基团的伸缩振动的倍频吸收及伸缩振动和摇摆振动的合频吸收。木材主要成分中含有大量的 C—H、O—H 等含氢基团，且他们的组成和结构各不相同，因此木材在近红外光谱区有明显的吸收峰。

（2）物理学基础

在木材科学中，就是利用近红外漫反射光谱对木材性质进行分析。木材的化学成分、木材密度、木材微纤丝角和木材力学性质都会影响近红外光谱对木材的反射和吸收，要将这种复杂的信息提取出来，就需要化学计量学方法的支持。

12.1.4.2　近红外光谱技术鉴别珍稀木材技术路线图

图12-5 为近红外光谱技术鉴别珍惜木材技术路线图。首先选择一定数量具有代表性的珍稀木材样品，同时对样本进行不同类别的划分；然后采集样本原始光谱，对样本进行随机分类，分为校正集和验证集样本，对校正集样本进行光谱预处理，建立定性模型，用验证集样本进行模型验证；最后对模型进行评价，如果不合格，则对样本重新选择光谱预处理方法，进行建模，如果合格，则用该模型预测未知样本采集的光谱数据。

12.1.5　珍稀木材快速鉴别物联网系统设计

物联网（Internet of Things，IoT）又称传感网，是指将各种信息传感设备及系统，如传感器网络、射频标签阅读装置、条码与二维码设备、全球定位系统和其它基于物物通信模式的短距无线自组织网络，通过各种接入网

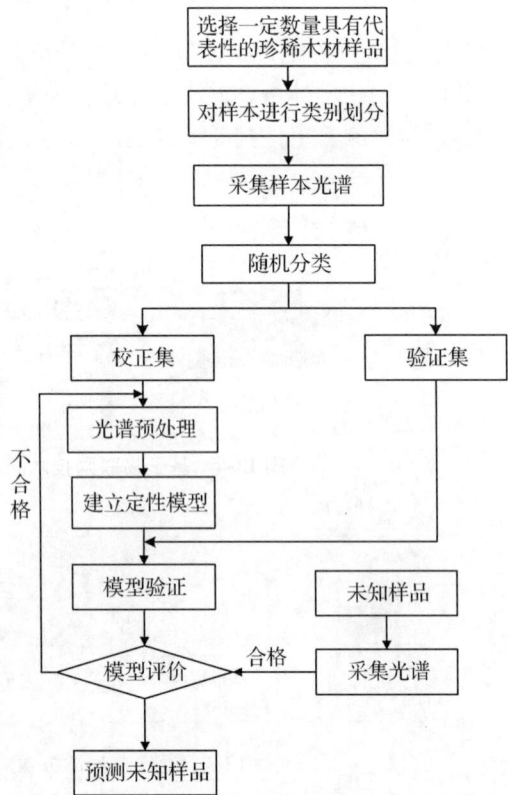

图 12-5　近红外光谱技术鉴别珍稀木材技术路线图

与互联网结合起来而形成的一个巨大智能网络[171]。

将近红外技术和现代物联网技术相结合，应用到珍稀木材的鉴别与检测中，是科学技术发展的趋势。充分利用建好的木材标准样本数据库和模型库，设计开发一个基于 C/S 结构的、基于云计算的珍稀木材定性检测物联网系统。在珍稀木材检测的物联网平台上，实现木材本地数据采集、云端分析计算、模型和数据统一管理以达到珍稀木材的智能化鉴别。这样木材行业能够实现珍稀木材快速、在线、无损检测，实现珍稀木材行业的质量监控，能大大减少市场上作假的珍稀木材的存在。

12.1.5.1 系统整体构架设计

引入云计算技术构建珍稀木材快速鉴别物联网系统，其整体架构如图 12-6 所示。主要由用户终端检测、云平台管理、云分析计算、近红外建模系统等组成。云平台管理和云分析计算放在云端，标准数据库和鉴别模型库也放置在云端，整个系统通过互联网连接，实现各部分之间数据的交互和通讯。

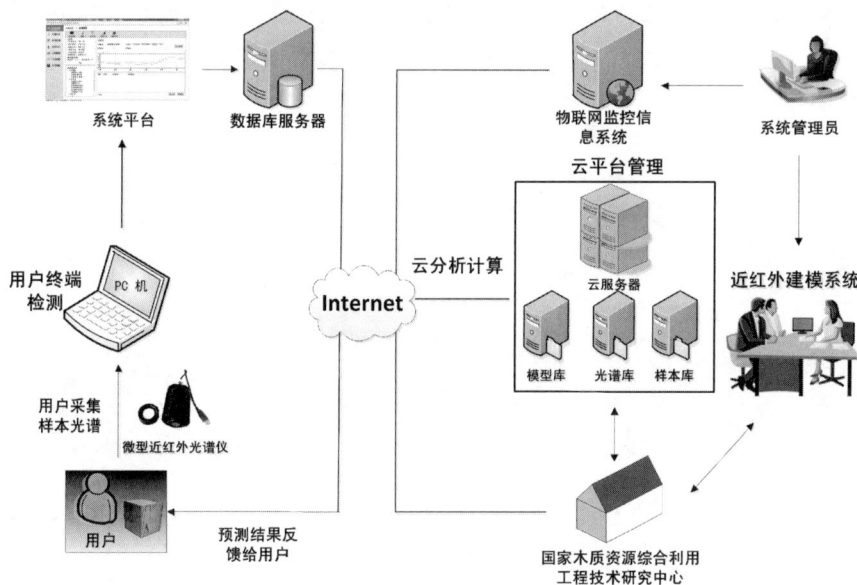

图 12-6 基于物联网技术的珍稀木材在线鉴别系统

①用户终端检测：用户终端检测安装在用户处，用户在检测过程中采集的珍稀木材光谱数据保存在本地数据库中，在云平台数据库中备份到历史光谱数据库中。

②云平台管理：系统采用阿里云服务器，即物联网存储平台，主要分为模型库、历史光谱库、标准样本库，用于存储物联网中的数据和信息。

③云分析计算：用户终端将采集到的样本光谱数据通过网络连接到云平台，在云平台上完成所有的数据处理与未知样本预测。用户可以选择不同的服务，如光谱对比、样本预测等，并上传到云平台。云平台会在同一时间接收到许多用户发送的请求，这时需要对接收的数据进行大量计算，在大数据量的情况下，普通的存储和计算无法满足需要，因此采用云计算中的分布式存储和分布式计算可以满足大数据接收与数据计算的要求[172]。

④近红外建模系统：采用微型近红外光谱仪实现珍稀木材标准样本的光谱采集，采用 Matlab 程序进行数据处理与建模，采集的光谱数据存放在标准样本库中，所建立的珍稀木材近红外定性分鉴别模型以文件形式存放到云端的模型库中，供预测调用。

用户终端采用微型近红外光谱仪采集未知珍稀木材原木和家具的近红外光谱图到控制终端 PC 机上，同时，将采集到的数据通过网络连接到云平台，上传至云管理平台上的历史光谱库。通过从学校的国家木质资源综合利用工程技术研究中心的云服务器的模型库中调用模型，再将上传到云平台的光谱信息经过计算后，将模型预测的结果输出在 PC 机上，告知用户。

12.1.5.2 系统功能模块设计

珍稀木材快速鉴别物联网系统软件由木材鉴别与关于系统两部分构成。木材鉴别部分主要包含 7 个模块：光谱采集模块、光谱对比模块、模型管理模块、预测分析模块、云端数据模块、打印报表模块以及木材图鉴模块。关于系统部分主要包含系统介绍和用户管理等功能，用户管理用于添加新用户和删除已有用户。系统软件功能结构如图 12-7 所示，系统使用简便，仅需设备连接、样品基本信息录入、光谱采集、调出模型、真伪鉴别、打印报表，便可以快速获取检测结果。

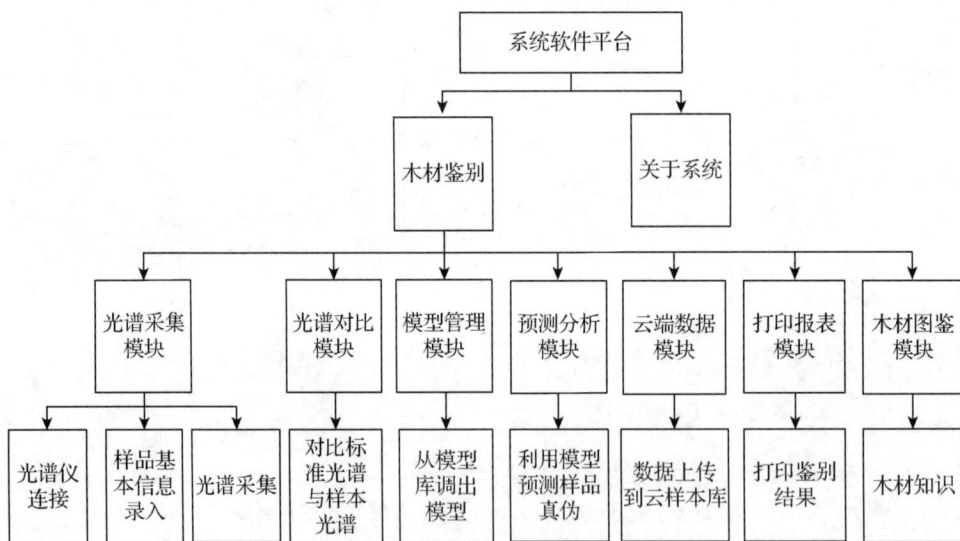

图 12-7　系统软件功能结构

（1）光谱采集模块

光谱采集模块主要包括光谱仪连接、样品基本信息录入、光谱采集等，负责控制微型近红外光谱仪和光源的开与关，然后将设备进行参比，系统自动调整光谱扫描的各项参数，包括积分时间和平均扫描次数，以提高光谱信号的信噪比。最后，用户录入样品基本信息后，在本地采集样本光谱数据，保存为光谱数据的文本格式文件。

（2）光谱对比模块

选择不同种类的珍稀木材标准光谱，与采集的未知样本光谱进行光谱形状比对，以初步判别未知样本的真伪，点击保存按钮，将光谱对比图进行保存。

（3）模型管理模块

模型管理模块主要对存放在云服务器模型库中的原木和家具模型进行集中管理与维护，从云服务器中调出待检测的样品模型。

（4）预测分析模块

调出模型后将采集的样本光谱与定性模型关联起来，可实现未知样品的快速、无损鉴别。

（5）云端数据模块

基于 Windows 的系统软件连接云服务器，上传历史测量数据到云服务器，保存有相应的备份，安全可靠。同时，连接数据库实现用户历史采集光谱数据文件的查询和保存。

（6）打印报表模块

将系统软件鉴别结果，包括光谱图、样本基本信息，生成报表打印出来，供用户参考，并且相应的报表信息会自动存入数据库中。

（7）木材图鉴模块

了解珍稀木材的基本知识，供用户作宏观上的比较，还可对木材宏观图进行放大，以便清楚地观察木材表面的纹理结构。

12.1.6 用近红外光谱技术鉴别珍稀木材的实验过程

12.1.6.1 试验材料与试验方法

（1）试验材料

本试验样本取自浙江农林大学国家木质资源综合利用工程技术研究中心和浙江紫檀博物馆。国家木质资源综合利用工程技术研究中心是专门从事木质资源综合利用工程技术研究开发的国家级科研机构，拥有进口珍稀木材约 110 种，主要用材树种 200 余种，构建了全国完善的用材树种数据库系统。浙江紫檀博物馆是由旭东红木出资建设，建筑面积 55 000m²，已收藏了 1 000 多件红木作品，为全国最大的紫檀博物馆，坐落于"中国木雕之都"——东阳市，是我国中高档红木家具采购批发中心。

本试验选择蝶形花科、柿科、苏木科和樟科中，紫檀属、黄檀属、柿树属、伯克苏木属和楠属的中国木材市场主要的深色名贵硬木 14 种，其中红木 10 种，与红木具有相似的颜色、纹理等特征的非红木 4 种。

①原木。原木的研究对象为奥氏黄檀、刺猬紫檀、大果紫檀、非洲紫檀、阔叶黄檀、卢氏黑黄檀 6 种珍稀木材，为保证模型的适用性，最后能准确识别出不同树上取下的同一种木材，试验采购全国各地珍稀木材家具生产厂家的木材边角料，由专业老师经过宏观和微观识别后鉴别出真品。样本表面粗糙度作为影响近红外光谱技术识别木材准确性的一个重要因素，其表面粗糙度的不同会引起近红外光谱吸光度的变化[173]。因此，用电锯将木材加工成 20mm×20mm×20mm 的木块，一部分木块作为建模样本，剩余木块作为预测样本，对每个木块的表面用 100 目的砂纸进行打磨，以保证每个木块的表面粗糙度一致性，以保证每个木块的表面粗糙度一致性。

②家具。家具的研究对象为檀香紫檀、巴里黄檀、交趾黄檀、大果紫檀、卢氏黑黄檀、微凹黄檀、苏拉威西乌木、安哥拉紫檀、非洲酸枝、桢楠 10 种珍稀木材。

（2）试验方法

本实验所采用的微型近红外光谱仪，波长范围为 1 000 ~ 1 650 nm，分辨率 8 cm^{-1}，光谱采样间隔为 1 nm，采用直径为 8 mm 的光纤探头在试样垂直上方采集其表面的近红外漫反射光谱。仪器参数由设备制造商提供，测试环境温度为 20℃ ±2℃，相对湿度为 50% ±5%，以保证所有木材样本的水分恒定。在此恒定条件下的木材样品经过光纤探头采集每个样本表面的光谱，每扫描 50 次自动平均为一条光谱后保存。针对每种珍稀木材样本，试验随机挑选出样本光谱总数的 2/3 作为校正集用于建模，样本光谱总数的 1/3 作为验证集进行预测。近红外原始光谱图经软件转换成光谱数据文件，再通过 Matlab 程序进行数据处理与建模。

12.1.6.2　试验结果与讨论

（1）原木光谱分析

①原始光谱。图 12-8 是 6 种珍稀木材原木所有样本的近红外原始光谱进行平均后获得的光谱，可以看出 6 种木材的谱线形状非常类似，存在显著的偏移，在 1 204 nm、1 464 nm 附近出现 2 个较强的吸收峰，这是因为不同树种木材其化学组分类似。木材各种不同成分存在特定的吸收峰，不同种类木材的主要化学成分含量不同，使得不同树种近红外光谱吸收强度不同。阔叶黄檀在 1 100 ~ 1 200 nm 光谱形状与其他 5 种原木光谱形状差异较大，同属于红木黑酸枝类的卢氏黑黄檀和阔叶黄檀吸光度较大。

②原木不同切面的近红外光谱对比。木材横切面是指与树干长轴相垂直的切面，而径切面是顺着树干长轴方向，通过髓心与生长轮相垂直的纵切面。木材的构造特征与主要成分的信息在木材的横切面和径切面上的反应不同，由于近红外光谱能沿着横切面上管胞的空腔传播到试样内部，所以近红外光谱在横切面上能充分反应木材细胞壁、细胞腔、早晚材以及主要化学成分的各种信息，而在径切面上就相对较弱[173]。

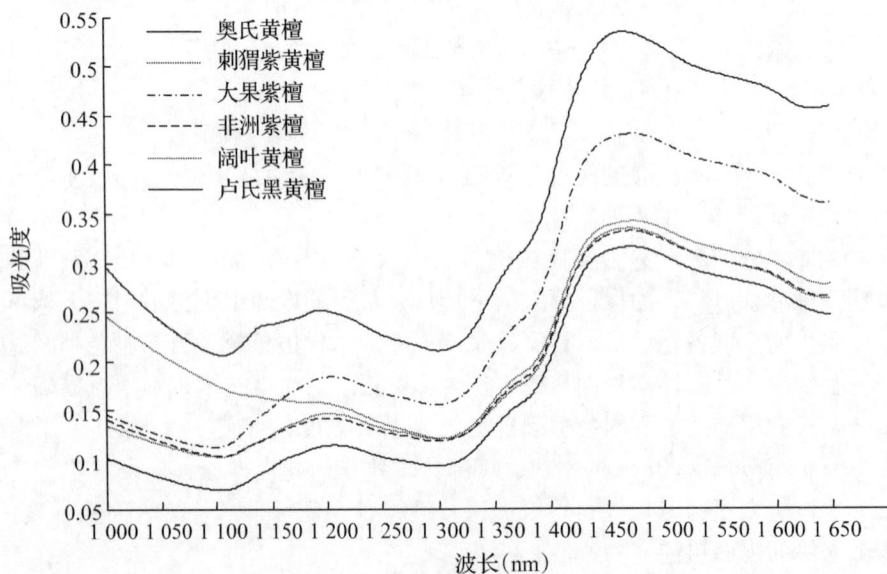

图 12-8　6 种原木样本平均原始光谱

图 12-9 是将卢氏黑黄檀、非洲紫檀这两种珍稀木材所有原木样本的横切面和径切面的原始近红外光谱进行平均后获得的近红外光谱图。从图中可清楚的看到这两种木材原木的横切面与径切面的谱线形状类似，但不同切面的光谱吸收强度有明显不同，横切面的光谱吸收强度大于径切面[174]。

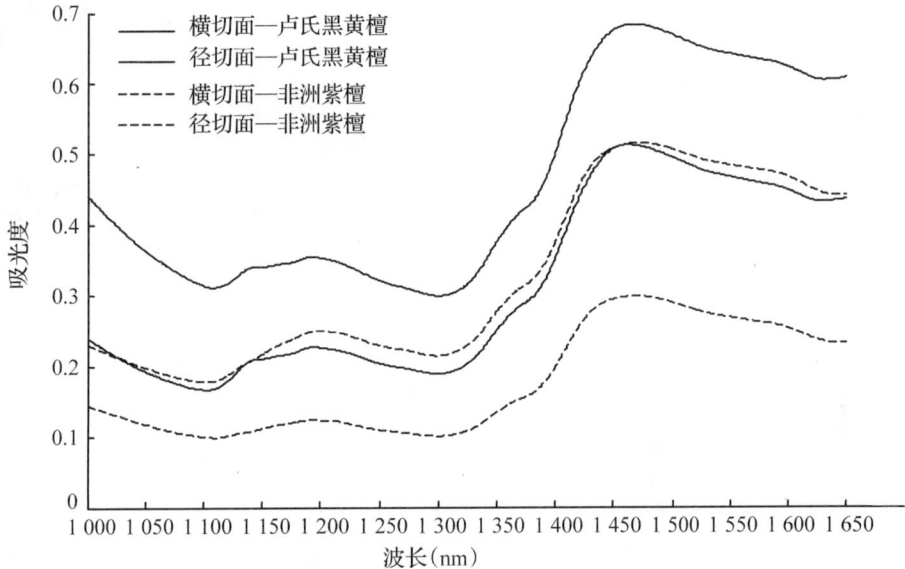

图 12-9 原木样本横切面和径切面原始光谱

（2）家具光谱分析

①微凹黄檀家具光谱分析。以微凹黄檀为例，说明不同光谱预处理方法后的光谱特征，其他品种家具木材经同样的光谱预处理方法后有相似变化。图 12-10 为微凹黄檀家具样本的原始光谱与预处理光谱，原始光谱经 SG 平滑预处理不会对光谱有较大改变，但噪声明显减弱。经 SG 平滑 + SG1 阶导预处理后，光谱上的重叠吸收峰被放大，经 SG 平滑 + SG1 阶导 + OSC 预处理后，同一种类样本之间的差异明显减小。研究过程中通过比较不同光谱预处理方法对建模精度的影响，最终选择最优预处理方法为 Savitzky – Golay 平滑、Savitzky – Golay1 阶导数和正交信号校正。

②所有家具样本光谱分析。图 12-11 为 10 种家具所有样本的近红外光谱进行平均后得到的预处理光谱，经 Savitzky-Golay 平滑、Savitzky-Golay1 阶求导和正交信号校正后的光谱在 1 170 nm、1 350 nm 和 1 410 nm 有明显的吸收峰，依次为木质素上 O—H 非对称伸缩振动的二级倍频、半纤维素上的 C—H 振动的一级倍频和木质素上 O—H 振动的一级倍频。

（3）原木与家具光谱对比分析

以卢氏黑黄檀为例，将原木与家具预处理光谱进行对比，由图 12-12 中可知，原木和家具原始光谱经 SG 平滑、SG1 阶求导和 OSC 后在 1 350 nm 和 1 410 nm 有明显的吸收峰，分别为半纤维素上的 C—H 振动的一级倍频和木质素上 O—H 振动的一级倍频。可见，在原木加工成家具的过程中，热稳定性较高的木质素未发生明显的降解，而半纤维素变化较为显著。考虑到家具鉴别的实际应用性，因此，对家具模型的建立与验证展开了大量研究。

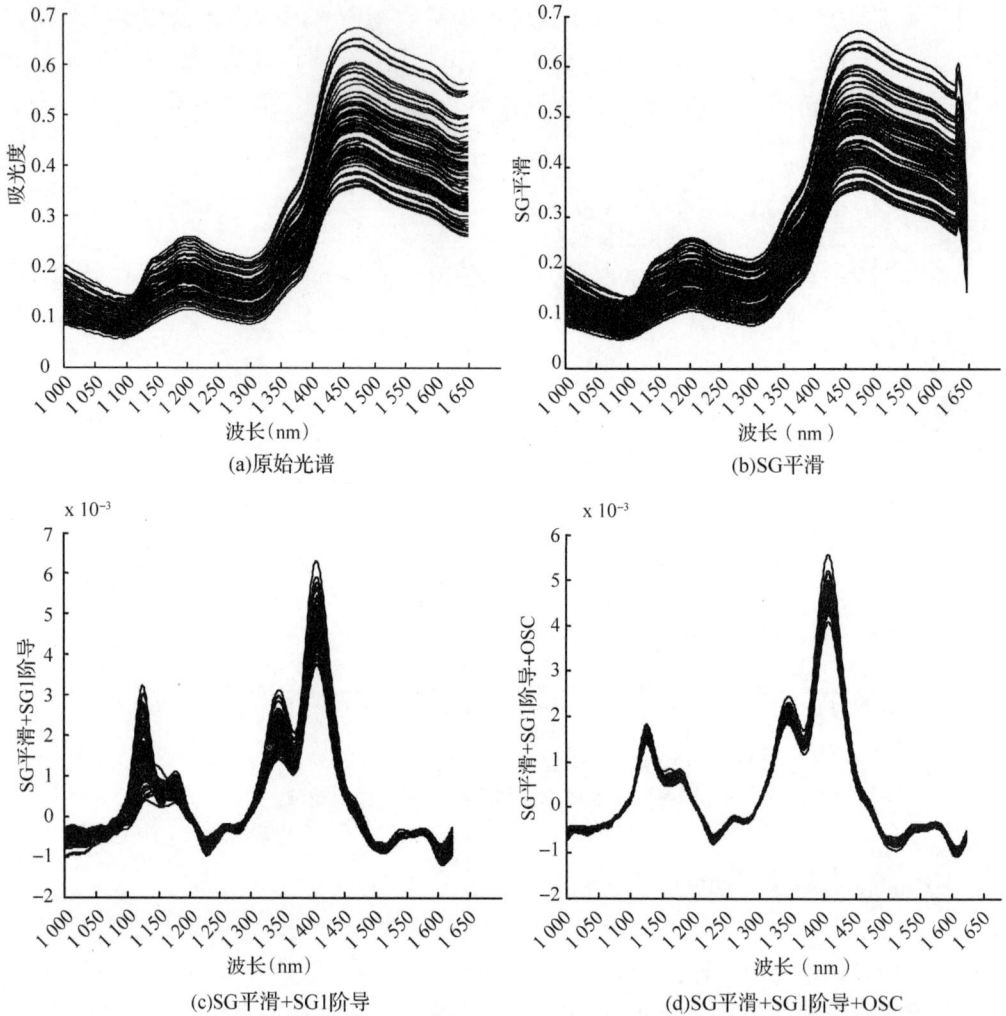

(a)原始光谱

(b)SG平滑

(c)SG平滑+SG1阶导

(d)SG平滑+SG1阶导+OSC

图 12-10 微凹黄檀的不同光谱数据预处理结果

（4）珍稀木材家具定性鉴别模型的建立

ELM 模型隐含层激励函数选择"Sigmoidal"函数，隐含层神经元个数为 70，校正集正确率为 100%，验证集正确率为 99.77%。10 种模型验证集样本的判别结果如图 12-13 所示，图中符号"＊"表示真实值，符号"＋"表示 ELM 预测值。

（5）系统应用效果实现

珍稀木材快速鉴别物联网系统示例如图 12-14 所示。从木材市场采集光谱数据进行系统验证，每种家具各取 20 个未知样本进行判别。将基于 C#与 Matlab 开发的珍稀木材快速鉴别物联网系统分别在本地计算机和云服务器上运行。由图 12-14（d）可知，通过点击预测分析按钮，从预测结果列可知，绿色为预测样本类型，红色表示未知样本，200 个样本的总体鉴别正确率为 98%，这一结果与在单机环境下的分析结果完全一致，验证了利用该系统能够实现珍稀木材的快速、在线和无损鉴别，系统软件部分程序见附录。经测试和初步应用效果，该系统设计合理，界面操作简单，具有较好的稳定性和准确性，目前正在进一步测试和不断推广使用中。

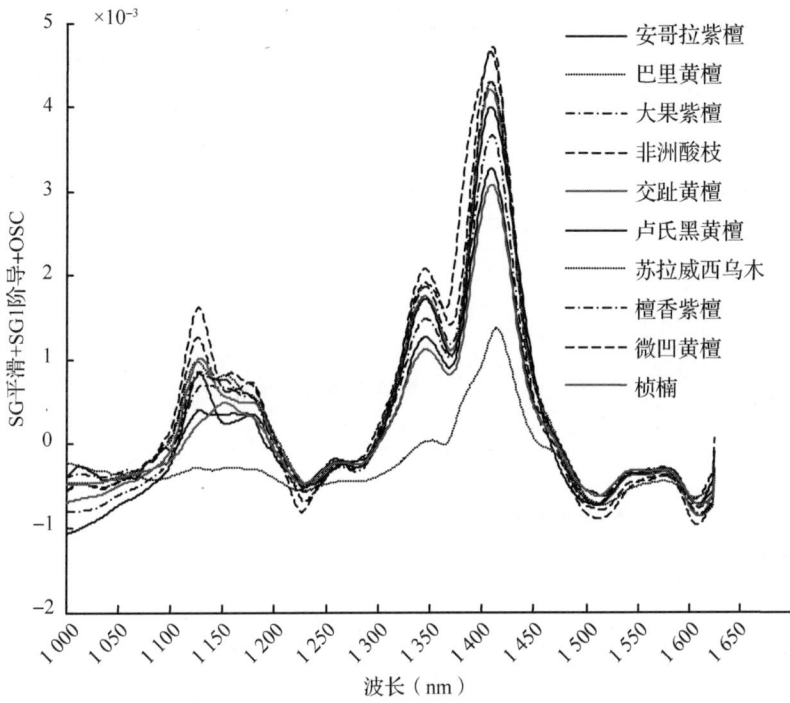

图 12-11　10 种家具所有样本的预处理光谱

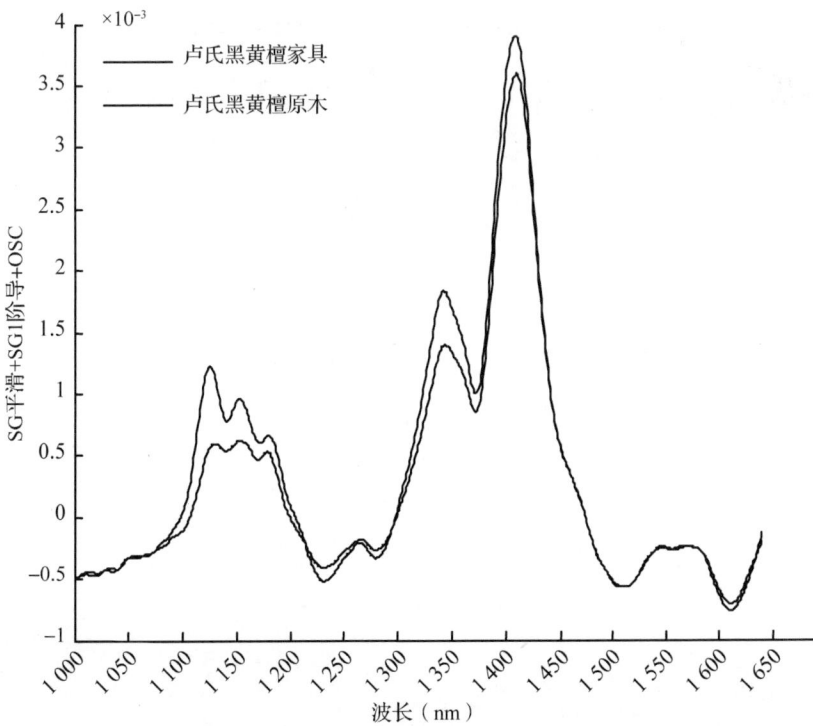

图 12-12　卢氏黑黄檀原木与家具预处理光谱对比

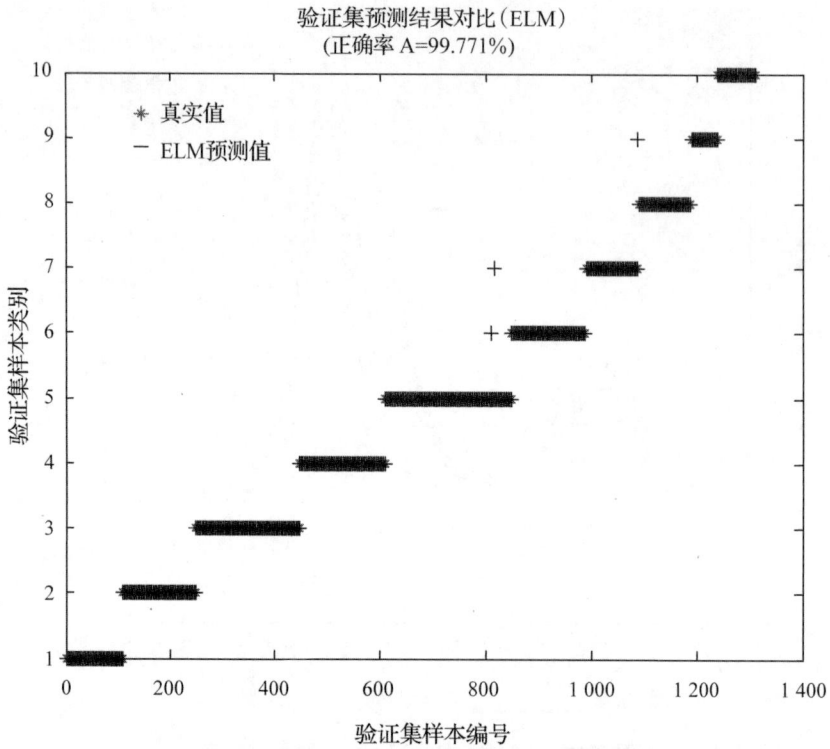

图 12-13 验证集样本的 ELM 模型的判别结果

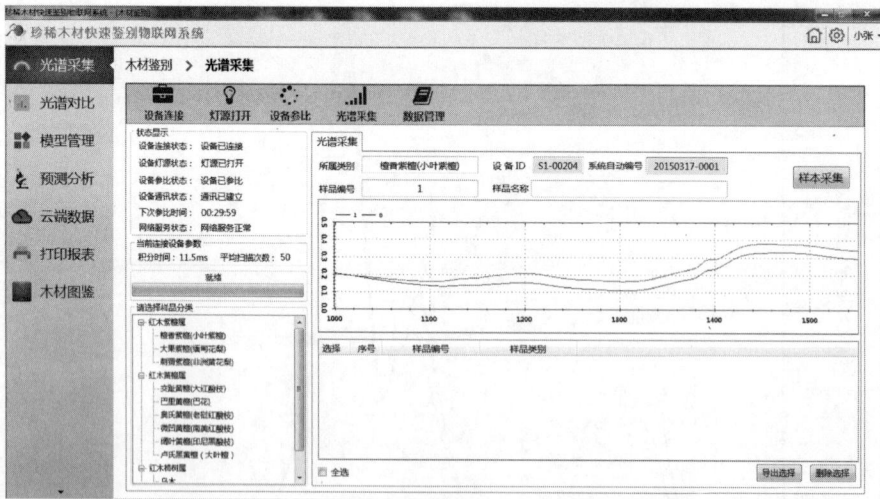

(a)光谱采集

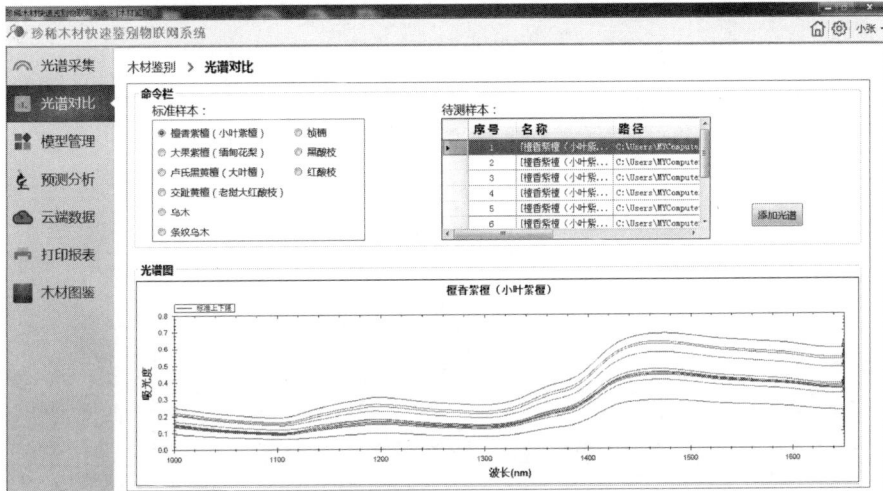

（b）光谱对比

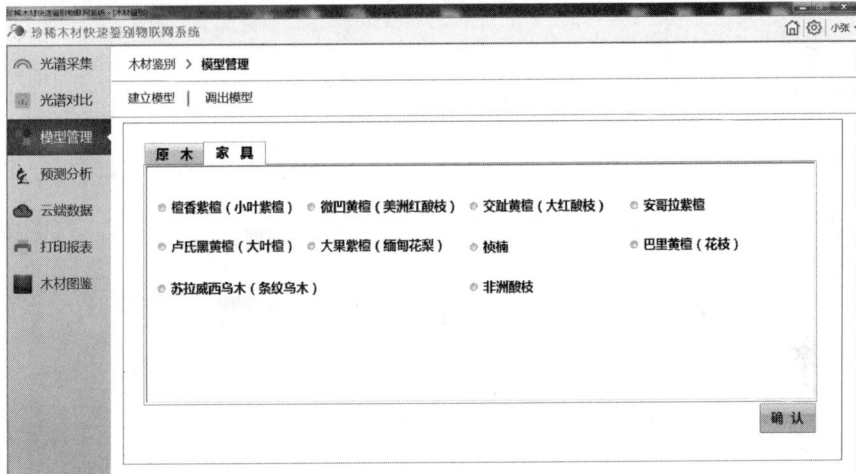

（c）模型管理

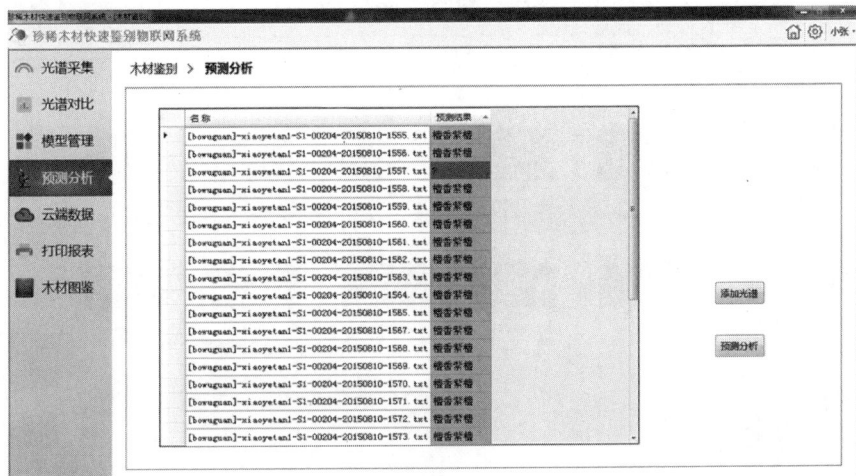

（d）预测分析

(e)云端数据

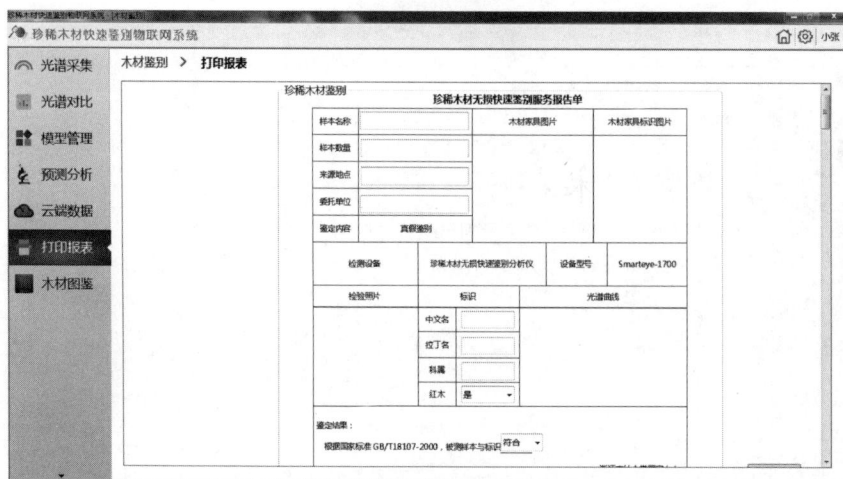

(f)打印报表

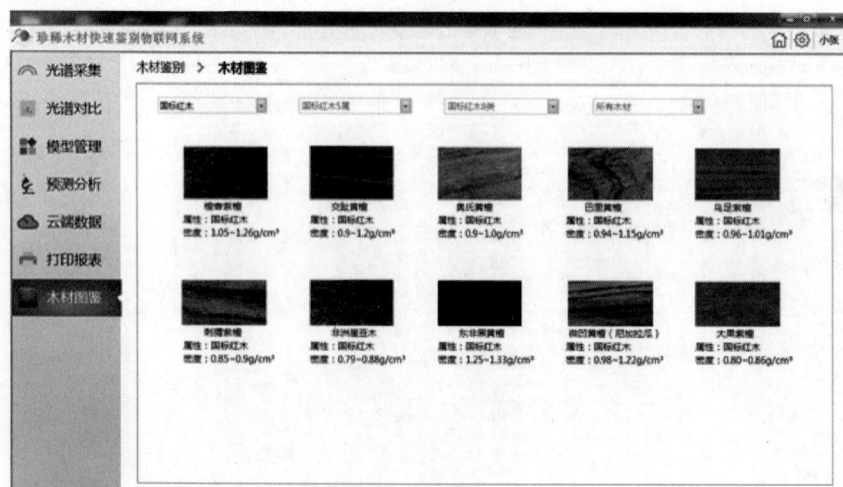

(g)木材图鉴

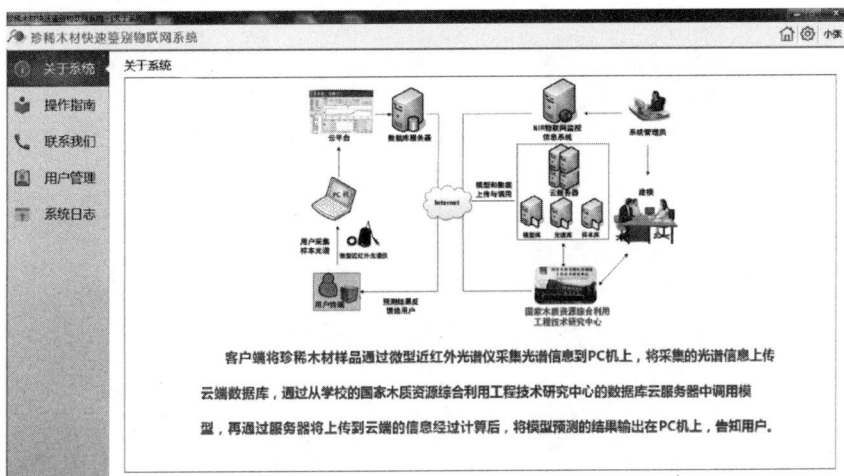

客户端将珍稀木材样品通过微型近红外光谱仪采集光谱信息到PC机上，将采集的光谱信息上传云端数据库，通过从学校的国家木质资源综合利用工程技术研究中心的数据库云服务器中调用模型，再通过服务器将上传到云端的信息经过计算后，将模型预测的结果输出在PC机上，告知用户。

(h)关于系统

图 12-14　珍稀木材快速鉴别物联网系统示例

12.2　近红外光谱技术在铁皮石斛鉴别领域的应用

12.2.1　铁皮石斛的概述

12.2.1.1　铁皮石斛简介

石斛属(*Dendrobium* Sw.)为多年生草本植物，是兰科植物中一个较大的属。全世界约有1500种，广泛分布于亚洲热带和亚热带地区至大洋洲。我国有74种和2变种，被列为国家二级保护植物，其中药用石斛近40种，主要分布于华南及西南地区。自木村康一首次提出"石斛类生药"这个概念以来，国内外许多学者对我国商品石斛进行了相关研究，整理和鉴定商品石斛类别及其原植物种类，结果表明我国商品流通的药用石斛近40种，主要分为6类，即圆石斛类、铁皮石斛类、马鞭石斛类、金钗石斛类、黄草石斛类、金黄泽石斛类，而铁皮石斛是产销量最大的一类。

铁皮石斛(*Dendrobium officinale* Kimura et Migo)是兰科石斛属多年生附生草本植物，是传统名贵珍稀中药材，具有益胃生津、滋阴清热、润肺止咳、延年益寿等功效，1987年国务院将其列为国家重点保护植物。李时珍在《本草纲目》中评价铁皮石斛"强阴益精，厚肠胃，补内绝不足，平胃气，益智除惊，轻身延年"。研究证明，铁皮石斛具有增强免疫力、消除肿瘤、抑制癌症等作用，被誉为"救命仙草""药界大熊猫"，2010年版《中国药典》将铁皮石斛从石斛类药材中划出，单独收载。

图 12-15 铁皮石斛盆栽和铁皮枫斗

图 12-16 天下第一仙草

12.2.1.2 铁皮石斛的化学成分

铁皮石斛化学成分及药理活性是目前石斛领域研究的热点与重点。国内外进行了大量的研究，先后从石斛中分离鉴定出多糖类、生物碱类、菲类和联苄类等化合物，并进行了相关药理研究。研究表明：

铁皮石斛中具有抗肿瘤作用和增强免疫力作用的有效活性成分是含量较高的多糖类成分。王世林等[175]将铁皮石斛样品分离纯化发现 3 类多糖，鉴定它们是一类 O–乙酰葡萄甘露聚糖。杨虹等[176]应用甲基化分析、糖组成分析和 NMR 等方法对铁皮石斛多糖 DT2 和 DT3 的化学结构进行研究，主要以 $\alpha–(1\rightarrow4)–D–Glc$ 为主链。2010 版药典将多糖及其衍生物甘露糖含量列入定量检测指标。

石斛属植物中最先进行分离并确认结构的化合物是生物碱类成分。20 世纪 30 年代，铃木秀干[177]第一次提取并分离出石斛碱（Dendrobin）。但至今铁皮石斛的小分子化学成分还不清楚，其总生物碱的含量为 0.02%。陈晓梅等[178]通过对比金钗石斛和铁皮石斛的化学成分，发现它们都具有 10 个相同成分的生物碱类，但铁皮石斛的生物碱类成分含量及数量都低于金钗石斛，显示生物碱类成分不是铁皮石斛的主要成分而是金钗石斛的主要成分，如果只依据所含的相同化学成分，铁皮石斛的质量又优于金钗石斛。

石斛属植物中另一主要有效成分是游离氨基酸。铁皮石斛的主要氨基酸包括谷氨酸、亮氨酸、缬氨酸、甘氨酸和天冬氨酸，这五种氨基酸是总氨基酸的 53%。吴庆生等[179]曾研究铜皮石斛、霍山石斛和铁皮石斛这三种安徽霍山产的石斛中的游离氨基酸，通过定量分析发现这些石斛中均含有人体必不可少的 7 类氨基酸。

铁皮石斛植物中还有许多微量元素与其他成分。吴庆生等[180]测定铜皮石斛、霍山石斛和铁皮石斛这三种安徽霍山产的石斛的微量元素，研究发现，这些石斛中 Mg、Ca 和 K 含量均较高，P 含量均较低，这三类石斛几乎都含有人体所有的必需元素，其中 Fe 、Zn、

Mn、Cu 和 Sr 的含量较高。铁皮石斛中还含有其他石斛没有的菲类化合物即鼓槌菲(Chrysotoxene)和毛兰素(Erianin)，这两种化合物是抗肿瘤的有效成分。

12.2.1.3　铁皮石斛的鉴定方法

（1）鉴定方法

①性状鉴定：传统的石斛鉴定主要根据石斛的表面特征。认为铁皮石斛质重，嚼之黏牙，味甘，无渣者为优。从性状鉴别的角度提出了铁皮枫斗的质佳标准：色黄绿，或有托叶鞘宿存(俗称白毛斗)；有龙头凤尾，粗肥，长短、粗细均匀；能折断，断口平，粉质多，无纤维；味甘淡或微苦而回甜者，嚼之胶质多，茹性强，近无渣。

②显微鉴定：显微鉴别也是中药材的传统鉴别方法，主要包括横纵切片、表面片、粉末、解离组织等方面的显微观测。我国大多数药用石斛及其混淆品具有相似的性状显微特征，主要体现在叶鞘组织构造、莲表皮、皮下层细胞、内外侧纤维群、基本薄壁组织等方面。目前，显微鉴别可以用于区分显微特征具有差异而外观相似品种的石斛。显微鉴别方法的缺点在于处理样品较为复杂，只能够鉴别显微结构差异明显的品种，适用范围较窄。

③色谱法鉴定：李兆奎等[181]首次测定了铁皮石斛与常见几种混淆品（齿瓣石斛、细茎石斛、钩状石斛、马鞭石斛和束花石斛）的红外光谱，结果表明可以选择 1 700 ~ 1 200cm^{-1} 和 1 000 ~ 700cm^{-1} 的特征波段来对铁皮石斛与伪品进行快速鉴别。

④分子鉴定：基于 PCR 的 DNA 分子标定技术、基于 DNA 序列分析的分子标记技术和基因芯片技术。丁鸽等[182]用随机扩增 DNA 多态性法（Random Amplified Polymorphic DNA，RAPD)分析铁皮石斛及其混淆品的亲缘关系，从遗传距离来看，以石豆兰与铁皮石斛的遗传距离最远，金钗石斛次之，叠鞘石斛最近。

（2）多糖的检测方法[183]

国内多采用显色试剂—硫酸法，原理是：单糖、多糖及其衍生物在硫酸作用下水解，脱水生成糖醛类化合物，与酚类、芳胺类等缩合形成有色化合物。苯酚—硫酸法生成橙黄色溶液，在 490nm 处有特殊吸收，已用于红毛五加多糖、枸杞多糖、石斛多糖等。蒽酮—硫酸法生成亮绿色溶液在 620nm 处有特征吸收，其蒽酮试剂需新鲜配制，已用于麦冬多糖、黄精多糖等。咔唑—硫酸法用于测定糖醛酸类多糖，如银耳多糖等。

国外有用 LKB 柱层析，用比旋度、示差折光及紫外作为检测器，用来分离测定。但以上测定方法应需要先通过透析或过凝胶柱等方法除去样品中的单糖、寡糖及小分子物质或在不得检出单糖的情况下进行。

其中范传颖在其论文《苯酚硫酸法与蒽酮硫酸法测定铁皮石斛中多糖含量的比较》中：蒽酮—硫酸法测定结果高于苯酚硫酸法，而苯酚—硫酸法测定结果更为合理，可作为测定铁皮石斛多糖的首选方法[184]。

12.2.1.4　铁皮石斛产业规模

浙江省是铁皮石斛最大的产销量地区，而云南省是最大的种植地区，近年来随着铁皮石斛种植的推广，在湖南、广西和贵州的等地也开始种植铁皮石斛。由于产地的不同，铁皮石斛的价格也不同，其中浙江产地的价格普遍比其他产地的价格。据第三届全国铁皮石斛产业发展论坛(2009 年 9 月）初步统计，全国铁皮石斛现有种植面积约 267m^2（其中约

50%左右的面积投产)，年产鲜条约 $100 \times 10^4 kg$，从业人员40万人，产值50亿元，其中浙江占60%以上。

通过对浙江省杭州市市场销售的铁皮石斛产品的全面调研，以铁皮石斛为主要原料的产品可分3大类42种，目前市场销售的一是将铁皮石斛茎制成干品，即铁皮枫斗，枫斗是药用石斛的初加工品，制作过程为剪去石斛新鲜干茎的部分须根后，一边加热一边扭成螺旋形或弹簧状，并烘干而成。二是精深加工产品，主要有胶囊(丸)、口服液和浸膏。三是鲜品直接销售，包括茎、花和叶，其中茎为最重要的销售品。

表 12-2　浙江杭州市场销售的石斛产品类型及销售[185]

产品类型	代表产品	主要产地或产家	销售场所
茎干制品	铁皮枫斗	云南昆明、浙江乐清、广西等产地	集散市场、医药名店
精加工品	铁皮枫斗胶丸，铁皮枫斗晶(冲剂)，铁皮枫斗胶囊，铁皮枫斗晶(颗粒)，石斛芝品	浙江森宇控股集团、武义寿仙谷药业、浙江天皇药业、康恩贝药业、天目药业、雁吹雪铁皮石斛、华立制药以及深圳制药等主要生产产家	超市、医药名店、专卖店
浸膏	铁皮石斛浸膏	武义寿仙谷药业、医药名店等配制	专卖店、医药名店
口服液	铁皮枫斗口服液	华立制药等企业生产	超市、医药名店
鲜品	全株，枝，干花	浙江建德、武义、庆元等主要产地	医药名店、专卖店、集散市场

12.2.2　研究背景

12.2.2.1　研究现状

铁皮石斛作为我国的名贵药材，资源有限，规格繁多，其化学成分及药理活性与其他石斛品种及混淆品内在质量相差很大，一方面，商品药用石斛地区来源复杂，采收加工水平参差不齐，另一方面，在经济利益的驱使下，不法商贩乘机伪造掺假，同物异名、同名异物、一药多源、鱼目混杂、以假乱真、以次充好时有发生；加之消费市场收假用错，滥用、误用，混用屡见不鲜，这些都制约着道地药材产业的发展，严重影响石斛的信誉，人民食疗药用安全有效难以保证。其干燥或加工成枫斗后的石斛类药材形态相似，加之受基源、产地、生境、采收时间、加工等众多因素的影响，药材质量参差不齐。

与传统石斛鉴别方法相比，近红外光谱技术具有效率高、无损检测、重现性好、成本低、测量时样品一般不需要前处理等独特优势，能够满足市场和客户快速鉴别的需要。对于近红外光谱技术在快速鉴别石斛属的研究方面，国内外研究较少，至今，国外仅发表两篇期刊论文；国内仅发表三篇期刊论文和一篇硕士论文，具体如下：

WANG 等[186]利用二维相关近红外光谱鉴别了3种石斛，可以选取 $5\ 180cm^{-1}$ 和 $4\ 900 \sim 4\ 800cm^{-1}$ 的波谱特征来快速鉴别这3种石斛，在同波段的二维异步相关近红外谱中，位于($4\ 800\ cm^{-1}$, $5\ 230\ cm^{-1}$)、($5\ 100\ cm^{-1}$, $5\ 220\ cm^{-1}$)、($5\ 220\ cm^{-1}$, $5\ 340\ cm^{-1}$)处的交叉峰可作为快速鉴定的依据。

汤青[187]采用近红外光谱技术对六类霍山石斛进行鉴别，采用傅立叶变换近红外光谱仪进行分类鉴别研究，成功采用判别分析法(Discriminant Analysis, DA)和 SIMCA 方法建立了石斛种类的模型。采用微型近红外光谱仪进行鉴别研究，结果所建 SIMCA 模型具有较高的识别率和拒绝率。

丁长春等[188]采用近红外漫反射光谱法结合化学计量学对 15 种石斛进行鉴别。结果表明，所采集的石斛样品稳定性较好，且最优的光谱波段为 6 500 ~ 40 000cm^{-1}，光谱预处理方法为多元散射校正、二阶导数和 Norris 平滑，最优主成分数为 7 时，建立偏最小二乘法判别分析(Partial Least Squares Discriminant Analysis，PLS-DA)鉴别模型，正确识别率达到 97.92%。

HU 等[189]采用微型近红外光谱仪对五类霍山石斛进行分类研究。采用 Qs 曲线选择最优特征光谱波段为：1 032 ~ 1 075nm，1 193nm 和 1 218 ~ 1 354nm，采用 SNV 对光谱进行预处理，提取主成分数分别为 1，1，3，2，3 时，所建最佳 SIMCA 模型具有较高的识别率和拒绝率。

WEU 等[190]用近红外光谱结合化学计量学方法鉴别铁皮石斛(26 份样品)与非石斛(12份样品)，高效液相色谱(HPLC)分析为参考方法。对近红外光谱和高效液相色谱进行 S－G 一阶导数的数据进行主成分分析后，由主成分三维得分示意图可看出铁皮石斛和非铁皮石斛分为两大类，聚类效果明显。对近红外光谱进行 S-G 一阶导数数据进行系统聚类分析，由树状图可看出：所有的铁皮石斛样品被归在一个单独的集群，非铁皮石斛样品被分为三类。结果表明，近红外结果与 HPLC 法结果一致。

以上表明利用近红外光谱技术进行石斛的种类之间的鉴别是可行的，但是以上研究中大都对样品进行粉碎处理，这显然在实际应用中并不适用。如果对样品不进行粉碎处理，仍然能够利用近红外光谱技术对石斛的种类进行鉴别，实现绝对无损，这是值得探讨。

12.2.2.2　研究内容与技术路线

石斛为我国传统中药材，其中铁皮石斛被誉为中华九大仙草之首，药用价值和价格方面都高于其他石斛，市场上出现了用紫皮石斛、金钗石斛等冒充铁皮石斛的现象，而且不同产地的铁皮石斛的价格和药用价值也是不同的，因此需要建立一种快速无损的检测方法来对其进行鉴别。采用微型近红外光谱仪对 3 种易混淆石斛进行鉴别研究，为了实现绝对无损的鉴别，本实验直接对样品完整样进行光谱扫描，在此基础上构建了石斛鉴别物联网系统。

近红外光谱技术鉴别 3 种易混淆石斛的定性分析过程包括样品选择、光谱采集、光谱预处理、建立定性模型和验证模型等，如图 12-17(a)所示。

①样品选择：选择一定数量具有代表性的石斛样品，并对其进行前处理(粉碎和未粉碎)，对样本进行随机分类，分为校正集和验证集。

②采集样本原始光谱，对校正集样本进行光谱预处理，建立定性模型。

③用验证集样本进行模型验证。

④对模型进行评价，如果不合格，则对样本重新选择光谱预处理方法，进行建模，如果合格，则用该模型预测未知样本采集的光谱。定性鉴别的技术路线如图所示。

对未知样品的鉴别：包括未知样品的制备、采集光谱、选择定性模型和输出结果，如图 12-17(b)所示。

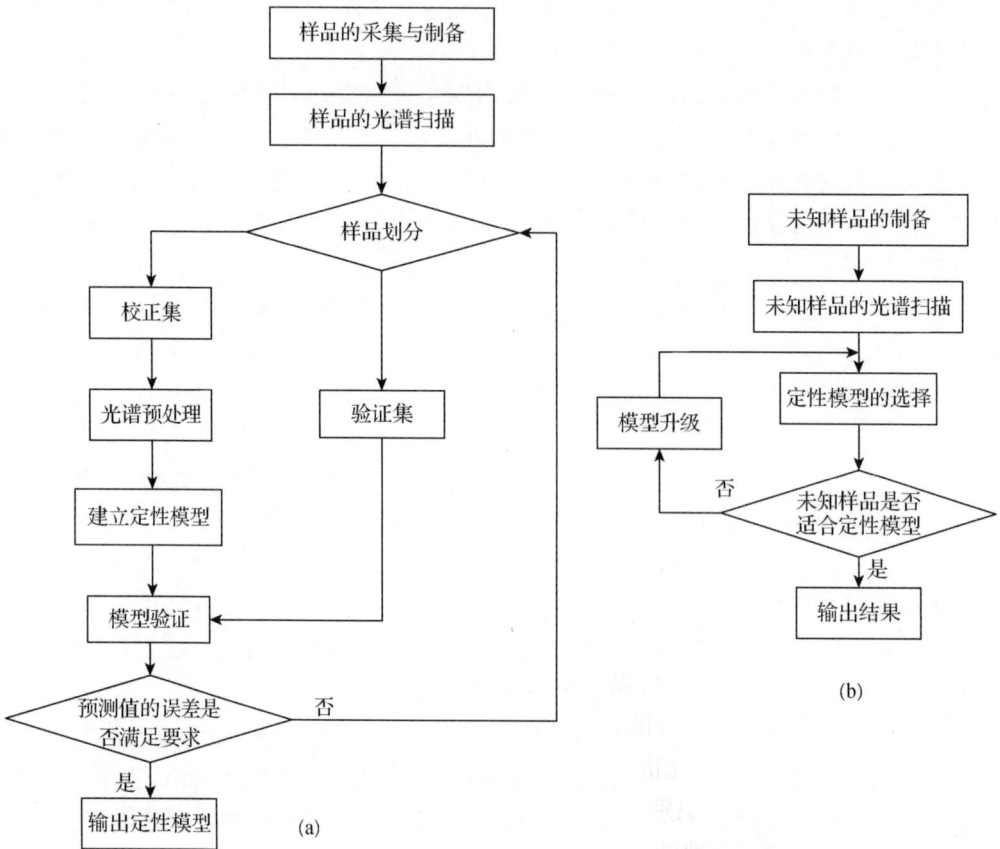

图 12-17 近红外光谱技术鉴别 3 种易混淆石斛的技术路线

12. 2. 2. 3 研究目的和研究意义

（1）市场的需求

铁皮石斛被誉为中华九大仙草之首，从价格和药效方面都高于其他石斛；铁皮石斛由于生长环境苛刻等因素，产量很少且价格高，因此，在强大的利益驱使下，许多不法商家、企业常常拿那些价格较为便宜、形态上不易区分的石斛来冒充铁皮石斛，如紫皮石斛和金钗石斛，因此，市场上出现了用紫皮石斛冒充铁皮石斛的现象。面对这种现象，有必要采用一种技术对这几种石斛进行快速鉴别。

（2）近红外光谱技术的优势

传统的石斛鉴别方法包括性状鉴别、显微鉴别与理化鉴别。性状鉴别方法过于依靠工作者自身的主观经验，而显微鉴别与理化鉴别的操作复杂，对样品需要进行前处理和添加试剂，并且需要专业人员的操作才可以。近年来 DNA 分子标定和色谱法也应逐渐用于石斛鉴别，但是由于过程的复杂性，仅限用于实验室，无法满足需求者快速鉴别的需求。与传统分析技术相比，近红外光谱技术具有效率高、无损检测、重现性好、成本低、测量时样品一般不需要前处理等独特优势，能够满足市场和客户快速鉴别的需要。

3. 快速鉴别

国内外利用近红外光谱技术对石斛属鉴别研究大多从 2013 年开始，所以本课题有一定的挑战性和创新性。仅有的论文虽然可以很好地鉴别部分石斛属植物，但是它们只是在实验室中进行研究而没有实际应用，本课题把近红外光谱技术与物联网相结合，构建对石斛属植物快速鉴别的物联网检测平台。采用微型近红外光谱仪进行对石斛属植物进行鉴别研究，微型仪器具有方便、便携和快捷的优点，结合物联网技术更容易应用于在线检测。

12.2.2.4　近红外光谱技术在中药鉴别中的应用

中药的物理化学性质可在近红外光谱上获得完整表达，只要在近红外光谱和物理化学性质之间建立一座桥梁，则可实现从辨别药材真伪，判断药材产地，到检测有效成分含量的流水线式综合分析。随着近红外光谱分析方法在中药分析中的理论研究和应用越来越多，可以预计，近红外光谱技术在中药的质量检测中有着极其广阔的应用前景。在定性分析中近红外光谱技术主要应用于药材产地鉴定、真伪鉴别、相近药材的分类识别等方面。

（1）中药材的产地鉴别

中药材近红外光谱的指纹特征是其内在化学品质的反映，不同产地的中药材中化学成分含量及组成特征会有差异，近红外光谱中含有地域特征信息，所以可用于中药材的产地鉴别[191]；近红外光谱分析技术可以从样本直接获取分析信息（非破坏方式），可以避免样品因为前处理而造成的微量组分的损失，最大化地保留不同产地之间样本的细微差异[192]。

赵文杰等[193]利用近红外光谱技术结合 K - 最近邻法（K - Nearest Neighbor，KNN）鉴别了 4 个不同产地的雪莲花，识别率为 100%。Chen 等[194]采用近红外光谱技术结合偏最小二乘法判别分析法对 3 个产地的灵芝（山东、安徽和浙江）进行鉴别，结果可以 100% 的正确鉴别。此外，采用判别分析法 DA 对 6 个来源的灵芝进行判别，结果对训练集和测试集的分类正确率为 96%[195]。

AMAYA 等首次采用近红外光谱技术结合聚类分析对来自伊朗、希腊和西班牙的红花进行鉴别，结果发现伊朗的样品与其他两个产地的样品之间的距离比较远，而希腊和西班牙样品类间距离较近；对意大利、希腊和西班牙产地的识别率分别为 100%、96% 和88%，取得了比较满意的效果。余国梅等[196]采用主成分与马氏距离相结合建立了 4 个不同产地的麦冬鉴别模型，所建的模型的分类精度较高。LI 等[197]采用随机森林和 K - 最近邻法 KNN 两种方法对党参的产地进行鉴别，两种方法的准确率为 94%，均可以对党参的产地进行鉴别。

（2）易混淆、真伪中药材的鉴别

近红外光谱技术结合化学计量学方法可对中药材类别和亲缘关系进行判别，这可以作为药材分类和品质鉴定的参考依据[198]。

MAO 等[199]对白参、西洋参、红参和三七 4 种药材进行聚类分析，结果表明所有样本均能正确归类。XIANG 等[200]建立了大黄正品与非正品 BP 人工神经网络（Back - Propagation Artificial Neural Network，BP-ANN）识别模型，所建模型对训练集识别正确率为 100%，对测试集识别正确率为 96.18%。FAN 等[201]采用判别分析 DA、自组织映射（Self - Organizing Map，SOM）和 BP 人工神经网络三种方法对 3 种麻黄（草麻黄、中间麻黄和木贼麻黄）进行鉴别，DA 模型的预测精度为 84.2% ~91.9%，SOM 和 BP - ANN 模型预测精度均为

93.3% ~ 100%，表明三种方法都可以正确地鉴别 3 种麻黄。高越等[202]采用聚类分析和褶合变换—可视化—相似系数方法对 10 种贝母药材，聚类分析可将贝母伪品与贝母真品区别开，但是正品之间的鉴别效果不好，采用褶合变换—可视化—相似系数方法成功的鉴别了正品贝母。

(3)中成药的鉴别

近红外光谱技术可以很好地对中成药的质量进行鉴别。肖杰等[203]等采用信息变换技术及计算可视化对中药注射剂的近红外光谱信息进行转换和可视化，获得这些中药变换光谱的特征化可视化光谱图像，使用聚类分析和褶合光谱相似度计算能较好地鉴别不同种注射剂。刘雪松等[204]使用近红外漫反射光谱技术与人工神经网络相结合快速鉴别 3 个不同厂家生产的丹参注射剂，其训练集分类准确率达到 100%，对预测集的分类准确率为 96.43%，结果明显优于最偏小二乘法(90.5%)、反向传播神经网络(88.1%)和支持向量机(90.5%)。

近红外光谱技术还可以应用于对不同厂家生产的片剂、胶囊、口服液的快速定性分析及有效成分含量测定。李金阳等[205]建立了聚类分析模型和定性分析模型对不同厂家生产的护肝片进行鉴别，使用一阶导数和二阶导数加矢量归一化预处理后，两种模型均能准确鉴别护肝片的真伪。宫凯敏等[206]采用主成分分析建立桂枝茯苓胶囊的定性分析模型可以正确判断桂枝茯苓胶囊。

12.2.2.5　石斛鉴别物联网系统设计

物联网技术和云计算技术的提出和发展，为研究开发近红外光谱分析石斛鉴别系统提供了新的思路。本文基于近红外光谱技术对石斛属植物快速鉴别，将云计算和物联网结合应用到石斛的鉴别中，充分利用云平台搭建石斛样本数据库和鉴别模型库，设计开发基于云计算的石斛定性检测物联网系统。在石斛检测的物联网云平台上，实现石斛的无损快速鉴别。

软件平台主要有石斛鉴别和关于系统两部分构成，石斛鉴别有 6 个模块，光谱采集模块，光谱对比模块、模型管理模块、预测分析模块、云端数据模块和报表打印模块。关于系统包括系统介绍、操作指南、用户管理和联系我们模块。在进入系统主页前，用户需要通过登录认证，以此来维护软件系统使用权和控制权。系统软件功能结构如图 12-18 所示，系统操作简单，仅需设备连接、样品基本信息录入、光谱采集、调出模型、真伪鉴别、打印报表，便可以快速获取检测结果。

(1)光谱采集模块

主要包括微型近红外光谱仪连接、样品基本信息录入、光谱采集等；首先控制微型近红外仪和光源的开与关，为了提高仪器的稳定性，仪器需要预热 30min；然后将设备进行参比，设备参比成功后系统自动调整光谱扫描的各项参数，包括积分时间和平均扫描次数，以便提高光谱信号的信噪比。最后，用户选择样本所属类别，并且录入样品基本信息后，在本地采集样本光谱数据，保存为光谱数据的文本格式文件。

(2)光谱对比模块

选择不同种类的和不同目数(完整样、40 目、60 目和 80 目)的石斛标准光谱，将采集的待测样本光谱与标准光谱进行光谱对比，可以从光谱的趋势、光谱的吸光度和光谱的吸

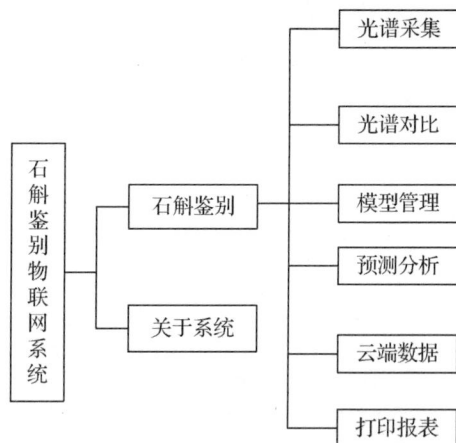

图 12-18 系统模块

收峰等因素初步判别未知样本的真伪，点击保存按钮，将光谱对比图进行保存。

（3）模型管理模块

主要对存放在云服务器模型库中的模型进行集中管理与维护，系统管理员可以从云服务器中调出待检测的样品模型。

（4）预测分析模块

系统管理员调出模型后，将采集的样本光谱与定性模型关联起来，可实现未知样品的快速无损鉴别。

（5）云端数据模块

系统软件连接云服务器，用户上传历史测量数据到云服务器，保存相应的备份，安全可靠。同时，连接数据库实现用户历史采集光谱数据文件的查询和保存。

（6）打印报表模块

系统管理员对所采集的样本进行预测分析后，将鉴别结果包括光谱图、样本信息，生成报表打印出来并输出给用户，供用户参考，如果鉴别结果为真，将测量的光谱数据上传到云端数据库中，以不断地优化模型。

系统操作流程为：

第一步：用户将微型近红外光谱仪连接至台式电脑或移动笔记本的 USB 端口，设备连接成功后，选择样本所属类别，将样品进行编号，进行光谱采集。如果样品分类列表中没有客户所需样品种类或者用户不知道待测样品的种类，则用户选择铁皮石斛并备注其名称，进行光谱采集。

第二步：如果样品分类列表中有客户所需样品种类，点击光谱比对，将待测样品光谱与其标准光谱进行对比，初步识别待测样品真伪；如果用户不知道所测样品的种类，则可以随意选择样品分类表中的样品种类，进行光谱对比。

第三步：将采集的样本数据上传到云平台，系统管理员对其进行预测，输出结果给用户。

第四步：根据鉴别的输出结果，如果结果为假，则打印报表；如果结果为真，将测量的光谱数据上传到云端数据库中，以不断地优化模型，最后将系统软件鉴别结果生成报表打印出来（图 12-19）。

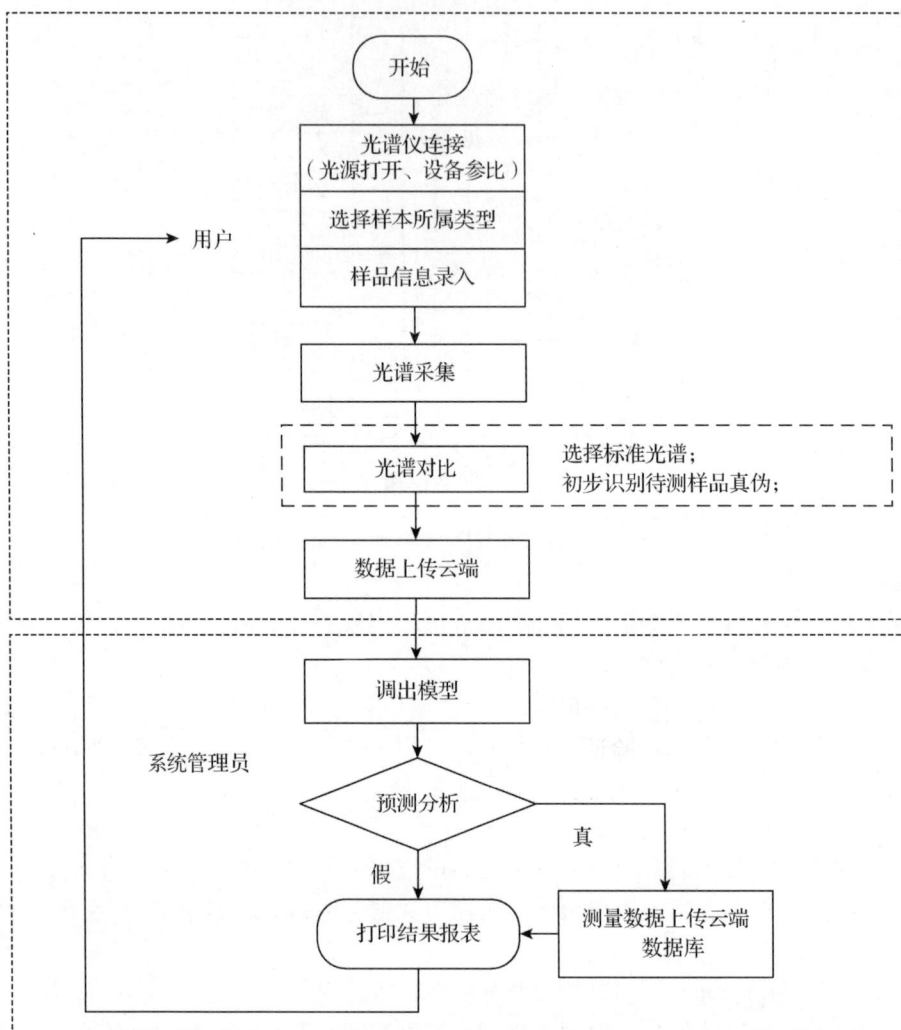

图 12-19 系统流程

12.2.3 用近红外光谱技术鉴别 3 种易混淆石斛的实验过程

12.2.3.1 材料与方法

（1）实验材料

实验所用的材料为铁皮枫斗（安徽霍山、20 个批次）、紫皮枫斗（云南龙陵、30 个批次）和金钗枫斗（贵州赤水、30 个批次），所有样品来源于中国石斛博物馆，具有良好的代表性。为了实现绝对无损鉴别 3 种易混淆石斛，不对样品进行粉碎处理。

（2）近红外光谱采集

实验所用微型近红外光谱仪，光谱扫描范围为 1 000 ~ 1 650nm，分辨率为 8cm^{-1}，扫描次数为 50 次，由于样品为枫斗完整样，所以实验采用积分球的漫反射采样方式，仪器参数由设备制造商提供。为了保证仪器能量的稳定，扫描前，仪器需预热 30min，自检通过后方可正常使用。扫描过程中，仪器参数由设备制造商提供，测试环境温度为20℃±2℃，相对湿度为50%±5%。随机抽取样品，将样品置于采样窗口区域，以仪器内置背景为参比，100% Spectralon™标准白板为参考，近红外原始光谱图使用仪器自带软件（Imethod 2000），再通过MatlabR2010程序进行数据处理与建模。

（3）光谱数据分析

样本粒径的大小和均匀度都会对光的漫反射有一定影响；同时样本的密实度也会影响光的传播，因此需要对样本的原始光谱数据进行预处理。为消除采集光谱时首端与末端产生的噪音，选择1 100 ~ 1 630 nm波段进行分析。最佳预处理方法为采用净分析信号算法（Net Analyte Signal，NAS）S加S-G平滑（Savitzky-Golay Smoothing）加1阶S-G导数（Savitzky-Golay Derivative）。

（4）定性分析方法

采用SIMCA法结合近红外光谱技术品种进行鉴别。模型质量的评价使用识别率、拒绝率等指标。

$$识别率 = \frac{识别自身类样本个数}{该类样本的总个数} \times 100\% \tag{12-1}$$

$$拒绝率 = \frac{拒绝其他类样本个数}{其他样本的总个数} \times 100\% \tag{12-2}$$

按照建立近红外光谱模型的一般要求，所采集的样本分别随机分类为校正集和验证集样本，校正集用于模型建立，验证集用于检验模型。模型通过Matlab R2010软件进行光谱预处理和计算。

12.2.3.2　结果与分析

（1）近红外光谱分析

近红外光谱反映的是C—H、O—H等含氢基团的倍频和合频吸收，枫斗中含有多糖、生物碱、氨基酸等大量化学成分，这些成分的含氢基团都能在近红外区域产生倍频与合频吸收。图12-20为3种枫斗的每一个品种的所有样品原始光谱进行平均后获得的光谱图。从图12-20中可以看出光谱图在1 140 ~ 1 240nm和1 360 ~1 500nm附近有明显的吸收峰，经过查阅文献得知[207]：这两个区域分别为C—H振动的二级倍频和C—H重要组合频发生的区域；3种枫斗的光谱曲线趋势相似，有明显区别，具有一定的特征性和指纹性，这一差异为3类枫斗的鉴别奠定了数据基础。

图12-21为3种枫斗的原始光谱经过S－G平滑加S－G导数组合预处理后的光谱图，图中在1 152nm、1 341nm和1 410nm处有显著的吸收峰。经过查阅文献得知[208]：1 152nm光谱特征吸收峰附近是官能团羰基（C＝O）伸缩振动基频的四级倍频谱带。1 341nm光谱特征吸收峰附近是官能团甲基（—CH₃）的C—H组合频；1 410nm光谱特征吸收峰是官能团亚甲基的C—H组合频（伸缩振动基频的一级倍频谱带和弯曲振动基频吸收谱带）。

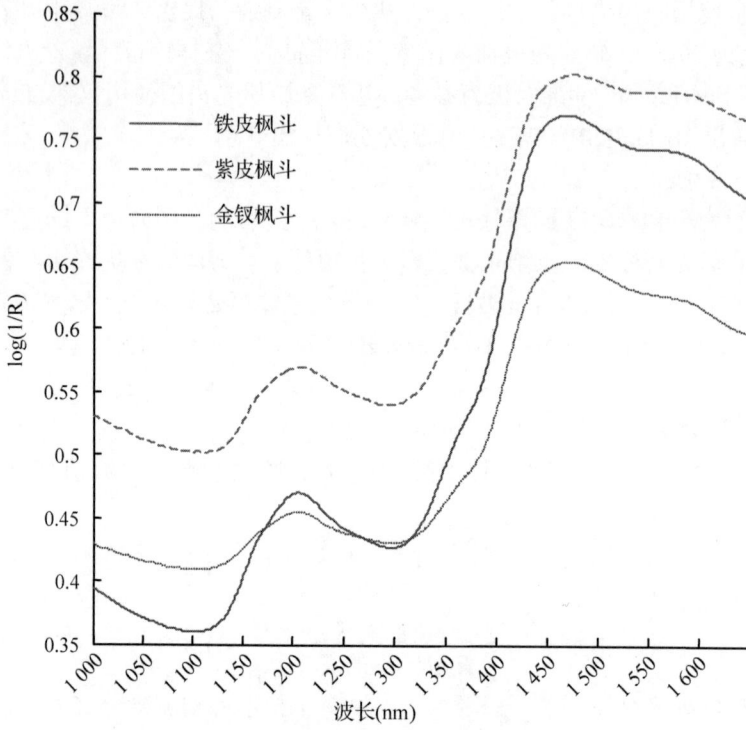

图 12-20 枫斗完整样的近红外漫反射光谱图

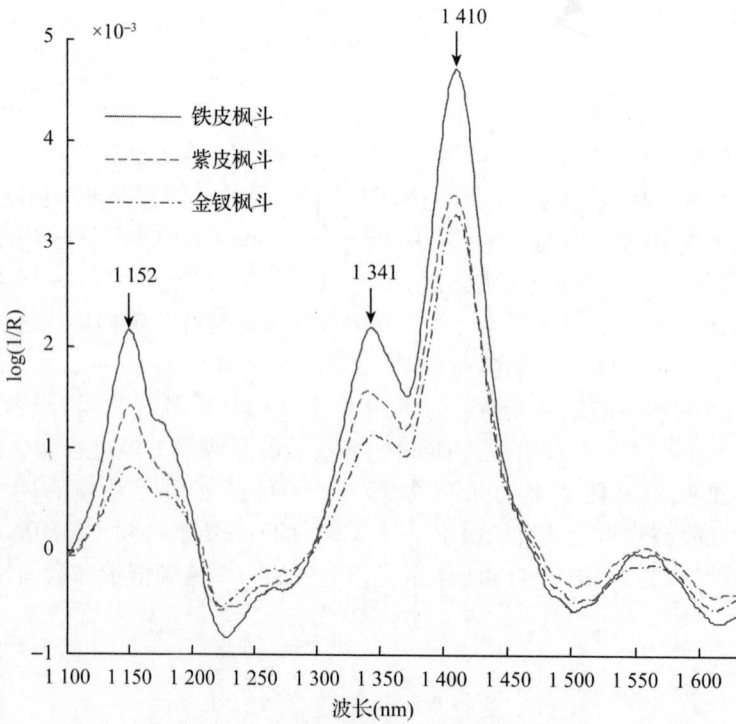

图 12-21 枫斗完整样的预处理后的光谱图

（2）易混淆石斛品种的鉴别

①主成分分析和 SIMCA 模型建立。实验采用主成分分析对枫斗样本近红外光谱进行建模，以鉴别不同种类的枫斗。在 1 100～1 630 nm 波数范围内，截取枫斗样本的近红外光谱，并对这些光谱数据组成矩阵进行主成分分解，以前 3 个得分向量作图，X 轴表示样本的第一主成分得分（PC1），Y 轴表示样本第二主成分得分（PC2），Z 轴表示样本第三主成分得分（PC3），如图 12-22 所示，从图中可以看出，这 3 类枫斗在示意图中有明显的分类趋势。因此，本实验在主成分分解的基础上，分别在铁皮枫斗、紫皮枫斗和金钗枫斗这 3 类枫斗样本中各随机挑选 12、18 和 18 个样本作为校正集，对每一类枫斗样品分别建立 SIMCA 模型，采用最佳建模方法：对采集的枫斗样本的原始光谱采用 NAS 加 S—G 平滑加 1 阶 S—G 导数组合预处理方法；选择 1 100 ～ 1 630 nm 波段进行建模；剩下的 32 个样本作为验证集，用来检验模型的正确性。

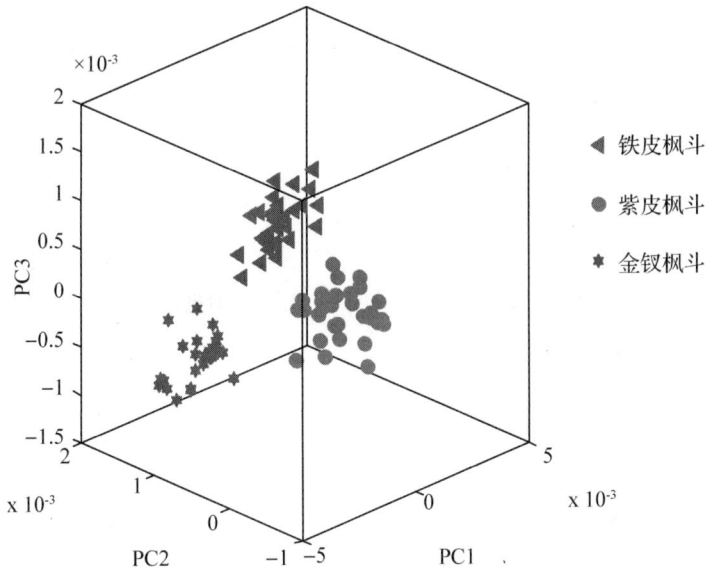

图 12-22　枫斗完整样的前 3 个主成分的得分示意

本实验采用主成分分析降维的方法对原始光谱信息进行降维处理。图 12-23 为 3 类枫斗样本光谱的前 18 个累积贡献率，通过主成分分析对铁皮枫斗、紫皮枫斗和金钗枫斗样本光谱信息提取的主成分数分别达到 5、7 和 8 时，累计贡献率为 95.02%、95.57% 和 95.38%，已经超过 95%，基本可以认为涵盖了原光谱所携带的信息。因此，在本实验中，采用这 5、7 和 8 个主成分作为自变量进行逐步回归建模并建立 SIMCA 模型。

②模型校正与验证结果。在显著性水平 $\alpha=5\%$ 条件下来检验模型的可靠性，所建立的预测模型性能最佳，其模型的校正和验证的预测结果如表 12-3 所示。由表 12-3 可知，在对校正集样本进行预测的时候，所有的模型对于本类样本的识别率均为 100%；在拒绝其他类样品时，所有的模型的拒绝率均为 100%。对验证集样品进行预测时，所有的模型对本类样本的识别率均为 100%，在拒绝其他类样本时，所有的拒绝率均为 100%，说明枫斗样品形态为完整样所建立的 SIMCA 种类识别模型都能够达到正确鉴别 3 种枫斗的目的，可以实现绝对无损鉴别。

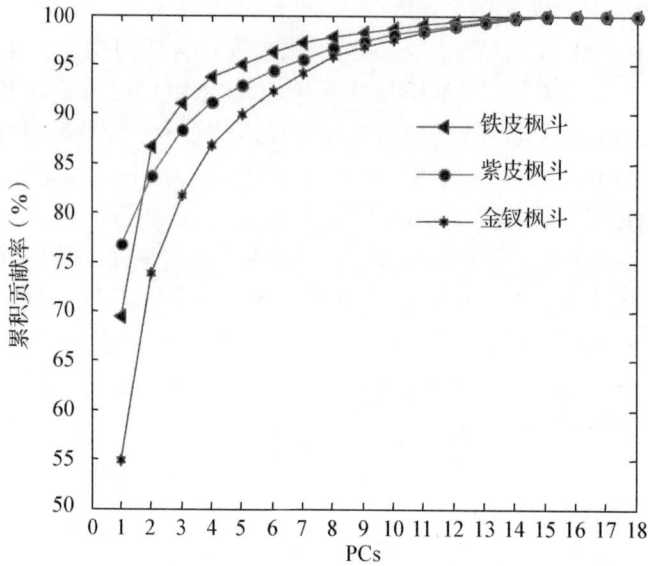

图 12-23 枫斗完整样模型最佳主成分数和累积贡献率

表 12-3 SIMCA 模型校正和验证的结果

种类	主成分数	校正集		验证集	
		识别率(%)	拒绝率(%)	识别率(%)	拒绝率(%)
铁皮枫斗	5	100	100	100	100
紫皮枫斗	7	100	100	100	100
金钗枫斗	8	100	100	100	100

（3）系统应用效果实现

本系统服务器采用 Windows 7 Server Pack1 操作系统，阿里云服务器，SQL Server 2005 数据库服务器。本系统采用 Visual C#语言，在 Microsoft. Net 平台框架下进行开发，采用 Microsoft Visual Studio 2010 作为页面设计和开发工具。

目前系统已处于不断测试运行和示范应用中，以霍山润生堂石斛开发有限公司购买的铁皮枫斗为例说明系统应用案例，样品形态为枫斗完整样。通过用户登录，进入系统后，连接微型近红外光谱仪，选择样品类型：铁皮石斛—安徽霍山，输入样品编号和样品名称 001 - S 和 - 00204，将样品放入相应的附件装载好后，点击光谱采集按钮，对枫斗进行光谱采集，如图 12-24 所示。光谱采集完后，点击光谱对比进入光谱对比界面，将待测光谱与标准光谱（铁皮石斛—安徽霍山—完整样）进行对比，可初步识别待测样本真伪，如图 12-25 所示，可以看出待测样品在标准光谱的范围内。点击模型管理，调出样本模型，点击预测分析，利用样本模型预测待测样本，预测结果如图 12-26 所示，可以看出待测样品判别为铁皮石斛—安徽霍山产地。经过测试和初步应用效果，该系统设计合理，界面操作简单，具有较好的稳定性和准确性，目前正在进一步测试和不断推广使用中。

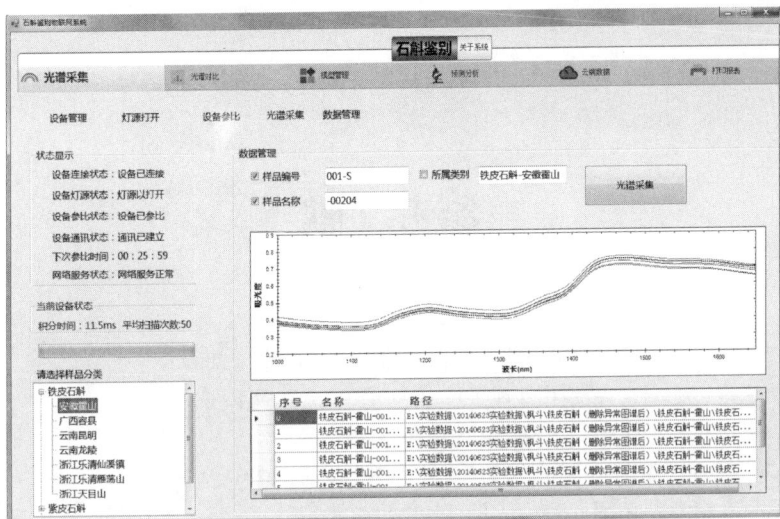

图 12-24　光谱采集

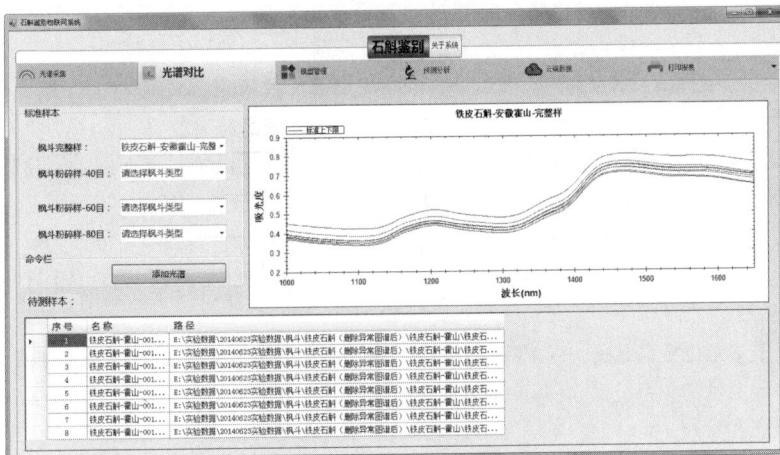

图 12-25　光谱对比

图 12-26　预测分析结果

参考文献

［1］丁文喜，李伟征. 现代农业知识［M］. 北京：中国言实出版社，2009.

［2］汪中求，吴宏彪，刘兴旺. 精细化管理［J］. 决策，2005（7）：64-64.

［3］张宇. 下一站，精准农业［J］. 农经，2013（006）：46-48.

［4］汪懋华主编. 精细农业［M］. 北京：中国农业大学出版社，2010.

［5］何勇，赵春江. 精细农业［M］. 浙江：浙江大学出版社，2010.

［6］常庆瑞. 遥感技术导论［M］. 北京：科学出版社，2004.

［7］陈树人，李耀明，张西良. 谷物联合收割机测产系统研究现状与展望［J］. 农业机械，2008（8）：62-63.

［8］罗阳，何建国，贺晓光，等. 农产品无损检测中高光谱成像技术的应用研究［J］. 农机化研究，2013，35(6)：1-7.

［9］Qin J W, Lu R F. Detecting Pits in Tart Cherries by Hyper spectral Transmission Imaging［J］. American Society of Agricultural Enineers, 2008, 12(3)：1-4.

［10］叶海燕. 我国农产品冷链物流现状分析及优化研究［J］. 商品储运与养护，2007，29(3)：38-42.

［11］王诗俊、李宁、周东升、李风云、赵莹、王宇. GPS 的发展与在农业上的应用［J］. 内蒙古水利 2008(1)：22.

［12］钱波波. 卫星定位技术概况. 豆丁网：http：//www. docin. com/p-573400958. html. 2013-1-6.

［13］毛敏. GPS 卫星定位系统简介［J］. Journal of Shaanxi Institute of Technology, 2010, 20(1).

［14］GPS 的概念和特点. http：//www. docin. com/p-34506907. html.

［15］顾斌，董杰. GPS 在智能交通系统中的应用［J］. 科技风，2010，13：223.

［16］王诗俊、李宁、周东升、李风云、赵莹、王宇. GPS 的发展与在农业上的应用［J］. 内蒙古水利 2008(1)：22.

［17］刘学，曹卫彬，刘姣娣，等. RTK GPS 系统在智能化农业机械装备中的应用［J］. 农机化研究，2007（9）：182-183.

［18］张新生，张英海，毛谦. 卫星定位技术. 百度百科：http：//baike. baidu. com/link? url=1nBrCF8dnjbvLHyN3KnwW4R9tb6TS3HUgYJGMq40y7hYRslVbxPye-OMSOP29YZfB72tl_sPssEf8wk6XmpqDAgYzjZetiikH972KmupuIHnqC9eObt2HMBz3CBHFLbBhttp：//www. docin. com/p-573400958. html. 2014-12-11.

［19］李民赞. 精细农业. http：//baike. baidu. com/link? url=mIS66PXvcQp9PBcqwHmAMGh-AVIp0dfNsfKnOSMyhYZuqXb2D1pPztV-kHZAuipN3zpwNYnBoky74X0F1_KOdq. 2012-5-29.

［20］汤国安，刘学军，闾国年. 地理信息系统教程［M］. 北京：高等教育出版社，2007.

［21］叶永盛，王世称，刘万崧. GIS 基本原理与应用开发［M］. 长春：吉林大学出版社，2004.

［22］何勇，赵春江. 精细农业［M］. 杭州：浙江大学出版社，2010.

［23］龚健雅. 当代 GIS 的若干理论与技术［M］. 武汉：武汉测绘科技大学出版社，1999.

［24］边馥苓. 地理信息系统原理和方法［M］. 北京：测绘出版社，1996，172-175.

[25] Stonebraker D M, Moore D. 对象关系数据库管理系统的下一个浪潮[J]. 1997.

[26] 薛露, 郑友亮, 李莎. GIS 技术在农业应急平台中的适用性研究[J]. 现代计算机（普及版）, 2013 (7): 53 – 55, 82.

[27] 李乐明, 张琪. GIS 在政府应急管理中的应用研究[J]. 微计算机信息, 2012(04): 101 – 103.

[28] 刘斌, 刘正军, 王亮, 等. 省级应急平台体系基础地理信息平台的设计研究[J]. 测绘科学, 2008 – 12 – 15.

[29] 常庆瑞. 遥感技术导论[M]. 北京: 科学出版社, 2004.

[30] 何勇, 赵春江. 精细农业[M]. 杭州: 浙江大学出版社, 2010.

[31] 尹占娥. 现代遥感导论[M]. 北京: 科学出版社, 2008.

[32] 林培. 农业遥感[M]. 北京: 中国农业大学出版社, 1990.

[33] 吴炳方, 张峰, 刘成林, 等. 农作物长势综合遥感监测方法[J]. 遥感学报, 2004, 8(6): 498 – 514.

[34] 李卫国, 李秉柏, 王志明, 等. 作物长势遥感监测应用研究现状和展望[J]. 江苏农业科学, 2006, 3: 12 – 15.

[35] 张婷婷. 遥感技术概论[M]. 郑州: 黄河水利出版社, 2011.

[36] 吴炳方, 张峰, 刘成林, 等. 农作物长势综合遥感监测方法[J]. 遥感学报, 2004, 8(6): 498 – 514.

[37] 胡如忠, 刘海启. 遥感技术应用与欧美农作物估产[J]. 气象, 2002.

[38] 李郁竹. 冬小麦气象卫星遥感动态监测与估产[M]. 北京: 气象出版社, 1993.

[39] 孔令寅, 延昊, 鲍艳松, 等. 基于关键发育期的冬小麦长势遥感监测方法[J]. 中国农业气象, 2012, 33(3): 424 – 430.

[40] 陈建军. 基于 EOS/MODIS 的江西省水稻长势遥感监测研究[D]. 南京信息工程大学, 2012.

[41] 闫岩, 柳钦火, 刘强, 等. 基于遥感数据与作物生长模型同化的冬小麦长势监测与估产方法研究 [J]. 遥感学报, 2006, 10(5): 804 – 811.

[42] 叶旭君, Sakai K, 何勇. 基于机载高光谱成像的柑橘产量预测模型研究[J]. 光谱学与光谱分析, 2010 (005): 1295 – 1300.

[43] 吴全, 杨邦杰, 裴志远, 等. 大尺度作物面积遥感监测中小地物的影响与双重抽样[J]. 农业工程学报, 2004, 20(3): 130 – 133.

[44] 廖圣东, 廖其芳, 李岩, 等. SNB – SAR 数据在大范围水稻种植面积调查中的应用——以广东省早稻调查为例[J]. 热带地理, 2001, 21(4): 346 – 349, 359.

[45] 李岩, 彭少麟, 廖其芳, 等. RADARSAT SNB SAR 数据在大面积水稻估产中的应用研究[J]. 地球科学进展, 2003, 18(1).

[46] 蒋雪中, 赵锐, 李强子, 等. 利用 GVG 线采样技术提取农作物种植面积及其精度分析[J]. 南京气象学院学报, 2002, 25(1): 78 – 83.

[47] 潘瑜春, 王纪华, 陆安祥, 等. 基于小麦长势遥感监测的土壤氮素累积估测研究[J]. 农业工程学报, 2007, 23(9): 58 – 63.

[48] 汤守鹏. 基于近红外光谱技术的小麦叶片氮素营养及籽粒蛋白质含量监测研究[D]. 南京农业大学, 2009.

[49] 邵咏妮. 水稻生长生理特征信息快速无损获取技术的研究[D]. 浙江大学, 2010.

[50] 杨春园, 杨仁全, 周增产, 等. 植物生理生态信息监测系统的设计与应用[J]. 第二届国际计算机及计算技术在农业中的应用研讨会"暨"第二届中国农村信息化发展论坛"论文集, 2008.

[51] 刘彦飞. 基于 ZigBee 的植物生理生态监测系统研究与实现[D]. 重庆理工大学, 2010.

[52] 徐歆恺, 郭楠, 葛庆平, 等. 计算机视觉技术在作物形态测量中的应用[J]. 计算机工程与设计, 2006, 27(7): 1134 – 1148.

[53] 袁可, 于显平, 吕伟. 基于动态生长模型的植物根系模拟研究[J]. 西南农业大学学报, 2006, 28

(5)：868 – 872.

[54] 陈双双. 基于光谱和多源波谱成像技术的植物灰霉病快速识别的方法研究[D]. 浙江大学, 2012.

[55] 吴迪, 冯雷, 张传清, 等. 基于可见/近红外光谱技术的茄子叶片灰霉病早期检测研究[J]. 红外与毫米波学报, 2007, 26(4)：269 – 273.

[56] 刘木华, 赵杰文, 郑建鸿, 等. 农畜产品品质无损检测中高光谱图像技术的应用进展[J]. 农业机械学报, 2005, 36(9)：139 – 143.

[57] 周志艳, 罗锡文, 张扬, 等. 农作物虫害的机器检测与监测技术研究进展[J]. 昆虫学报, 2010, 53(1)：98 – 109.

[58] 韩瑞珍, 何勇. 基于计算机视觉的大田害虫远程自动识别系统[J]. 农业工程学报, 2013, 29(3)：156 – 162.

[59] 潘家志. 基于光谱和多光谱数字图像的作物与杂草识别方法研究[D]. 浙江大学, 2007.

[60] 岑益郎. 计算机视觉技术在杂草识别中的应用[D]. 浙江大学, 2006.

[61] 吴传宇, 方文熙. 精准农业中的土壤信息采集和平衡施肥[J]. 福建省农业机械学会 2004 年学术年会论文集, 2004.

[62] 仲志燕, 居玮. 土壤含水量检测系统的设计[J]. 电脑知识与技术, 2013 (11)：235 – 237, 243.

[63] 吴建. 基于最小二乘支持向量机的土壤含水量检测的研究与分析[J]. 电脑知识与技术, 2008, 3(27)：185 – 186.

[64] 齐文文. 基于高光谱数据的民勤绿洲土壤含盐量预测[D]. 兰州大学, 2011.

[65] 张燕波. MEMS 风速风向传感器控制与检测系统研究[D]. 东南大学, 2011.

[66] 刘雪莹. 基于神经网络的混合气体检测系统研究[D]. 中国科学技术大学, 2011.

[67] 孙良, 肖虹, 吴英超. 双通道红外二氧化碳检测电路设计[J]. 电源技术应用, 2013, 4：176.

[68] 杜娟. 果蔬中有机磷农药残留检测方法的研究进展[J]. 广东化工, 2012, 39(9)：149 – 150.

[69] 袁涛, 赵少品. 农药残留检测方法的研究进展[J]. 山东化工, 2013, 42(9)：63 – 64.

[70] 杨艳玉. 蔬菜中 48 种有机磷农药残留检测方法研究[D]. 山西大学, 2009.

[71] 李海飞, 赵政阳, 梁俊. 苹果农药残留研究进展[J]. 果树学报, 2005, 22(4)：381 – 386.

[72] 杨艳玉. 蔬菜中 48 种有机磷农药残留检测方法研究[D]. 山西大学, 2009.

[73] 梁彦. 免疫分析技术在有机磷农药残留检测中的应用[J]. 粮油食品科技, 2013, 21(5)：89 – 94.

[74] 严智燕, 周立群. 生物传感器在农药残留检测中的应用[J]. 农药研究与应用, 2010 (003)：6 – 10.

[75] 岳贤田, 高桂枝. 蔬菜中农药残留检测方法研究进展[J]. 现代农业科技, 2008, 12：074.

[76] 陆婉珍, 袁洪福, 徐广通, 等. 现代近红外光谱分析技术[M]. 北京：中国石化出版社, 2000：14 – 36.

[77] 孙露萍, 王举涛. 近红外在食品及药品农残检测中的应用研究进展[J]. 广州化工, 2013, 41(15)：12 – 13.

[78] 王玉田, 崔立超, 李艳春, 等. 用三维荧光技术检测氨基甲酸脂类农药残留研究[J]. 计量技术, 2006, 3：008.

[79] 曹丙花, 侯迪波, 颜志刚, 等. 基于太赫兹时域光谱技术的农药残留检测方法[J]. 红外与毫米波学报, 2008, 6：429 – 432.

[80] 苏帅鹏, 徐斐, 曹慧, 等. 重金属快速检测方法的研究进展[J]. 应用化工, 2013, 42(2)：355 – 359.

[81] 张荣, 张玉钧, 章炜, 等. 土壤重金属铅元素的 X 射线荧光光谱测量分析[J]. 光谱学与光谱分析, 2013 (2)：554 – 557.

[82] Nielson K K, Mahoney A W, Williams L S, et al. X – ray fluorescence measurements of Mg, P, S, CI, K, Ca, Mn, Fe, Cu, and Zn in fruits, vegetables, and grain products[J]. Journal of food composition and analysis, 1991, 4(1)：39 – 51.

［83］Nielson K K, Mahoney A W, Williams L S, et al. Screening for elevated lead and tin in fruits and vegetables by nondestructive X – ray fluorescence［J］. Journal of food composition and analysis, 1991, 4(3)：206 – 215.

［84］孙静雯, 于宏兵, 李云飞. 松花江流域鱼体内重金属含量的检测与污染评价［J］. 南水北调与水利科技, 2013 (5).

［85］Li B, Li P, Wang J, et al.. Photobacterium phosphoreum assay on the toxicity of soil contaminated by heavy metals［J］. Ying yong sheng tai xue bao = The journal of applied ecology/Zhongguo sheng tai xue xue hui, Zhongguo ke xue yuan Shenyang ying yong sheng tai yan jiu suo zhu ban, 2001, 12(3)：443.

［86］陈树人, 李耀明, 张西良. 谷物联合收割机测产系统研究现状与展望［J］. 农业机械, 2008 (8)：62 – 63.

［87］罗阳, 何建国, 贺晓光, 等. 农产品无损检测中高光谱成像技术的应用研究［J］. 农机化研究, 2013, 35(6)：1 – 7.

［88］Qin J W, Lu R F. Detecting Pits in Tart Cherries by Hyper spectral Transmission Imaging［J］. American Society of Agricultural Enineers, 2008, 12(3)：1 – 4.

［89］Vargas A M, Kin M S, Tao Y, et al.. Detection of Fecal Contamination on Cantaloupes Using Hyper spectral Fluorescence Imagery［J］. Food Engineering and Physical Properties, 2005, 28(4)：471 – 479.

［90］Xing J, Ngadi M, Wang N, et al.. Wavelength Selection for Surface Defects Detection on Tomatoes by Means of a Hyper spectral Imaging System ［C］//American SOCIETY OF Agricultural and Biological Engineers, 2006.

［91］Wang W L, Thai C, Li C Y, et al.. Detection of Sour Skin Diseases in Vidalia Sweet Onions Using Near – infrared Hyper spectral Imaging［C］//2009 ASABE Annual International Meeting Sponsored, 2009.

［92］Kang S, Lee K, Son J, et al.. Detection of fecal contamination on leafy greens by hyper spectral imaging［J］. Procedia Food Science, 2011(1)：953 – 959.

［93］叶海燕. 我国农产品冷链物流现状分析及优化研究［J］. 商品储运与养护, 2007, 29(3)：38 – 42.

［94］陆旭群. 浅析 RFID 技术在我国生鲜食品冷链物流管理中的应用［J］. 市场周刊 (理论研究), 2008, 3：059.

［95］张莹. 基于 HACCP 监测的冷链物流［J］. 物流技术, 2006, 1：105 – 107.

［96］DeSouza L M, Spiess P, Guinard D, et al.. A Web service based shop floor integration in frastructure. In：Proceedingsofthe1stInternationalConferenceonInternetofThings. Berlin：Springer, 2008. 5067：

［97］孙其博, 刘杰, 黎羴, 等. 物联网：概念、架构与关键技术研究综述. 北京邮电大学学报［J］, 2010, 6(3)：19.

［98］Amardeo C. Sarma Joao Girao. Identities in the Future Internetof Things［J］. WirelessPersCommun, 2009, 49：353 – 363.

［99］温家宝. 2010 年政府工作报告［EB/OL］. (20100512)［20100512］. http：//www. gov. cn/2010lh/content_1555767. htm.

［100］Huansheng Ning, Na Ning, Shenfeng Q U. Layered Structure and Management in Internet of Things, 2007.

［101］Shen Subin, Fan Quli, Zong Ping, et al.. Study on the architecture and associated 44 technologies for internet of things［J］. Journal of Nanjing Universit yof Postsand Telecommunications, 2009, 29(6)：111.

［102］张丽, 余华, 马新明. 基于物联网的农产品质量安全信息系统平台. 中国科学：信息科学, 2010, 40(增刊)：216 – 225.

［103］沈苏彬, 范曲立. 物联网的体系结构与相关技术研究［J］. 南京邮电大学学报：自然科学版, 2009, 29(6)：25 – 34.

［104］EPC global. The EPC global Architecture Framework EPC global Final Version［S］. 1July，2005：510.

［105］李如年. 基于 RFID 技术的物联网研究［J］. 中国电子科学研究院学报，2009，12(6)：594－597.

［106］Bob Delen. Object Naming Service(ONS) Version1. 0［J］. EPCglobal，2005：1214.

［107］Lara Srivastava. Ubiquitous Network Societies：The Caseof Radio Frequency Identification. ITU Workshop on Ubiquitous Network Societies，2005.

［108］吴功宜. 智慧的物联网—感知中国和世界的技术［M］. 北京：机械工业出版社. 2010，06.

［109］任丰原，黄海宁，林闯. 无线传感器网络［J］. 软件学报，2003，14(7)：1282－1291.

［110］陈康，郑纬民. 云计算：系统实例与研究现状［J］. 软件学报，2009，5(20)：1337－1348.

［111］沈建华，郝立平. STM32W 无线射频 ZigBee 单片机原理与应用［M］. 北京：航空航天大学出版社，2012.

［112］孙连新，陈栋，张晓晖. 大田农业物联网系统研究［M］. 中外食品工业，2013(9)：45－46.

［113］杨博，武洪峰，林思伽. 物联网传感技术在农田生态环境监测中的应用［J］. 现代化农业，2013(6)：62－63.

［114］赵春江. 未来现代农业方向探讨［J］. 北京农学院学报，1993，8(1)：106－107.

［115］冯仲科，张晓勤. 发展我国的数字林业体系［J］. 北京林业大学学报，2000，22(5)：102－103.

［116］赵春江. 北京地区小麦优化栽培技术方案的系统决策分析［J］，华北农学报，1992，7(2)：9－17.

［117］高吃. 森林资源小班数据更新与营造林工程管理系统的研建［D］. 北京林业大学学报，2011.

［118］黄苏林，邓国峰. 基于精细化管理思想的问题管理系统设计［J］. 现代商贸工业，2010(1)：40－41.

［119］葛爱玲，张朝越. 信息技术对我国林业发展的作用［J］. 民营科技，2011(09)：125.

［120］刘姗姗. 张绍文. 基于 RFID 技术的林木资源管理信息系统的开发构想［J］. 林业建设，2008(5)：27－31.

［121］谭永明. 面向服务架构体系的研究［J］. 计算机技术与发展，2007，17(03)：132－137.

［122］陆研，张绍文. 基于 RFID 技术的名木古树管理系统初探［J］. 山东林业科技，2008(2)：91－94.

［123］黄杰，赵京音，万常照. RFID 在农业中的应用与展望［J］. 农业网络信息，2008(9)：119－121.

［124］中华人民共和国国家质量技术监督局. GB/T 18107—2000 红木［S］. 北京：中国标准出版社，2000.

［125］朱丽萍. 红木家具造假多合格率仅为30%［J］. 福建轻纺，2010(11)：19－20.

［126］罗莎，吴义强，刘元，等. 近红外光谱技术在木材解剖特征预测中的研究进展［J］. 中南林业科技大学学报，2012.

［127］张洁，袁鹏飞，李君. 木材识别与鉴定技术研究综述［J］. 湖北林业科技，2015，44(2)：30－35.

［128］姜笑梅，殷亚方，刘波. 木材树种识别技术现状，发展与展望［J］. 木材工业，2010，24(4)：36－39.

［129］周竹，方益明，尹建新，等. 高光谱成像技术及其在木材无损检测中的研究进展［J］. 浙江农林大学学报，2015，32(3)：458－466.

［130］朱涛. 基于 GC－MS 技术不同进样方式的红木识别研究及其指纹图谱构建［D］. 安徽农业大学，2013.

［131］罗莎. 四种红木抽提物的 FTIR 与 GC－MS 指纹图谱鉴别研究［D］. 中南林业科技大学，2013.

［132］Asif M J, Cannon C H. DNA extraction from processed wood：a case study for the identification of an endangered timber species (Gonystylus bancanus)［J］. Plant Molecular Biology Reporter，2005，23(2)：185－192.

［133］Degen B, Flandung M. Use of DNA－markers for tracing illegal logging［C］//Proceedings of the International Workshop "Fingerprinting methods for the identification of timber origins". Bonn Press，2007.

［134］Boner M, Sommer T, Erven C, et al.. Stable isotopes as a tool to trace back the origin of wood［C］//Proceedings of the international workshop "Fingerprinting methods for the identification of timber origin", Germany, 2007: 8 – 9.

[135]贺霖, 潘泉, 邸韡, 等. 高光谱图像目标检测研究进展[J]. 电子学报, 2009 (9): 2016 – 2024.

[136] Hagman O. Multivariate prediction of wood surface features using an imaging spectrograph[J]. Holz als Roh – und Werkstoff, 1997, 55(6): 377 – 382.

[137] Tsuchikawa S, Inoue K, Noma J, et al.. Application of near – infrared spectroscopy to wood discrimination[J]. Journal of wood Science, 2003, 49(1): 0029 – 0035.

[138] Adedipe O E, Dawson-andoh B, SLAHOR J, et al.. Classification of red oak (Quercus rubra) and white oak (Quercus alba) wood using a near infrared spectrometer and soft independent modelling of class analogies[J]. Journal of Near Infrared Spectroscopy, 2008, 16(1): 49 – 57.

[139] Russ A, Fišerovám, Gigac J. Preliminary study of wood species identification by NIR spectroscopy[J]. Wood Research, 2009, 54(4): 23 – 32.

[140] Fujimoto T, Tsuchikawa S. Identification of dead and sound knots by near infrared spectroscopy[J]. Journal of Near Infrared Spectroscopy, 2010, 18(6): 473 – 479.

[141] Pastore T C M, Braga J W B, Coradin V T R, et al.. Near infrared spectroscopy (NIRS) as a potential tool for monitoring trade of similar woods: discrimination of true mahogany, cedar, andiroba, and curupixá[J]. Holzforschung, 2011, 65(1): 73 – 80.

[142] Braga J W B, Pastore T C M, Coradin V T R, et al.. The use of near Infrared Spectroscopy to Identify solid wood Specimens of Swietenia Macrophylla0 (Cites Appendix II)[J]. Iawa Journal, 2011, 32(2): 285 – 296.

[143]张蓉. 基于光谱分析的木材树种识别方法的研究[D]. 南京林业大学, 2011.

[144] Yang Z, Lv B, Fu Y J. The Relationship between near Infrared Spectroscopy and Surface Color of Eight Rosewoods[J]. Advanced Materials Research, 2012, 479: 1772 – 1776.

[145]马明宇, 王桂芸, 黄安民, 等. 人工神经网络结合近红外光谱用于木材树种识别[J]. 光谱学与光谱分析, 2012, 32(9): 2377.

[146]杨忠, 吕斌, 黄安民, 等. 近红外光谱技术快速识别针叶材和阔叶材的研究[J]. 光谱学与光谱分析, 2012, 32(7): 1785 – 1789.

[147]杨金勇, 李学春, 黄安民, 等. 基于主成分分析与 Fisher 判别的 NIR 木材识别[J]. 东北林业大学学报, 2013, 41(12): 132 – 134.

[148]刘亚娜. 基于近红外光谱技术的木材识别初步研究[D]. 中国林业科学研究院, 2014.

[149]陆婉珍. 现代近红外光谱分析技术[M]. 北京: 中国石化出版社, 2010.

[150] Contal L, L E6V, Downey G. Detection and quantification of apple adulteration in strawberry and raspberry purées using visible and near infrared spectroscopy[J]. Journal of near infrared spectroscopy, 2002, 10(4): 289 – 300.

[151] Woo Y, Cho C, Kim H, et al.. Classification of cultivation area of ginseng by near infrared spectroscopy and ICP – AES[J]. Microchemical journal, 2002, 73(3): 299 – 306.

[152] Watanabe K, Kobayashi I, Kuroda N, et al.. Predicting oven – dry density of Sugi (Cryptomeria japonica) using near infrared (NIR) spectroscopy and its effect on performance of wood moisture meter[J]. Journal of wood science, 2012, 58(5): 383 – 390.

[153] Kim S S, Rhyu M R, Kim J M, et al.. Authentication of rice using near – infrared reflectance spectroscopy[J]. Cereal chemistry, 2003, 80(3): 346 – 349.

[154]毛晶. 近红外光谱技术的介绍[J]. 民营科技, 2010, 5: 018.

[155]徐广通, 袁洪福, 陆婉珍. 现代近红外光谱技术及应用进展[J]. 光谱学与光谱分析, 2000, 20

(2)：134－142.

[156]王俊．智能微型近红外光纤光谱仪研制[D]．复旦大学，2011.

[157]徐广通，袁洪福，陆婉珍．近红外光谱仪器概况与进展[J]．现代科学仪器，1997，3：9－11.

[158]陆婉珍．近红外光谱仪器[M]．北京：化学工业出版社，2010.

[159]陆婉珍．现代近红外光谱分析技术[M]．北京：中国石化出版社，2010.

[160] Savitzky A, Golay M J E. Smoothing and differentiation of data by simplified least squares procedures[J]. Analytical chemistry, 1964, 36(8)：1627－1639.

[161] World S, Anttli H, Lindgren F, *et al.*. Orthogonal signal correction of near－infrared spectra [J]. Chemometrics and Intelligent Laboratory Systems, 1998, 44(1)：175－185.

[162]吴晓婷，闫德勤．数据降维方法分析与研究[J]．计算机应用研究，2009，26(8).

[163]郝勇，孙旭东，潘圆媛，等．蒙特卡罗无信息变量消除方法用于近红外光谱预测果品硬度和表面色泽的研究[J]．光谱学与光谱分析，2011，31(5)：1225－1229.

[164]汪泊锦，黄敏，朱启兵，等．基于高光谱散射图像技术的 UVE－LLE 苹果粉质化分类[J]．光子学报，2011，40(8)：1132－1136.

[165] Ara·Jo M C U, Saldanha T C B, Galv·O R K H, *et al.*. The successive projections algorithm for variable selection in spectroscopic multicomponent analysis[J]. Chemometrics and Intelligent Laboratory Systems, 2001, 57(2)：65－73.

[166]王斌，张淑娟，赵聪慧．壶瓶枣轻微损伤可见/近红外光谱动态判别模型研究[J]．现代食品科技，2015，31(4)：258－263.

[167]杨忠，任海青，江泽慧．PLS－DA 法判别分析木材生物腐朽的研究[J]．光谱学与光谱分析，2008，28(4)：793－796.

[168] Suykens J A K, Vandewalle J. Least squares support vector machine classifiers[J]. Neural processing letters, 1999, 9(3)：293－300.

[169] Specht D F. Probabilistic neural networks[J]. Neural networks, 1990, 3(1)：109－118.

[170]王小川，史峰，郁磊，等．MATLAB 神经网络 43 个案例分析[M]．北京：北京航空航天大学出版社，2013.

[171]刘强，崔莉，陈海明．物联网关键技术与应用[J]．计算机科学，2010，6.

[172]郑博．基于云计算的农业图像处理系统设计与算法研究[D]．江苏大学，2012.

[173]黄安民，费本华，江泽慧，等．表面粗糙度对近红外光谱分析木材密度的影响[J]．光谱学与光谱分析，2007，27(9)：1700－1702.

[174]江泽慧，黄安民，王斌．木材不同切面的近红外光谱信息与密度快速预测[J]．光谱学与光谱分析，2006，26(6)：1034－1037.

[175]王世林，郑光植，何静波，等．黑节草多糖的研究[J]．云南植物研究，1988，10(4)：389－389.

[176]杨虹，王顺春，王峥涛，等．铁皮石斛多糖的研究[J]．中国药学杂志，2004，39(4)：254－256.

[177]铃木秀干．中药金石斛生物碱的研究(石斛碱的研究)[J]．药学杂志，1932，52(12)：1049－1060.

[178]陈晓梅，肖盛元，郭顺星．铁皮石斛与金钗石斛化学成分的比较[J]．中国医学科学院学报，2006，28(4)：524－529.

[179]吴庆生，丁亚平．安徽霍山三种石斛中游离氨基酸分析[J]．安徽农业科学，1995，23(3)：268－269.

[180]吴庆生，杨道麒．中药霍山石斛的微量元素分析及 TE 图谱鉴定[J]．微量元素与健康研究，1995，12(1)：31－32.

[181]张奇，段承俐．铁皮石斛的鉴定研究[J]．生物技术通报，2008，6：69－72.

[182]李兆奎，孙彩华，李美琴．铁皮石斛与几种常用混淆品的红外光谱鉴别[J]．海峡药学，2005，17(3)：91-93．

[183]丁鸽，张代臻，张伟超，等．保健食品铁皮石斛及其混淆品的分子鉴别及亲缘关系分析[J]．食品科学，2011，32(2)：141-145．

[184]杨虹，王顺春，王峥涛，等．铁皮石斛多糖的研究[J]．中国药学杂志，2004，39(4)：254-256．

[185]范传颖，陶正明，吴志刚．苯酚硫酸法与蒽酮硫酸法测定铁皮石斛中多糖含量的比较[J]．浙江农业科学，2013(7)：799-801．

[186]吴韵琴，斯金平．铁皮石斛产业现状及可持续发展的探讨[J]．中国中药杂志，2010，15(6)：2033-2037．

[187] Wang C, Xiang B, Zhang W. Application of two - dimensional near - infrared (2D - NIR) correlation spectroscopy to the discrimination of three species of Dendrobium[J]. Journal of Chemometrics, 2009, 23(9): 463-470.

[188]汤青．近红外光谱分析技术快速鉴别霍山石斛的建模研究[D]．山东大学，2013．

[189]丁长春，方向京，赵艳丽，等．近红外漫反射光谱法快速鉴别石斛属植物[J]．光谱学与光谱分析，2014，34(1)：82-86．

[190] Hu T, Tang Q, Zhang H, *et al.*. Absolutely nondestructive discrimination of Huoshan Dendrobium nobile species with miniature near - infrared (NIR) spectrometer engine[J]. Spectroscopy and Spectral Analysis, 2014, 34(10): 2808-2814.

[191] Wei Y, Fan W, Zhao X, *et al.*. Rapid authentication of Dendrobium officinale by near - infrared reflectance spectroscopy and chemometrics[J]. Analytical Letters, 2015, 48(5): 817-829.

[192] Liu S, Zhang X, Sun S. Discrimination and feature selection of geographic origins of traditional Chinese medicine herbs with NIR spectroscopy[J]. Chinese Science Bulletin, 2005, 0(2): 179-184.

[193]史春香，杨悦武，郭治昕，等．近红外光谱在中药质量控制中的应用[J]．中草药，2005，36(11)：1731-1733．

[194]赵杰文，蒋培，陈全胜．雪莲花产地鉴别的近红外光谱分析方法[J]．农业机械学报，2010，41(8)：111-114．

[195] Yi C, Xie M Y, Yan Y, *et al.*. Discrimination of Ganoderma lucidum according to geographical origin with near infrared diffuse reflectance spectroscopy and pattern recognition techniques[J]. Analytica Chimica Acta, 2008, 618(2): 121-130.

[196] Amaya Z, Ordoudi S A, Diaz - Plaza E M, *et al.*. Near - infrared spectroscopy in Saffron quality control: determination of chemical composition and geographical origin[J]. Journal of Agricultural & Food Chemistry, 2005, 53(24): 9337-9341.

[197]余国梅，王革，张延莹，等．近红外光谱技术鉴别麦冬药材产地[J]．解放军药学学报，2012，28(5)：451-453．

[198] Li B, Wei Y, Duan H, *et al.*. Discrimination of the geographical origin of Codonopsis pilosula using near infrared diffuse reflection spectroscopy coupled with random forests and k - nearest neighbor methods[J]. Vibrational Spectroscopy, 2012, 62(9): 17-22.

[199]李彦周，闵顺耕，刘霞．近红外光谱技术在中草药分析中的应用[J]．光谱学与光谱分析，2008，28(7)：1549-1553．

[200] Mao J, Xu J. Discrimination of herbal medicines by molecular spectroscopy and chemical pattern recognition[J]. Spectrochimica Acta Part A Molecular & Biomolecular Spectroscopy, 2006, 65(2): 497-500.

[201] Xiang L, Fan GQ, Li J H, *et al.*. The application of an artificial neural network in the identification of medicinal rhubarbs by near - infrared spectroscopy [J]. Phytochemical Analysis, 2002, 13(5):

272 - 276.

[202] Fan Q, Wang Y, Sun P, *et al.*. Discrimination of Ephedra plants with diffuse reflectance FT - NIRS and multivariate analysis[J]. Talanta, 2010, 80(3): 1245 - 1250.

[203] 高越, 柴逸峰, 吴玉田. 近红外漫反射光谱法鉴别贝母药材的研究[J]. 中成药, 2005, 27(12): 1440 - 1443.

[204] 肖杰, 王晶, 吴玉田, 等. 近红外光谱技术在中药注射剂鉴别中的初步应用[J]. 武警医学, 2006, 16(7): 498 - 500.

[205] 刘雪松, 施朝屁, 程翼宇, 等. 基千自组织映射神经网络的中药注射剂质量快速鉴别方法[J]. 分析化学, 2007, 35(10): 1483 - 1486.

[206] 李金阳, 李秀明, 王华. 护肝片的近红外光谱鉴别研究[J]. 安徽医药, 2011, 15(5): 579 - 580.

[207] 宫凯敏, 李家春, 徐连明, 等. 近红外光谱快速分析法在桂枝茯苓胶囊中的应用[J]. 中国中药杂志, 2011, 36(8): 1004 - 1006.

[208] Jerry Workman, Lois Weryer. Practical guide to interpretive near - infrared spectroscopy[M]. 褚小立, 许育鹏, 田高友, 译. 北京: 化学工业出版社, 2009.